《数字营销传播》

主　编　郑丽勇

副主编　朱江丽　王成军　胡菡菡

编　委　孙文峥　尚可可　马志浩

明经学堂

新闻传播实务系列教材

数字营销传播

DIGITAL MARKETING COMMUNICATION

主　编◎郑丽勇

副主编◎朱江丽　王成军　胡菡菡

中国传媒大学出版社

·北京·

总 序

“明经学堂·新闻传播实务系列教材”是南京大学新闻传播学院针对数字时代新闻传播教学与实践中的现实问题，在“明理求真、经世致用”的核心理念指引下做出的原创性探索，也是使命意识与创新精神的集中展现。

面对全球信息格局的深度变革、技术革命的深入影响以及社会对新闻传播人才需求的转变，我国新闻传播教育正在自觉加快转型步伐。如何培养出适应新传播环境、能够把握新场域中的传播规律、驾驭多种新技术的优秀新闻传播人才，是转型中的新闻传播教育亟待解决的关键命题。其中，新闻传播实务教学的改进无疑更具紧迫性，对上述命题的回应也更具针对性。这主要是基于两个层面的原因：其一，新闻传播实践能力是推进国家和社会发展的必要能力，特别是在媒介化程度日渐提升的当下，新闻传播实践能力对于维护社会稳定、促进公共利益、打造国家形象、增强国家软实力和推动全球有序传播的重要作用不可忽视；其二，卓越的新闻传播实践能力也是行动者快速进入媒介场域、深入理解新媒介运作方式、有效提升实战能力和综合素质，以及在多变的媒介格局中保持竞争力的关键要素。由此观之，契合时代要求的新闻传播实践教学，既是社会发展之需，也是个人发展之需。

南京大学新闻传播学院经过多年尝试，已在新闻传播实务领域总结出了独特的发展经验，以实际行动为回应上述国家与个人之需做出了努力。比如依托学院优秀的师资和硬件资源，创造性地打造出品牌性实践课程——“未来编辑部”，课程下设多个新媒体公众信息平台，并围绕信息平台组建了教学一体的实践团队，真正做到了将知识应用于实践，又以实践所获之经验来反哺知识。此外，学院还全力引进业界师资，用新华社、中央广播电视总台、《新华日报》、江苏省广播电视总台等一线优秀媒体人的前沿经验来提升学生们的专业能力，帮助其树立职业理想。正是凭借在实务教学方面的创新性发展，学院近年来持续收获了包括“挑战杯”“大学生广告艺术大赛”“全国数据新闻大赛”等在内的一批品牌性实践教学成果。南京大学新闻传播学院也在教育部第五轮学科评估中跻身A类学科行列。学院本次策划的“明经学堂·新闻传播实务系列教材”即基于上述实践教学经验，以“创造实干”的时代精神与创新锐气编写完成。该系列教材提供了丰富的实务教学案例和操作技巧，注重理论与实践的结合，提供了“干中学”的知识和技能体系，旨在培养读者在数字时代从事新闻传播的实际操作能力和创新精神。

“明经学堂·新闻传播实务系列教材”中的“明经”二字，得名于南京大学新闻传播学科的奠基人——金陵大学的孙明经先生。孙先生是我国传媒领域杰出的研究者和实践者，是中国影音教育的奠基人之一。从20世纪30年代起，孙先生就以高远的社会视野和浓厚的家国情怀投身影音传播的教学实践。1936年，南京大学的前身之一——金陵大学创立“电影与播音专修科”，这是中国最早的电影广播教育单位，也是中国影音传播高等教育的起源。从此，孙明经先生就开启了他的影音教育之旅。他一生倡导“干中学、学中干”的教育理念，亲自或组织拍摄了近200部科教和纪录电影，拍摄的胶卷数以千计。以孙明经先生为代表的金陵大学人创造了诸多第一：中国第一部彩色有声纪录片《民主前锋》，第一部获得国际奖项的影片《农人之春》，世界上第一部彩色日全食电影、中国第一部彩色电影《民国二十五年之日食》……就连中国的第一台电视原型机和“电视”这个中文译名都出自他们之手。“筚路蓝缕，以启山林”，先生在民族危亡之际埋下的学科火种，如今已在一代又一代南大新传学人的持之以恒中踵事增华。此次新闻传播实务系列教材以先生之名为义，既是对先生的纪念与缅怀，亦希望借此承续先生“科学兴国”“实践报国”的家国情怀与实干精神。

实践是检验真理的唯一标准，也是推动理论发展的最佳助力。“明经学堂·新闻传播实务系列教材”彰显了“明经学堂”明理求真、经世致用的建设宗旨，也展现了南大新传人团结一心、励学敦行、求真务实、勇攀高峰的学风院风。与这么多可爱的同事共事，是我莫大的荣幸与骄傲。真挚地感谢“明经学堂·新闻传播实务系列教材”的每一位作者，感谢悉心细心的编委会同事们，感谢中国传媒大学出版社专业敬业的编辑老师们。是大家的共同努力，才让明经先生的志向不至于蒙尘，让“明经学堂”的教育传统得以唱响。

衷心希望无论是新闻传播专业的学生、刚步入传媒界的职场新人，还是希望提升自己的新闻传播从业者，都能在“明经学堂·新闻传播实务系列教材”中有所收获。

是为序。

张红军

2023年10月22日

前　言

人类社会正处于数字化浪潮之中，数字化的影响已经渗透到人类社会的各个层面，营销传播经历了从传统广告到数字营销的变迁迭代过程。

推动营销传播数字化转型的最重要因素是传播生态的数字化。数字技术以及数字媒介的发展改变了传统的以广播电视、报纸杂志为主流媒体的大众传播生态，主要体现在渠道格局、信息生产的主体格局以及信息本身的内容格局等方面。在传统的大众传播时代，传统新闻媒介几乎是营销传播（广告）的唯一通道，而在当下的中国，传统新闻传媒的营销传播市场份额不到三分之一。社会化媒体平台的发展使得用户和各种组织成为信息生产的新成员，UGC、PUGC 以及正在迅速发展的 AIGC 成为生产力超强的信息生产方式，传统的专业机构还在继续生产内容，但专业机构生产的内容（PGC）的市场份额迅速减小。传播生态变迁的直接结果是受众流量分流，传统广告不再是企业营销传播的唯一选择，直接的反映就是传统媒体广告经营额的持续性、断崖式下跌。2015 年，数字营销占据全年营销总费用的 50%，此后逐年递增，到 2023 年，接近 80% 的份额，中国成为全球营销数字化比例最高的国家。

营销传播数字化有三个重要表征，分别是营销传播媒介的更替、营销传播模式的变革以及营销传播功能的迭代升级。营销传播数字化的第一表征是数字媒介替代传统新闻媒介成为主要的传播媒介。首先是互联网搜索平台，搜索营销曾经一度成为热门的数字营销模式，其市场份额一度超过 30%，目前市场份额仍保持在 10% 以上。其次是社会化传播平台，社会化传播对营销传播的影响不仅仅表现在市场份额上，更重要的是社会化平台给每个用户带来 UGC 的内容生产权利，从而改变了营销传播一直以来以 BGC 和 PGC 为主导的格局，KOL 和 KOC 成为当下营销传播不可忽视的力量。再次是电商平台，电商营销的份额甚至达到总体市场的 40%。最后是近年来迅速崛起的短视频平台以及种类繁多的各种数字媒介、工具和技术。营销传播数字化的第二个表征是营销传播模式的变革。广告是一种大众传播，其传播特征是利用大众传播媒介对大量受众实施同一化的单向传播。而数字营销在数字技术支持下可以实施精准传播和互动传播。精准和互动是数字营销与传统广告最本质的区别。尽管广告的概念仍然由于人们的惯习或交流便利而经常被沿用到各种数字营销中，如信息流广告、原生广告、搜索广告等，电视媒体的广告仍然在营销传播中保持着相当份额，但是，粗放式传播的广告时代无疑已经被精细化传播的数字营销时代所替代。营销传播数字化的第三个表征是营销传播的核心功能从信息传播升级为关系建构。广告时代的营销传播基于大众传播媒介的传播属性只能完成信息传播，而数字营销的功能范畴突破了广告时代的信息到达或品牌形象建构，可以帮助企业实施顾客关系管理的全过程。关系营销理论认为，营销的本质是企业与消费者建立持续稳定的关系，在关系营销的框架里，传统广告无论是信息告知还是品牌建构，都只是关系营销的一部分，因此，营销传播从广告迭代到数字营销，不仅仅是传播方式的变革，也不仅仅是传播效率的提升，更具意义的是营销传播功能外延的拓展，意味着关系营销的思想能够转化为实践，从而推动营销领域的一场变革。

数字营销的发展源于新媒体广告。早期新媒体主要是指互联网门户。1994 年，AT&T 在 hotwired.com 网站上刊登了互联网历史上第一条横幅广告，互联网广告拉开帷幕。新媒体广告仍然属于传统广告的范畴，就像这条 AT&T 的横幅广告，它的传播模式仍然是按照传统广告的做法，对所有的网站访问者呈现相同的内容。所以，新媒体广告是用新的媒体做传统的广告。新媒体的数字特性很快导致新媒体广告开始转型，大众传播媒介不能对受众实施有效的细分，但是新媒体可以。新媒体的流量是以个体为单位的，理论上可以以个体为单位来售卖流量。按点击收费是新媒体广告做出的第一个变革，但真正引发新媒体广告向数字营销转型的是程序化广告。程序化广告平台实现了流量按个体来售卖，不同受众访问同一个网页看到的可能是不同的广告内容，因为程序化平台根据流量标签信息将其拍卖给出价最高的广告主，从而实现了每个流量的价值最大化。基于程序化广告平台，新媒体广告转型为精准传播的数字营销。营销传播也实现了从传统广告到数字营销的革命性迭代升级。

从 1994 年的新媒体广告发展至今，数字营销已经形成比较稳定成熟的体系，几种功能定位各异的互联网平台支撑数字营销的整体框架。首先是搜索平台，用户的搜索行为非常有效地呈现了其潜在需求，对营销者来说，这是福音。于是，搜索营销成为一种直达消费者需求的、高性价比的数字营销方式。其次是社交平台。社交平台成为营销传播的主要在线场域，微博是弱关系强传播的平台，微信是强关系弱传播的平台，小红书是兴趣导向的社群平台。再次是电商平台。电商营销的核心业务是卖流量，这与传统商业的底层逻辑是一样的。传统的商场就是通过多品牌多品类吸引消费者，再将消费者卖给品牌收取佣金。电商平台已经度过导入期，越来越多的用户习惯在线购物，因为实在是方便。电商营销是投资收益最直接的营销环节，也是数字营销与传统广告的一个重要差别所在，传统广告只做传播，而数字营销却实实在在地与销售直接连接。最后是近年来火爆的短视频和直播平台。UGC 在短视频平台发挥到极致，直播更是短视频平台的吸睛利器，内容电商的迅猛发展让传统电商感到危机，直播带货成为时尚，一个头部网红能顶一个上市公司。内容营销成为王道。除此之外，还有在线视频平台、门户及资讯平台、垂直类平台以及终端厂商等，这些平台的影响力相对较弱。还有无数的数字媒介，如 OTT 智能电视、数字户外广告、物联网广告、AR/VR 以及各种 App 应用，提供各种形式的长尾流量服务。

数字营销的发生、发展离不开数字技术和数字媒介，传统广告产业是以创意策划为核心的，但是数字营销所涉及的产业生态与传统广告业存在巨大差异。“去乙方化”一度成为行业讨论的焦点。营销传播的核心资源从创意转变为技术和流量。大型互联网平台公司有技术、有数据、有流量，成为营销传播生态中的强者。近年来还有一个新的动态是私域营销的兴起，品牌自播、品牌生成内容越来越受到品牌方的重视，这无疑更进一步削弱了广告代理方的存在感。

数字营销的发展同时也推动了广告教育体系的变革。2019 年，中国传媒大学首先在广告本科专业下增设了数字营销专业方向。2020 年，南京大学在中国大学 MOOC 网上开设了数字营销课程。2023 年 9 月，南京大学新闻传播学院首届数字营销专业硕士开学。广告概而言之是一门营销传播艺术，它主要涉及三个学科，即商学、传播学和艺术，广告本科教学的课程体系基本上是基于这三个学科建构的，广告被认为是科学与艺术的结合，科学的维度主要是指广告服务于营销，因而广告的策划要遵循理性的商业目标，艺术的维度是指广告必须通过创意艺术来提升广告传播的效果。数字营销专业的课程体系，在传统广告学课程体系基础上，需要增加数字技术和数据管理相关领域的知识。如果说传统广告是创意驱动的，那么，数字营销则是数字技术和数据驱动的。首先，数字营销的发展离不开 MarTech（营销技术）的支持。目前，常用的营销技术涉及 6 大领域 49 个小类，具体包括广告与促销、内容与体验、社交与关系营销、商务与销售、数据、管理。从这些应用领域不难看出，数字营销已经远远超越传统广告的信息传播范畴，其功能已经涉及营销全链路。其次，数字营销的发展离不开近年来兴起的计算传播学的支持。计算传播学是数字化时代发展起来的传播学新方向。计算传播学的核心就是用数据驱动传播、用数据解构传播，而这正契合数字营销的传播特征，所以，从计算传播学发展伊始，数字广告就是其最重要的研究对象。

本教材总计十六章，第一章数字营销概述主要讨论数字营销的概念以及数字营销的发展历程；第二章数字营销技术介绍数字营销技术的演变过程，重点介绍了营销数据中台、智能营销、营销自动化、推荐系统等几项重要的数字营销技术；第三章营销数据管理与分析主要内容包括数据集成的方式、营销数据的类型、营销数据分析的流程，并介绍了 CRM 管理方法；第四章程序化广告主要介绍程序化广告的概念以及程序化广告的投放和程序化广告创意；第五章消费者洞察主要陈述消费者洞察的概念、发展过程以及方法；第六章内容创意管理主要介绍几种常见的数字内容生产方式，包括 BGC、PGC、PUGC 以及 IP 生产与知识产权等；第七章到第十四章介绍数字营销的几种主流模式，分别是搜索营销、社会化媒体营销、视频营销、内容营销、场景营销、移动营销、电商营销和元宇宙营销；第十五章介绍数字营销效果评估与监测；第十六章讲述数字营销传播与消费者权益，重点讲解如何在数字营销中保护消费者知情权和消费者个人信息权。

参加本教材编写的七位学者全部来自南京大学新闻传播学院，他们各自有着差异化的学科背景，主编郑丽勇教授是管理学博士，主要从事营销与广告领域的教学和科研工作，负责数字营销概述、程序化广告、移动营销和元宇宙营销等章节的编撰工作；副主编朱江丽副教授是经济学博士，南京大学新闻传播学院副院长，负责电商营销的编撰工作；副主编王成军副教授是传播学博士，南京大学计算传播学实验中心主任，负责营销数据管理与分析、数字营销效果评估与监测等章节的编撰工作；副主编胡菡菡副教授是法学博士，南京大学新闻传播学院应用传播学系主任，负责消费者洞察、内容创意管理、数字营销传播与消费者权益等章节的编撰工作；孙文峥副教授是管理学博士，负责社会化媒体营销和场景营销等章节的编撰工作；尚可可副教授是工学博士，负责数字营销技术和搜索营销等章节的编撰工作；马志浩助理教授是哲学博士，负责内容营销和视频营销等章节的编撰工作。南京大学新闻传播学院研究生费韵洁、赵钰涵、郭歌、杨君涵、张瑜晨、林娜、张伟杰等同学担任编撰助理，负责资料搜集整理工作。

最后，感谢中国商务广告协会虎啸奖组委会为本教材提供案例支持。

目 录

第一章　数字营销概述

学习大纲

- 数字营销的概念
- 数字营销的发展背景
- 数字营销的发展历程

学习目标

本章将解决下列问题：

1. 什么是数字营销？
2. 数字营销有哪些类型？
3. 数字营销的发展历程。
4. 数字营销与广告相比有什么特征？

学习讨论

数字营销是新媒体广告还是一种新的营销传播方式？

开篇案例

“全世界最小的电信营业厅”

一、背景与洞察

从运营商到手机商以及相关产业链对5G信息的并行释放在2020年达到高点，传播噪声大，消费者信息过载。同时，三大运营商的5G业务、价格、服务等均存在高度同质化。

大众对于5G的认知，对于各大运营商5G业务、资费、套餐、服务等的了解，远超想象。用户反馈，5G知识和5G业务完全不需要教育，但5G信号是否能覆盖“我”的活动区域才是决定“我”考虑是否升5G、是否更换运营商的核心要素。

二、策略与执行

一个城市的美好，不在于高楼林立、时尚潮流，它的美好往往体现在细节之中。在5G传播项目中，“项目组”用了城市艺术的形式和上海的地标、街区联名，以它们的文化背景创造了数十个5G主题的城市公共艺术作品，其中就包括“全世界最小的营业厅”。

淮海路街边矮垛墙的一块砖体出现了破损，“项目组”在国庆假期赶工，在这块砖的空间里用3D打印技术置入了一座微缩电信营业厅，这不仅完美地修补了破损，还在第一时间引起了社会和媒体对电信5G和“此处电信5G已覆盖”等品牌信息的广泛关注。

“全世界最小的营业厅”，整体尺寸为23.8厘米 ×15.3厘米 ×5.8厘米，正是原始破损砖体的大小。里面的桌子只有手指大小，而营业员才4粒大米的高度……由于3D打印难以制作出精细部件，所以营业厅里的电脑、手机以及中国电信的“Hello 5G”标识等小尺寸部件，则由创意团队一点一点手工粘制完成。到了夜晚，这座24小时服务的营业厅内灯光亮起，与车水马龙的百年淮海路交相辉映。明亮的大厅、闪烁的霓虹、人气十足的街道，成为魔都一道靓丽的风景。路过此地的市民和游客纷纷驻足，举起手机来记录这座特殊的电信营业厅。

这座“全世界最小的营业厅”不但能观赏，而且的确可以办理真实的5G业务。扫描营业厅门头的立体二维码，即能进入电信的5G线上网厅页面，非常方便。活动期内，这座特殊的电信营业厅在淮海路亮相后，已有不少路过此地的用户在活动期内提前尝鲜，通过扫描二维码成功办理或升级了5G业务。

三、效果

“全世界最小的营业厅”这一称呼来自媒体，这座营业厅不仅获得了人民网、新华网在内的多家中央媒体的报道和认可，还在一周内两次登录学习强国。2021年，该项目获得2021年度国家级数字营销评审虎啸奖的唯一大奖。

案例思考：“全世界最小的营业厅”案例获奖的主要原因是什么？

（案例来源：中国商务广告协会数字营销委员会虎啸奖组委会）

第一节　数字营销的定义

一、数字营销的发展背景

在人类社会发展的过程中，技术是一个非常显性的变量。有史以来，在五千多年的人类文明中，几个重要的技术改变了人类的生存状态。第一个最早见于新石器时代，人类因为学会使用捕猎工具，成为整个生态圈中顶级的动物。第二个改变人类生存方式的技术是种植技术，种植技术一方面为人类提供了稳定的食物来源，另一方面也让人类的生活状态从游牧变成了定居，从而使得文明得到全面的发展。人类文明第三个最重要的技术是蒸汽机。蒸汽机的出现改变了人类社会的动力结构，使人类发展摆脱了人力和畜力的束缚，使得大规模的低成本生产成为可能，进而催生了现代工业经济。当下的人类社会正在进入第四个社会形态——数字时代。数字技术的发展推动人类社会的各个层面进入数字化。数字化是当下时代的一种哲学、一种思维方式。人类的生产、生活、生存和社会关系等各个层面都因为数字化发生了巨大的变化，营销传播也是如此。

工业化的生产方式导致生产和消费的分离。为了实现生产和消费的连接，营销传播成为必需。从 19 世纪末开始，广告成为营销传播的主要形态。报纸、广播、电视等大众新闻传媒的出现和发展，为企业进行营销传播提供了非常快捷有力的媒介。当然，迅速增长的广告费也为大众新闻传媒的发展提供了强劲的动力，广告费成为大众新闻传媒的主要收入来源，占到其总营收的 90% 左右。

相对于传统的人员推广，广告可以在非常短的时间内低成本地将信息传达到大规模的人群。广告还有一个非常独特的优势，就是可以利用各种艺术的感染力去增强信息传播的效果。广告的出现和发展对于推动现代经济的发展无疑具有重要作用。但是广告本身也存在诸多问题，其中最根本的问题是广告的有效受众比例。第一个问题是广告的目标受众和大众新闻传媒的受众之间往往是存在差异的。电视中的化妆品广告，它的目标受众是 20—50 岁的年轻女性，那些男性以及老年和幼年的女性就是无效受众，为这些无效受众支付的媒介费用就成为一种巨大的浪费。第二个问题是广告效果的不确定性。广告主在做完广告以后，不知道谁看了这些广告，也不知道看了广告的人在哪里，更不知道看完这些广告以后受众的心理以及他们的行为处于怎样的状态。尽管可以通过广告之后的效果调查来解决这些问题，但是对于一些传播规模较小的广告来说，广告的调查并不能解决广告主的困惑。

从 20 世纪 90 年代开始，新媒体广告的发展为解决广告的效率问题提供了数字解决方案。初始阶段，新媒体广告与原来传统的大众新闻传媒广告的传播模式是一样的，只不过广告的展示位置从传统新闻媒介变成了新媒体，比如新闻资讯网站上展示的广告。新媒体的网页链接属性为新媒体广告提供了更丰富的信息传播路径，受众如果对广告上的内容感兴趣，就可以点击广告跳转到另一个链接网页浏览更详细的广告信息。由此，新媒体广告的点击收费模式以及新媒体广告的互动模式诞生了。这两者对于传统广告而言是革命性的，新型的数字营销模式从此诞生。

随后，搜索引擎和社交媒体的发展正式拉开了数字营销发展的序幕，智能手机的普及以及电商的发展都是推动数字营销发展的重要力量。2015 年，中国市场数字营销的费用已经达到总体营销传播费用的 50%，此后几年这个比例仍在迅速增长。2020 年，中国广告市场规模达到 8 729 亿元，其中数字营销市场规模达到 7 666 亿元，数字营销费用的占比为 87.8%。

二、数字营销的定义

目前，数字营销的定义主要涉及三个学科，分别是营销学、管理学和传播学。

王霆、卢爽在 2003 年提出，数字营销是以计算机信息网络技术为基础，通过现代电子手段和通信网络技术（主要是 Internet），有效地调动企业资源开展市场营销活动，以实现企业产品和服务有效销售的一系列企业活动过程。① 克里斯蒂安等人在 2008 年提出，数字营销是用相关的、个性化和成本效益的方式使用数字分销渠道到达消费者，以促进产品和服务销售的一种营销方式。② 姚曦、秦雪冰在 2013 年提出，数字营销是以数字化技术为基础，通过数字化手段调动企业资源进行营销活动以实现企业产品和服务的价值过程。③

管理学者卡纳安和李在 2017 年提出，数字营销是一种适应性强，由数字技术支持的流程，通过该流程，企业可以与客户及合作伙伴协作，共同为所有利益相关者创造、沟通、交付和维持价值。④ 施德俊在 2017 年提出，数字营销是以数字化技术为手段，以系统化分析为方法，以建立有效连接为指向，以创造和留住顾客为目标的商业管理模式，是一个发现、创造、激发和满足顾客需求的统一过程。⑤

美国数字营销协会在 2007 年提出，数字营销是利用数字技术开展的一种整合、定向和可衡量的传播，以获取和留住客户，同时与他们建立更深层次的关系。⑥ 传播学者阳翼在 2015 年提出，数字营销是使用数字媒体推广产品和服务的营销传播活动，

① 王霆，卢爽 . 数字化营销［M］. 北京：中国纺织出版社，2003：3.
② CRISTIAN，MOROZAN，ELENA，et al. Digital marketing：an opportunity for the modern business communication［J］. Annals of the University of Oradea：economic science，2008（4）：982-987.
③ 姚曦，秦雪冰 . 技术与生存：数字营销的本质［J］. 新闻大学，2013（6）：58-63，33.
④ KANNAN P K，LI H S. Digital marketing：A framework，review and research agenda［J］.International journal of research in marketing，2017，34（1）：22-45.
⑤ 施德俊 . 数字营销短视症［J］. 清华管理评论，2017（3）：91-95.
⑥ CRISTIAN，MOROZAN，ELENA，et al. Digital marketing：an opportunity for the modern business communication［J］. Annals of the University of Oradea：economic science，2008（4）：982-987.

主要包括社会化营销传播、移动营销、微电影营销、虚拟游戏营销、搜索引擎营销和电子商务营销六种方式。[①] 曹虎在 2015 年提出，数字营销是新兴多媒体用数字化工具取代以往的技术来进行传播活动，并且进行销售、沟通的营销活动。[②]

营销学关于数字营销的定义，首先是明确提出数字营销是一种营销方式或营销活动，然后提出数字营销的特征：基于数字技术，使用数字媒介。克里斯蒂安等人的定义中也涉及了数字营销本身的一些特征，如相关性、个性化和成本效益。从发展的过程来看，数字营销最开始是以“互联网广告”的身份出现的，后来，也有人称之为“新媒体广告”，直至当下，仍有很多统计机构是以“互联网广告”来指代数字营销的。数字营销在发展过程中完成了两次关键性的迭代，一是社交媒体的发展使得数字营销具有互动传播的属性，二是程序化购买平台的发展使数字营销实现了精确传播。所以，数字营销本质上是一种营销传播活动，但它与传统广告存在系统性差异，主要表现在三个方面：一是使用数字媒介；二是数字技术支持；三是精准互动传播。

（一）使用数字媒介

使用数字媒介是前提。每种媒介都有相应的传播属性，大众传媒的传播属性决定了广告的传播属性。广告是一种大众传播活动，其特点是一对多的单向传播。数字营销与广告的收费模式不一样。PPC（pay per click）收费模式意味着营销者可以按人次购买数字媒介，而不像传统广告那样按时段或版面来整体购买。这种收费模式意味着数字营销的传播是以个体为单位的。

2004 年，脸书（Facebook）的成立标志着互联网进入社交时代，而社交媒介的发展让数字营销实现了再一次革命——互动式传播。之后，电商平台、视频平台（包括短视频和直播平台）、新闻聚合平台、OTT 智能电视、数字户外媒体等数字媒介层出不穷，不断带来数字营销的创新盛宴。数字媒介的数字化属性为数字营销的创新性传播提供了物质条件。

（二）数字技术支持

数字技术是数字营销创新和发展最重要的推动力。2019 年，斯科特 · 布林克尔（Scott Brinker）发布的 MarTech 生态图包括了广告与促销、内容与体验、社交与关系营销、商务与销售、数据、管理 6 大门类，移动营销等 49 个子类别，7 040 款产品或解决方案。

在众多的数字技术应用中，实时竞价的程序化购买平台最具代表性和革命性。流量卖方通过程序化的方式将流量接入交易平台并设定底价，交易平台向买家发起竞价请求，买家根据广告目标评估流量的价值并背对背出价，交易平台找出最高价并将其广告素材推送到媒介进行展示。这一切工作都是在浏览者没有察觉到的 100 毫秒内完

① 阳翼 . 数字营销［M］.2 版 . 北京：中国人民大学出版社，2019：3.
② 曹虎，王赛，乔林，等 . 数字时代的营销战略［M］. 北京：机械工业出版社，2017：30-31。

成的。

另一个革命性的数字技术应用是人工智能（AI）。2018 年，阿里巴巴先后推出“鹿班”与“AI 智能文案”两款人工智能创意产品。“鹿班”在 2018 年“双 11”期间自动设计了超过 4 亿张海报，峰值效率为每秒 8 000 张；“AI 智能文案”帮助淘宝卖家产出更多优秀的文案，最多的时候能达到 1 秒产出两万条短标题。AI 的应用将使数字营销更精准、更有效、更快速，同时成本更低。

（三）精准互动传播

广告的逻辑是“广而告之”，是基于大众传媒的受众规模达成传播的规模经济。广告是以传者为中心的单向传播，受众在传播者眼中是无差别的，只是信息的被动接收者，而数字营销基于数字媒介的特点以及数字技术的支持，其传播模式是点对点的精准传播和互动传播。

程序化购买平台整合数千个消费者标签以及相关数据，营销者可以根据每个需求点拟合流量模型找到自己的目标流量点，再根据每个流量点的特性甚至结合不同的场景投放有针对性的素材。基于大数据和人工智能的支持，程序化购买的模型越来越准确高效，程序化创意通过各种广告素材的组合实现“千人千面”的精准内容投放。数字营销实现了营销者与目标受众的点对点双向互动，受众不再是被动的信息接收者，他们的参与意味着数字营销不需要像广告那样通过多次曝光的方式来加强印象以达成有效认知，同时还意味着有潜在需求的、极有可能成为顾客的受众是可以被培养的。受众参与意味着营销者不是仅仅完成一次信息传播，而是可以与目标受众建立一个连接关系。基于数据技术的支持，营销者还可以与建立了连接关系的受众进行持续性、覆盖全生命周期的互动沟通。所以，通过数字营销，营销者可以与目标受众进行点对点、持续性的精准互动传播。

所以，数字营销是营销者在数字技术支持下，通过数字媒介进行精确互动的营销传播方式，以实施顾客关系的全生命周期管理。

三、数字营销的特征

数字营销起源于新媒体广告，但是由于数字技术的赋能，数字营销传播逐渐与传统广告形成质的差异，呈现出多样性和复杂性的特点。相较于传统广告，数字营销传播的具体特征包括数据驱动、技术整合、精准互动、策略灵活和实效可测。

（一）数据驱动

数字营销的所有传播活动都是以数据为基础的，数据成为一种思维方式。比如搜索、社交、程序化购买、视频营销等，都是基于数据寻找传播目标的活动内容，也是基于数据实现与目标的连接和沟通。

（二）技术整合

数字营销通过数字技术整合各种相关资源，既包括前端的数据资源，又包括后端媒介资源和内容资源。比如程序化购买平台能在毫秒级时间内将供给方、需求方整合起来以实现数字媒介位与需求方的拟合以及内容的推送。

（三）精准互动

数字营销利用数据和技术精准地找到目标受众并匹配对应的内容，实现“千人千面”的内容传播，即在目标和内容两方面实现精准。数字营销与传统广告最大的区别在于受众参与，无论是点击还是其他互动行为都是以受众主动参与为前提的，而传统广告绝大多数都是以受众被动接触为主要方式。

（四）策略灵活

受众个体差异、顾客生命周期差异、产品差异、品牌差异、时间、空间等多个变量导致每个个体在每个时间点、每种场景下都会产生不同的需求，因而对应着不同的传播策略。数字营销技术能够实现灵活多样的个性化传播以解决相应的问题。数字营销的“千人千面”内容策略，即面对不同类型的受众可以传播不同类型的内容，特别是在人工智能系统的支持下，程序化创意可以低成本生产大量创意物料，从而进行“千人千面”的营销传播。此外，数字营销的传播内容也不只是停留在传统的品牌生产内容上，还可以是用户生产内容、KOL 生产内容、IP 内容或明星生产内容。传统广告由于其传播特点，往往只能传递少而精的信息，尽可能在极短的时间或较小的空间内对受众传播最重要的内容以达成传播目标。

（五）实效可测

传统广告最大的问题就是效果的不确定性，即不知道谁看了广告，不知道受众是否正确理解，不知道广告是否被记忆，不知道受众是否会有行动。数字营销的传播效果具有可测定性，用户的点击和阅读后的进一步行动都可以明确显示传播效果。受众购买行为发生以后也可以通过归因技术追溯其事前的媒介接触行为，以确定其受传播影响的相关状况。IBM 推出的 tealeaf 工具（茶叶），能够帮助电商网站发现受众从登录到离开的整个过程：他们通过哪些页面登录、跳到了哪些页面、停留了多久、出现了什么问题、在哪些页面离开。[①] 受众的在线行为大多可以通过类似 tealeaf 的工具进行观察分析从而掌握数字营销传播的效果，从而使得数字营销传播成为一种效果可测量的传播。

数字营销与传统广告的区别，见表 1-1。

表 1-1　数字营销与传统广告的区别

差异点	数字营销	广告
传播模式	精准互动	单向一对多
传播介质	数字媒介	大众传媒

① 周再宇 . 营销技术生态：Martech 如何应用于营销［J］. 国际商务，2017（6）：16-20.

续表

差异点	数字营销	广告
传播内容	多样化、个性化	少而精
传播对象	目标个体	目标人群
核心资源	数据和技术	创意
主要功能	顾客关系全流程管理	信息告知与品牌建设
传播效果	可衡量	不确定
传播成本	低	高
受众参与	主动	被动
相关机构	数据提供商、平台服务商	广告业、媒介

四、数字营销的分类

（一）按形态分类

艾瑞咨询根据数字营销的呈现形态将网络广告分为搜索广告、电商广告、信息流广告、品牌图形广告、视频贴片广告、独立分类广告、富媒体广告、固定文字链广告和其他形式广告。其中，其他形式广告包括内容营销、导航广告、电子邮件广告等，信息流广告包括社交、新闻资讯、视频网站中的信息流品牌及效果广告等。①

（二）按媒介分类

大多数专业研究机构按数字媒介类型对数字营销进行分类。北京资士信息科技有限公司（QuestMobile）把互联网广告分为电商类广告、资讯平台广告、搜索引擎广告、社交广告、综合视频广告、短视频广告、分类广告、垂直门户广告和其他广告。②分类广告是指 58 同城、赶集网等分类网站的广告。

社会化营销在所有整合性的数字营销传播中几乎是不可或缺的，社会化营销进一步细分可以分为 KOL（key opinion leader，关键意见领袖）营销、小程序营销、微博营销、微信营销、口碑营销、社群营销、自媒体营销等。社会化营销首先是为营销者与受众提供了互动的平台；其次，基于群体智慧的社会网络传播为产品体验提供了口碑传播的温床。

（三）按技术分类

数字营销按技术维度可以分为程序化购买、AI 营销、大数据营销、区块链营销等。其中，程序化购买已经成为数字营销的主流模式。据 eMarketer 研究显示，2020

① 中国网络广告市场年度监测报告－简版（2018 年）[J]. 艾瑞咨询系列研究报告，2018（8）：377-431.
② 2020 中国互联网广告大报告 [EB/OL].（2020-04-28）[2024-01-04]. https://www.opp2.com/192144.html.

年，广告程序化购买将占美国所有展示广告支出的 84.5%；[①]中国的广告程序化购买支出总额将达到所有展示广告支出的 71%，增长到近 3/4。[②]

AI 营销发展迅速并成为数字营销又一个强劲的推动力，AI 将大大节约人工成本，进一步提高数字营销的传播效率。基于数据中台的大数据营销，将帮助营销者打通公域流量和私域流量，形成从公域引流到私域进行精细化运营，再到销售转化的完整闭环。

区块链营销方兴未艾，研究者认为区块链营销可以基于区块链技术改变当下数字营销生态中第三方平台的数据垄断格局，从而更好地保护消费者权益，并提高营销者的传播效率。

（四）按内容分类

数字营销按内容维度可以分为信息流广告、原生广告、IP 营销、场景营销、游戏营销、动漫营销、电竞营销、体育营销、娱乐营销、音乐营销、病毒营销等。内容营销的传播逻辑是内容本身成为传播的推动力，内容即流量。

2006 年，脸书推出信息流广告，其通过分析用户行为习惯，为用户提供个性化的内容，这些内容中可以夹杂原生广告或软文。这些以信息流形式出现在社交网络用户视野之中的信息流广告，通常在用户的动态消息栏中以图片、文字或链接的形式插入，直接出现在用户的注意力焦点区域，几乎不会被直接忽略，在获得更好的展示效果的同时，也会获得更多的点击率与流量变现。

原生广告是最有代表性的内容营销模式。原生广告是通过“和谐”的内容呈现品牌信息，不破坏用户体验，使得品牌信息能够自然地让用户接受，所谓“广告即内容”，这是所有广告营销人与品牌的愿望，因此原生广告一经提出便受到了广泛的欢迎与认可。

近年来风生水起的 IP 营销也是基于内容推动的数字营销。IP 对营销者的价值有两个方面：一是自带流量，二是粉丝的情感可以带来较高的流量转化率。

场景营销是近年来刚刚发展起来的数字营销类别。场景原本属于电影戏剧中的概念，近年来被用来描述消费者行为、情绪以及生活空间，而这些要素与消费者需求密切相关。根据场景差异，数字营销可以分类为生活场景营销、出行场景营销、AR/VR 虚拟场景营销、OTT（over the top）场景营销、物联网营销等。场景营销的传播逻辑是消费者需求与场景的相关性。一个典型的场景营销是，滴滴打车在扬州的公交车站或人流密集的马路上用特殊材料刷上滴滴打车的二维码，这个二维码图形只有在下雨的时候才会显示出来。下雨天是消费者打车的高峰，当打车成为刚需的时候，扫一下

① eMarketer：2020 年广告程序化购买将占美国网络展示广告支出的 84.5%［EB/OL］.（2020-09-05）［2025-03-07］.https://www.199it.com/archives/1108795.html.

② eMarketer：2019 年中国广告程序化购买支出将超过 308 亿美元［EB/OL］.（2019-01-02）［2025-03-07］.https://www.199it.com/archives/813094.html.

滴滴打车的二维码，车就来了。这个例子揭示了场景营销的传播逻辑——把传播与消费者需求场景相结合，在传播的同时满足消费者需求。

五、数字营销的功能

相对于传统广告的“广而告之”，数字营销依靠数字技术和大数据的支持可以更好地发现顾客、连接顾客和服务顾客。

（一）发现顾客

营销的本质就是“发现需求，满足需求”，发现顾客是营销的首要任务。在数字营销系统中存在许多不同的方法和路径发现顾客，比如程序化广告是通过企业现有的顾客数据拟合媒介流量的标签来寻找目标顾客；搜索引擎是通过顾客的搜索行为所呈现出来的需求来发现顾客；社会化营销是通过顾客的社交关系来发现同质顾客；互动营销是通过顾客对数字营销的响应和互动来发现顾客。

（二）连接顾客

传统广告发布之后，不知道谁收到了广告信息，不知道真正的顾客在哪里，没有办法与他们进一步沟通，因而只能一遍遍低效地重复播放广告。而数字营销可以通过访客找回技术记录这个流量的信息并将它们贮存在数据中台，然后通过程序化平台精确地追踪这个流量，在它下次出现的时候再次与它进行沟通。营销者甚至可以通过各种激励手段将这个流量纳入企业的私域流量池进行更精细的沟通互动，从而将弱连接升级为强连接。与目标消费者建立并保持连接体现了数字营销的精髓。

（三）服务顾客

广告的传播与销售是割裂的，顾客经受广告的劝服决定购买这个品牌的产品，但是往往只能在之后一个有空的时间去购买，这中间可能会有各种改变购买决定的意外情况发生：顾客的购买欲望随时间流逝自然地弱化了；在实施购买过程中，顾客也可能受竞品的影响而流失。

而数字营销在相当程度上减少了潜在顾客流失的可能性。数字营销的每次接触可以将信息的传达与销售连为一体，电商平台的发展使得那些产生消费欲望的顾客可以随时随地实现消费行为。营销者可以对私域流量池的顾客进行深度的品牌教育和有针对性的激励措施以促进销售转化。转化后营销者通过售后服务和有计划的互动沟通保持与顾客的连接，推动顾客的重复消费，甚至让顾客借助社交平台来分享消费体验以引进更多的流量。这种沟通在以前可能因为高额的人工成本使企业放弃对顾客的维护，但当下因人工智能的支持，成本可以有效地控制在较低的水平，从而使得顾客关系管理成为一种真正有效的营销手段。

广告的主要功能是信息的告知和品牌形象的建构，而数字营销通过精确互动传播可以实现顾客关系的全生命周期管理。这是两者最大的区别，也是营销传播从广告发展到数字营销完成的最大变革。

第二节 数字营销的发展历程

1968 年，美国军方发起的阿帕网诞生，这是互联网的起点。也就是从这一年开始，人类开始进入互联网时代，当然，阿帕网的建设者们当时肯定没想到他们的工作会对人类产生如此巨大的影响。1978 年，第一封广告邮件发出。这是数字营销的源起。广告邮件到现在仍然存在，其优势是成本低、定向传播、制作简单、反应快速、覆盖率高，它的负面影响就是垃圾邮件。1994 年，AT&T 在 hotwired.com 网站上刊登了互联网历史上第一条横幅广告，标志着互联网广告拉开帷幕。1978 年到 1994 年是数字营销的萌芽阶段，而 1994 年之后，互联网广告开始正式进入发展期。

在数字营销发展过程中，数字技术是一个非常重要的变量，每当一项创新的互联网数字技术推出，整个互联网生态就可能发生巨大的变化，也推动着数字营销的迭代变革。从技术的维度来看，从 1994 年到 2020 年，数字营销可以分成 4 个阶段：从 1994 年到 2001 年，是基于 Web1.0 的单向营销阶段；从 2002 年到 2012 年，是基于 Web2.0 的互动营销阶段；从 2013 年到 2016 年，是基于大数据的精准营销阶段；从 2017 年到现在，是基于人工智能的智慧营销阶段。①

一、基于 Web1.0 的单向营销阶段

Web1.0 阶段，网页信息不对外编辑，用户只能单纯地通过浏览器获取信息，只有网站管理员才能更新站点信息，雅虎、新浪、搜狐、网易、腾讯等门户网站占据一线主流位置。这个时期的网络广告以单向传播为特征，主要为展示类的横幅广告，以销售产品为主要目的，传播模式与传统新闻媒介的广告相同，故被称为新媒体广告。

二、基于 Web2.0 的互动营销阶段

2002 年，Friendster.com 的创建开启了 SNS 社交网络服务的第一波浪潮；接着，Myspace、Facebook、人人网、开心网网站的发展标志着社会化媒体的正式崛起。社会化媒体赋权用户以表达和传播的权利，从此，传播的生态发生了革命性的变化。营销传播从传统的单向传播进入互动传播时代。

首先，互动传播意味着需求的确认，因为，顾客对传播的内容感兴趣才会进行互动。其次，互动传播可以实现企业与顾客之间信息的交流，从而加强双边的了解。最后，互动传播还可以实现顾客与顾客之间的交流，使得在线口碑传播产生更强的影响力。

① 阳翼 . 数字营销［M］.2 版 . 北京：中国人民大学出版社，2019：4-8.

三、基于大数据的精准营销阶段

程序化广告是实现精准传播的主要形态。2008 年到 2011 年，中国在程序化广告领域尚处于摸索阶段，悠易互动、品友互动、传漾等公司开始进入程序化广告领域。2011 年，阿里妈妈推出面向全国的广告交易平台 Tanx，正式揭开程序化广告的帷幕。2012 年被称为中国程序化广告的元年。舜飞 BiddingX、品友、亿玛、聚效 Media V、易传媒等先后发布各自的 DSP，谷歌旗下的 DoubleClick ADX 在中国正式上线。2013 年，腾讯 ADX、百度 BES、优酷土豆、新浪相继加入程序化广告市场。

程序化广告给传播带来三个变化：一是媒介购买从传统的批发模式进入零售模式，程序化平台可以对在线的每个流量实现竞价销售。以个体为单位的流量销售解决了传统广告无效受众的问题，广告主可以不再为无效受众买单。二是实时竞价模式提高了全网的媒介资源价值。平台上的每个营销者都可以为每个流量开出价格，价高者得之，从而有可能把每个流量分配给最合适的营销者，最终实现流量资源的最优配置。三是程序化广告为长尾流量提供了实现价值的可能性。互联网众多的小型自媒体和垂直类媒体的流量规模比较小，在传统的售卖模式下它们的流量很难被售卖出去，而程序化广告不受流量规模的限制，让这些长尾流量可以顺利地进入媒介市场。

四、基于人工智能的智慧营销阶段

近年来最热门的概念就是人工智能。数字营销的第 4 个阶段就是基于人工智能的智慧营销。1956 年达特茅斯会议的召开标志着人工智能的正式诞生，2016 年阿尔法围棋（Alpha Go）击败李世石，让世人对人工智能有了最直接的感受。2017 年被定义为人工智能应用元年，人工智能在交通、医疗、金融、教育等领域全面渗透。饿了么推出语音点餐系统，依托智能语音系统，通过语音交互实现点餐流程，最大限度地节省点餐时间和人力成本。阿里巴巴开发人工智能设计师“鲁班”在学习了淘宝和天猫平台海量的海报作品以后，每秒能自动创作 8 000 张海报，然后向不同的用户推送不同的海报，实现“千人千面”，不论是成本控制还是作业效率其都显示出惊人的能力。

但是，当下的人工智能还只能算是弱人工智能，Alpha Go 虽然战胜了人类，但机器学习和神经网络远没有达到人们想象的神奇程度。简单地说，人工智能最擅长的事情就是简单地重复劳动。但是，人工智能的前景却是无限的，越来越多的重复劳动会被人工智能机器人替代，数字营销的智能化也是必然趋势。

本章小结

数字技术的发展推动人类社会的生存和发展，让生产和社会关系等各个层面都进入数字化时代，营销传播从传统的广告转变为数字营销传播。数字营销本质上是一种营销传播活动，它与传统广告的主要区别表现在：使用数字媒介、数字技术支持、精准互动传播。数字营销与传统广告相比，呈现出多样化和复杂性的特点。数字营销依靠数字技术和大数据的支持可以更好地发现顾客、连接顾客和服务顾客。数字营销的发展经历了4个阶段，分别是基于Web1.0的单向营销阶段、基于Web2.0的互动营销阶段、基于大数据的精准营销阶段和基于人工智能的智慧营销阶段。

思考题

1. 数字营销与传统广告相比有何优势?
2. 数字营销有哪些类型? 它们有何差异?
3. 影响数字营销发展的主要因素是什么?

第二章　数字营销技术

学习大纲

- 数字营销技术的演进
- “推荐系统”的概述及应用
- “智能营销”的概述及应用
- “营销自动化”的概述及应用

学习目标

本章将解决下列问题：

1. 数字营销技术近年发展中有哪些主要变革？
2. 数字营销技术的底层逻辑是怎样的？
3. 推荐系统是什么？有哪些推荐方式？
4. 智能营销和营销自动化分别是什么？有什么区别？

学习讨论

数字营销技术在近几年实现了哪些重要的发展和应用？

开篇案例

小米 × 美团外卖“18 神券节”联合营销

一、背景与洞察

在移动媒介及互联网服务的快速发展下，各类 App 已逐渐渗透到大众的生活中。

对于具有较为成熟的体量的App来说，进一步增长需要同时关注到平台新老用户双线的运营，也需要一个整合发力点来聚拢吸纳用户的各种需求。同时，日益发展的消费级IoT平台给用户的需求满足和体验升级提供了更多的实现渠道，也为品牌与用户沟通提供了更多的机会。

二、策略与执行

全球领先的IoT平台小米携手生活服务App美团外卖，以美团外卖开启的长期大促IP“18神券节”为核心发力点，采取由浅入深的精细化数字营销策略，助力美团外卖提升竞争力。

小米借助其平台全场景触达能力，配合大数据算法技术，采取了分用户、分阶段的精细化拆解策略：一是提升应用日活跃用户数量，二是通过三阶段策略促进用户产生交易转化。在活动预热期，小米利用交互过程中的内容展现效果，结合其数据管理平台初始定向潜在用户数据，发现消费需求，确定核心用户和触达人群。在活动进行期，小米为美团外卖App打造专场及专属频道，洞察用户路径，实现营销全路径覆盖式引导，激发用户的消费兴趣。在活动长尾期，小米用生态丰富的广告呈现模式，覆盖用户多重生活场景。该项目通过各个入口实现深度内容场景，打造全场景闭环式营销，并在投放中使用算法模型，从而精准触达用户，达成有效推荐。

三、效果

本次小米和美团的强强联手为“App市场需求饱和的情况下增长势头疲软”的难题提供了新的解决方案，发掘了数字营销的创新应用场景。从数据结果来看，该项目针对美团外卖每月神券节节点需求，结合每个用户的需求高点，助力美团系两大App共同参与导流，实现超预期转化。该项目获得第14届虎啸奖“电商及效果营销类—媒介策略及实施类—金奖”。

案例思考：小米此次和美团App的合作项目为何能实现超预期转化？

（案例来源：中国商务广告协会数字营销委员会虎啸奖组委会）

第一节　营销技术的演进

一、从AdTech到MarTech

AdTech（广告技术）被认为是用于推广商品的数字化软件与技术，[①] 包含需求方（广告商）、供应方（发行商）和广告交换（促进购买过程的中心）三个环节。[②]AdTech

① PITT L，BERTHON P，WATSON R .The world wide web as an advertising medium：toward an understanding of conversion efficiency［J］.Journal of advertising research，1996，36（1）：43-54.

② 朱逸，赵楠 . 数字营销的多重关键性面向［J］. 商业经济研究，2021（15）：72-76.

的诞生要追溯到 1994 年，美国 AT&T 公司在《连线》杂志的网页上发布了广告史上的首个 banner 广告，伴随着互联网与社交媒体的快速发展，AdTech 衍生出覆盖互联网广告、社交媒体广告和户外数字广告 ① 等多种形态，获得了业界的高度关注。

随着商业竞争环境的成熟，越来越多的企业比拼转移到产品为用户提供的附加值 ② 上，而单一的 AdTech 无法实现，所以 2011 年斯科特·布林克尔发布营销技术布局图，MarTech（营销技术）应运而生。MarTech 是“Marketing”和“Technology”的混合词，意指使用多种网络营销、营销运营与优化的技术解决方案以实现营销目标。MarTech 大致包含广告与促销、内容与体验、社交与关系营销、商务与销售、数据、管理 6 大门类。新兴的 MarTech 如同浪潮一般席卷而来，正在影响和改变着整个世界。MarTech 的发展，归根结底离不开市场的行业并购与聚合以及内部技术的堆栈凝聚。

二、行业市场的深刻变革

（一）MarTech 行业的增长与差异

自 2011 年第一个数字营销全景布局图发布以来，其上绘制和收录的商业 MarTech 解决方案的数量从 150 个增长至 2020 年的 8 000 个，每年呈指数级增加，10 年间增长率达到了 5 233%。

2020—2022 年，有 972 家公司因为被收购和推出不成功的产品而退出或倒闭，不少学者在新冠疫情爆发初期就悲观预测，疫情可能会成为缩小 MarTech 供应商规模的催化剂。但事实恰恰相反，MarTech 凭借着优越的客户体验和简化的数字运营等优势，加速市场对 MarTech 的需求并刺激新的 MarTech 供应商（2 904 家）不断涌入。截至 2022 年 5 月 3 日，数字营销指南包含的规模数量增长了 24%，这也使得近 12 年的行业规模增长率又一次增加，达到 6 521%。见图 2-1。

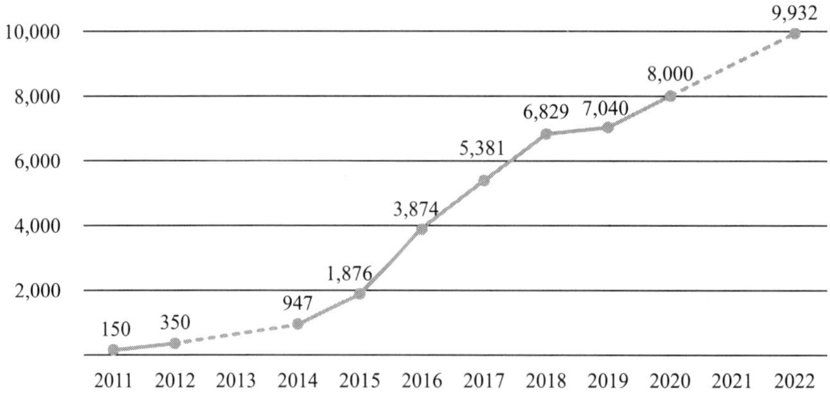

图 2-1　2011-2022 年 MarTech 行业规模增长率

① 王静，邢饶佳，张猛．数字广告：概念、特征与未来［J］．中国广告，2022（10）：68-73.

② 谢卿．Martech 赋能农产品网络营销策略研究［J］．现代商业，2022（18）：26-28.

虽然 MarTech 行业中的所有类别较过去都有所增长，但根据斯科特、布林克尔调查发现，MarTech 行业呈现明显的类别差异和地域差异。不同类别的增长率差异较大，最高的类别是管理（67%），其发展离不开数字业务运营的支持，尤其是远程办公的支持；而数据方面的增速仅有 7%，原因可能是其与目前整体行业追求的用户体验和数字管理的联系较小。在地域方面，不同产品的发展呈现区域聚集的状态，例如欧洲开发的 DAM（Digital Asset Management，数字资产管理）& MRM（Marketing Resource Management，营销资源管理）产品比美国多 50%，而美国开发的 ABM（Account-Based Marketing，基于客户的营销策略）比欧洲多 61%。许多较小的 MarTech 产品专门服务于本地区。见图 2-2。

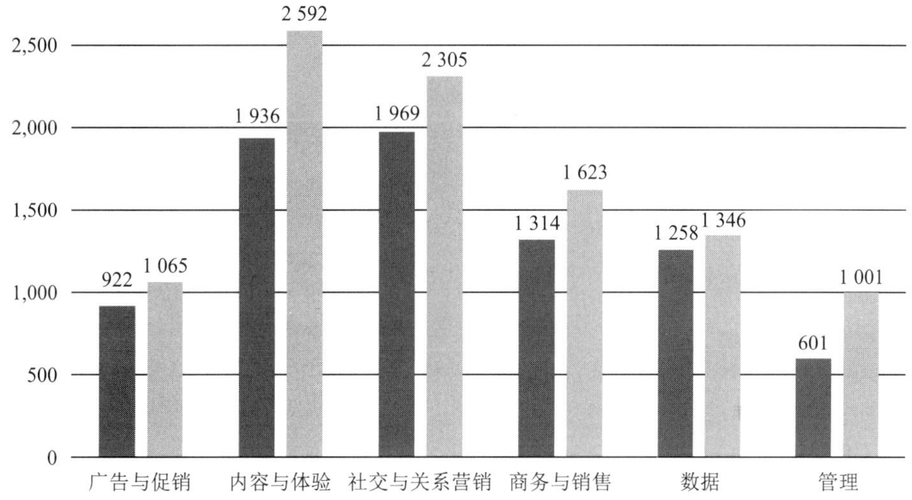

图 2-2　2020 年（浅）至 2022 年（深）各类别数目增长情况

（二）MarTech 行业的整合与拓展

MarTech 行业具有强大的活力，新的公司不断涌现，初具规模的公司也在茁壮成长。与之同时发生的是该领域大量的并购活动，投资银行“LUMA Partners”发布报告指出，2019 年至 2021 年分别发生 157 宗、85 宗和 166 宗已知的大规模收购交易，其中五分之一的交易价格超过 1 亿美元，这也侧面验证了 MarTech 行业的庞大规模。一个专业的 MarTech 应用程序能够让开发人员在其服务的基础上进行构建、扩展或集成以创造出更多的新应用，就像是“站在巨人的肩膀上”。当然，其面临的竞争也随着规模的扩大而增加，这也导致了行业内频繁的整合并购。特别的是，对于 MarTech 行业来说，整合并购往往是推陈出新的催化剂。一方面，平台的整合减少了开发人员考虑平台选择以触达最大潜在用户的成本，以熟知的苹果系统和安卓系统为例，基于这两个系统的移动应用程序达数百万个，这也使得两个系统的实力进一步增强，随之吸引更多的开发者在此基础上构建，形成一个动态、规律的良性循环；另一方面，整合的平台在成本价格和用户规模上具有显著优势，其在吸引开发者的同时也对开发软件的专业性提出了更高的要求，更多的专业化应用程序能够在整合平台的生态系统中取得成功。

三、内部技术的聚合驱动

（一）堆栈技术的聚合

技术驱动是数字营销的核心内容。[①] 在 MarTech 行业的整合下，应用程序之间的集成成为重要的发展方向。越来越多的应用程序将集成，作为其产品的亮点功能并推向市场，但“集成”的程度与模式有较大差异。集成可以划分为四个层次：数据、工作流、UI 和管理，是将数据、流程、体验（客户和员工体验）和控制进行聚合的空间维度。

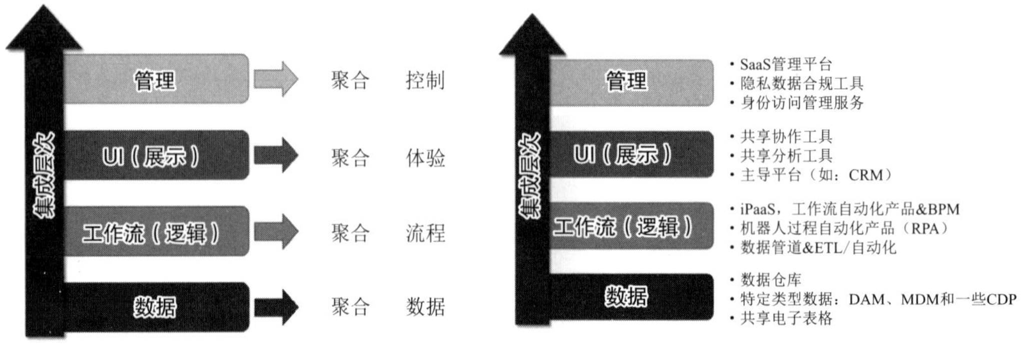

四个集成层次和其提供的对应价值　　提供聚合优势的应用程序平台示例

图 2-3 “集成”四个层次对应的价值及应用平台

其中，“数据”是最常见的跨系统（单向或双向）同步化记录；“工作流”集成使一个应用程序中的触发器能够在另一个应用程序中执行操作；“UI”集成将一个应用程序的元素嵌入另一个应用程序的 UI 中，从而减少了用户在不同浏览器选项卡和不同应用程序界面之间不断切换的次数；集成的管理层确保 SLA 和合规标准在应用程序平台生态系统中的所有应用程序保持一致。图 2-3 的右部分展示了不同层次聚合后可以形成的应用平台，例如，数据仓库是数据层的典型示例，DAM、MDM 和一些 CDP（customer data plat form，客户数据平台）也可以用于聚合特定类型的数据。

与单纯的整合相比，聚合正在成为一种更好的方式来在应用程序大爆炸中管理技术堆栈。整合在一定程度上可以减少集合中的事物数量，但随着人们对应用专业性和针对性的提高，减少事物的数量不仅困难且无法达到用户需求；相反，聚合是通过一个公共平台将大量事物集成在一起，使它们更容易、更安全、更有效地被使用。在技术堆栈中，聚合模式的优点被不断放大——聚合的东西越多，用户从中获得的价值就

① 姚曦，秦雪冰 . 技术与生存：数字营销的本质［J］. 新闻大学，2013（6）：58-63，33.

越大。

（二）数字化运维（Ops）的聚合驱动

在过去十年中，数字营销（MarTech）与市场营销运维（Marketing Operations，缩写为 Ops）共同发展，但随着数字化运维生态系统的集成，横向聚合平台正在跨组织连接数据和服务以打破这种孤立。强大的营销运维功能凭借其在协调技术、流程和数据上的优势，在当今的营销活动中成为极具竞争力的一环，日益与更广泛的商业技术堆栈融合。

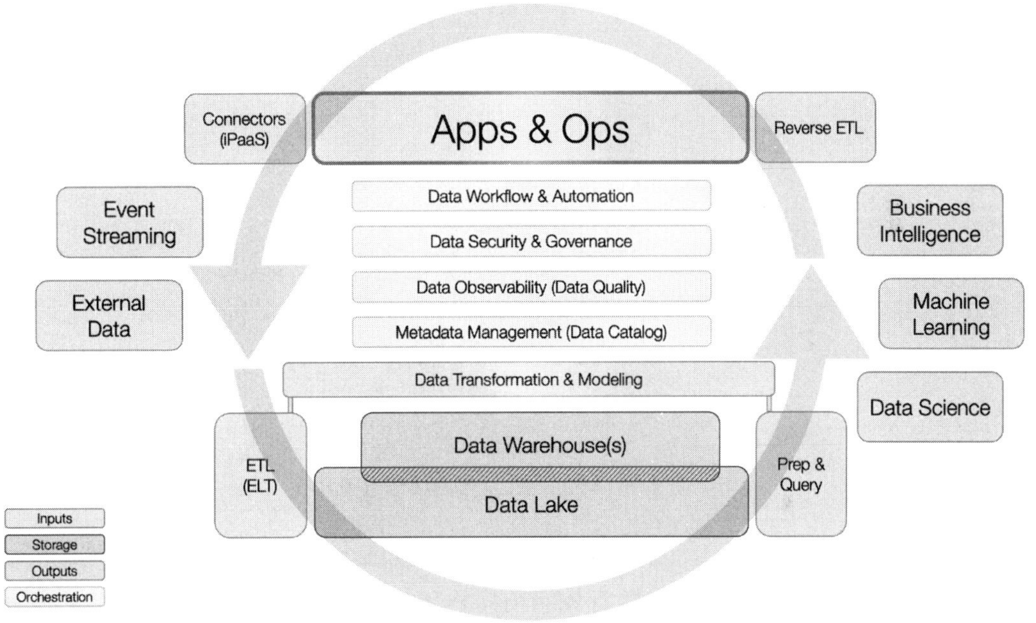

图 2–4 跨组织数据运营生态系统的数据流[①]

在图 2-4 所示的生态系统中，数据从一线应用程序和业务运营以及外部数据合作伙伴流入数据仓库，被管理、操作和编排后流入机器学习和商业智能应用程序，并反馈到一线应用程序和其他运维中台。同时，相似的数字化编排模式围绕运维快速发展，诞生了数据 Ops、合作伙伴 Ops、产品 Ops、机器学习 Ops 等一系列特殊的运维功能，这些功能有利于营销人员访问更丰富的数据集，获取用户见解并激活有针对性的活动，以更好维护互联数据运维生态系统。

大型运维是大数据的天然继承者，其不仅表现在数据的数量、多样性和速度上，还广泛地应用在数据之上以及其运行的所有应用程序、分析、代理、算法之中。未来，不同 Ops 的关联性将通过更多业务技术堆栈不断加深。例如，收入运维（Rev Ops）这种囊括了协调营销、销售和用户服务的组织结构，就是大型 Ops 联合的一次

① BRINKER S, RIEMERSMA F. State of MarTech 2022 report［R/OL］.（2022-03-03）［2025-07-26］. https://chiefmartec.com/2022/03/martechday-the-2022-martech-landscape-state-of-martech-report-stackies-and-more/.

有益尝试。

四、营销技术的发展特点

（一）遵循技术成熟度曲线

与 MarTech 整体布局相似，MarTech 工具也一样随着时间在不断扩张与整合。这一过程，与加特纳（Gartner）提出的技术成熟度曲线（Hype Cycle）[①] 十分契合。见图 2-5。

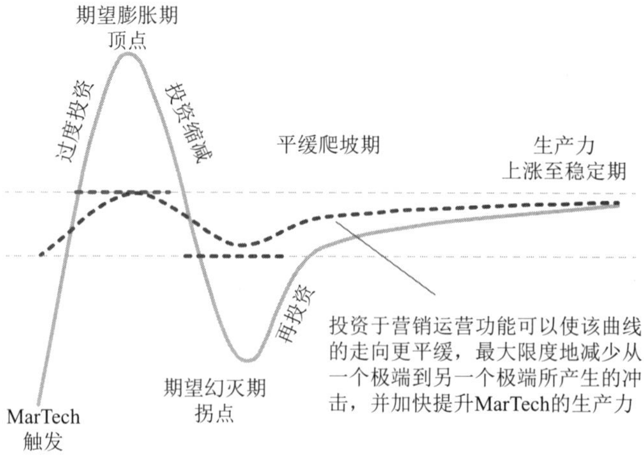

图 2-5 MarTech 发展曲线示意图

当企业最初意识到他们需要 MarTech 能力（触发因素）时，往往会过度投资于更多的工具，而不是关注他们具备的有效应用技能和流程，这导致了企业对工具本身所能达到的目标期望过高，随之而来的则是期望幻灭带来的撤资和低谷。

随着科技在产业中的逐渐发展，科技工具再次被投资，从而进入持续的爬坡期，并最终实现生产力的平衡状态。虽然在这一阶段企业仍然需要新增和淘汰科技工具，但在这一过程中，企业更加深思熟虑，并能更好地匹配自身技能和投资需求。

（二）堆栈规模随着 MarTech 的成熟而增长

在针对 198 个堆栈的模型集成评估中，堆栈的大小和成熟度呈正相关关系。伴随着 MarTech 行业的不断成熟，技术堆栈的规模在不断增长。见图 2-6。

---

① 李军平．2022 年 Gartner 新兴技术成熟度曲线［J］．世界科学，2022（11）：42-43.

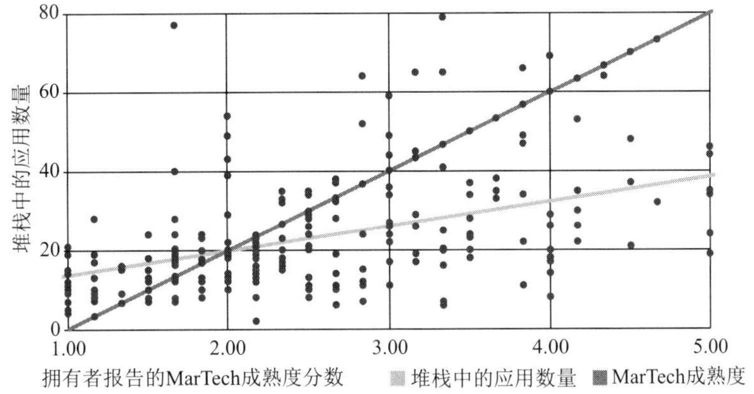

MarTech堆栈的大小往往随着报告的成熟度水平而增长；
低成熟度的应用平均约18个，而高成熟度的应用平均约40个

级别	描述
5	按需优化；预期的
4	可调整的；灵活的；自适应的
3	定义的；已知的；计划的
2	描述的；可追溯性；指引的
1	无文件的；未知的；临时的

图 2–6　堆栈应用数量与 Martech 成熟度分布图

＊将成熟度定义的类似于能力成熟度模型集成（CMMI）的五个级别，要求堆栈的所有者对其进行评级。

（三）MarTech 发展呈现出“长尾”模式

MarTech 布局是一条长尾，头部有一小部分大型供应商，尾部有数千个较小的供应商。但是，公司会因为特定需求和偏好而采用不同的工具，这让专业应用程序的数量迅速减少。见图 2–7。

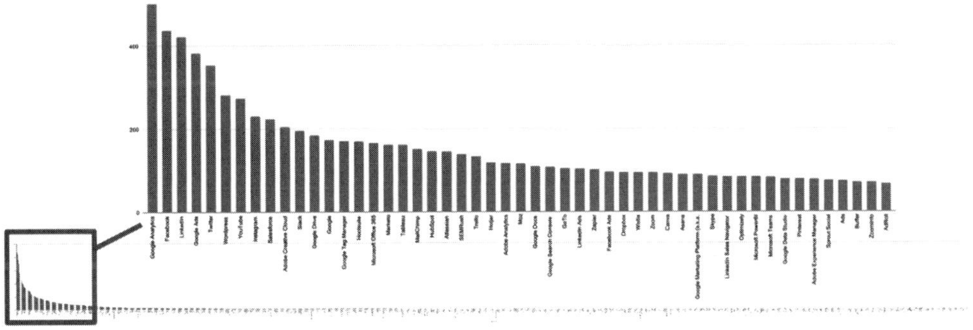

图 2–7　MarTech 供应商（x）– 专业应用程序数量（y）分布图

（来源：Stackies、MarTechTribe、CabinetM 和营销技术实验室的自报数据，n=659）

第二节 推荐系统

一、推荐系统概述

互联网技术和规模的迅速发展给社会生活带来许多便捷，但信息过载（information overload）的问题也随之出现：过量信息同时呈现使得用户无法从中获取对自己有用的部分，信息使用效率反而降低。① 在这一背景下，有效过滤信息成为用户的普遍诉求。早期，门户网站、搜索引擎、数据索引等做到了基本的信息分类和检索，但是随着信息量的不断增加，这些产品已不足以满足用户个性化的需求。随之诞生的推荐系统（recommender system）是当下解决信息过载的有效方案，它能够根据用户特征推荐满足用户需求的对象，实现个性化服务。

推荐系统的定义多样，其中被广泛应用的概念是雷斯尼克（Resnick）和瓦里安（Varian）在 1997 年提出的："它是利用电子商务网站向用户提供商品信息和建议，帮助用户决定应该购买什么产品，模拟销售人员帮助用户完成购买过程。"② 但是，随着推荐系统的发展和推广，其应用场景已不再局限于电子商务网站，而是拓展至社交网络、新闻推送、位置服务等各个领域。

"用户数据""推荐算法""推荐对象数据"是推荐系统的三大核心，推荐系统通用模型如图 2-8 所示。③ 推荐系统通过用户提供的特征及喜好或主动采集用户的相关信息等，形成与用户的特征和喜好相关的数据，再结合推荐对象数据形成数据库。根据数据库内容，推荐系统可采用不同的算法模型，最终生成信息推荐结果并推送给用户。

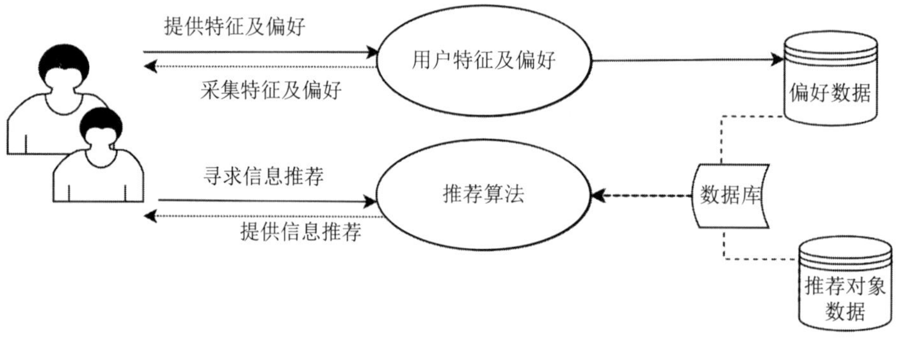

图 2-8 推荐系统通用模型

① 许海玲，吴潇，李晓东，等. 互联网推荐系统比较研究［J］. 软件学报，2009（2）：350-362.
② RESINICK P，VARIAN H R.Recommender systems［J］.Communications of the ACM，1997（3）：56-58.
③ 许海玲，吴潇，李晓东，等. 互联网推荐系统比较研究［J］. 软件学报，2009（2）：350-362.

二、推荐系统的作用

推荐系统的作用具有双重意义。第一，推荐系统解决了用户所面对的信息过载问题，帮助用户有效发掘自己想要的、有价值的信息。传统的搜索引擎满足了用户在有明确目的的情况下主动获取信息的需求，而推荐系统不需要用户提出具体需求，通过数据和算法就能为用户找到感兴趣的新信息。例如，音乐软件结合用户以往的听歌频率、点赞等交互行为和音乐库生成推荐歌单，帮助用户快速发现此前未听过但符合其喜好的歌曲。第二，推荐系统能够让信息自动展现在对其有需求的用户面前，为信息生产者也提供价值。同时，随着移动媒介的发展，信息即时性和碎片化的特点转向已经成为不可逆的趋势，用户生产内容（UGC，user generated content）逐渐成为互联网海量信息的重要组成部分。在这一背景下，推荐系统的作用和意义更加丰富——对用户和信息的有效连接将带给作为平台的产品更多增长的可能性。推荐系统的有效程度将对产品能否“吸引用户、留存用户、用户变现”这一系列转化产生重要影响，从而影响产品的商业价值和变现能力。举例来说，小红书作为典型的UGC 社交平台，其商业价值很大部分来源于用户流量所带来的广告浏览和变现，有效的推荐系统一方面能够提升博主的受关注度，另一方面也能够增加用户对产品的黏性。

三、推荐系统的算法

从本质上来说，推荐系统是连接用户和信息之间的“桥梁”，不同系统之间桥梁的搭建方式存在差异。而所谓的搭建方式正是推荐系统的关键核心，即采用的算法策略。传统的主流推荐算法包括基于内容的推荐、协同过滤推荐和混合推荐。① 除此之外，作为近年来人工智能技术发展的焦点，深度学习在图像处理、自然语言理解和语音识别等领域都取得了突破性进展，也已经被应用在推荐系统当中。

（一）基于内容的推荐

基于内容的推荐（content-based recommendation）是指根据用户已选择的对象，推荐其他内容相似的信息。

以电商平台为例，商品属性，即商品的品类、材质、设计风格、价格区间等，可以被视作电商平台的“内容”。当一个用户第一次搜索“杯子”时点击了价格 100 多、风格简约的保温杯商品时，下一次该用户再次搜索这一关键词，价格 100 元左右的类似保温杯商品将处于搜索结果列表页的靠前位置，而家用的玻璃杯则可能在较后，甚至翻页后的位置。除此之外，这种相似性还可能体现在商品之间的关联性上，即商品A 和商品 B 有着很强的相关性。例如，当用户在购买不粘锅之后，下一次搜索不粘锅

---

① VERBERT K，MANOUSELIS N，Ochoa X，et al. Context-aware recommender systems for learning：a survey and future challenges［J］. IEEE transactions on learning technologies，2012，5（4）：318-335.

时，搜索结果列表页中可能会推荐“不粘锅专用锅铲”之类的商品。

这一算法的底层逻辑就是收集用户的兴趣以形成用户资料模型，而内容的特征则多依赖于文字描述分析方法。

（二）协同过滤推荐

协同过滤（collaborative filtering）是推荐系统的经典算法之一，其原理是根据相似用户的偏好向目标用户推荐信息：首先找出一组与目标用户偏好相似的邻居用户，然后分析这些邻居用户的特征，并把邻居用户喜欢的项目也推荐给目标用户。①

协同过滤推荐通常可以分为基于记忆（memory-based）和基于模型（model-based）两大类别。②前者主要依据用户已做出的交互行为形成评价指标，如通过抖音用户对某些短视频博主的点赞数、评论数、浏览时长等得出综合喜爱程度，再结合其与邻居用户的相似度指标，最终预测邻居用户对这些博主的潜在喜爱分值来得出推荐结果。这一过滤流程的底层逻辑就是当两个用户在某一维度（如点赞列表、关注列表、购买商品等）呈现出较高的一致性时，这类用户或许对该维度信息会具有相似的偏好。后者则是对训练集数据进行学习生成模型后，利用模型基于目标用户已有的交互行为数据，推导出目标用户对其他推荐项目的潜在偏好，最终得出推荐结果。典型的基于模型的协同过滤有基于聚类技术的协同过滤、基于概率方法的协同过滤、基于矩阵分解的协同过滤等。③

虽然协同过滤推荐的有效性已经在研究和实践中得到验证，但在实际应用中，这一方法因为依托于严谨的运算逻辑，所以也常常发生由于数据缺失或面对没有数据的新用户而无法奏效的情况。

（三）混合推荐

混合推荐是通过组合不同的推荐算法来弥补单一推荐算法的不足，从而达到更好的推荐效果。混合推荐的组合多样，可将其分为后融合、中融合和前融合三种。④

后融合偏向于对推荐结果的融合，即以某种方法计算由两种或两种以上的推荐算法产生的结果，其本质是决策层面的融合。

中融合一般指以一种算法为基础，同时融合另一种算法，比如以协同过滤推荐为主要框架，融合基于内容的推荐，从而减少因数据量过少而带来的负面影响，其本质是模型层面的融合。

前融合则是将两种或多种推荐算法融合到统一的模型中，然后从各类数据（如用

① JEONG B，LEE J，Cho H .An iterative semi-explicit rating method for building collaborative recommender systems［J］. Expert systems with applications，2009，36（3）：6181-6186.

② BREESE J S .Empirical analysis of predictive algorithms for collaborative filtering［C］//UAI'98：Proceedings of the fourteenth conference on uncertainty in artificial intelligence. San Francisco：Morgan Kaufmann Publisherv lnc.，1998：43-52.

③ 冷亚军，陆青，梁昌勇 . 协同过滤推荐技术综述［J］. 模式识别与人工智能，2014（8）：720-734.

④ 许海玲，吴潇，李晓东，等 . 互联网推荐系统比较研究［J］. 软件学报，2009（2）：350-362.

户行为、用户信息、项目描述等）中提取特征信息输入模型，由统一的模型产生推荐结果，其本质是特征层面的融合。

（四）基于社交网络的推荐

社交网络已经成为互联网的大热门之一，基于社交网络的推荐可以很好地模拟现实社会。美国的第三方调查机构尼尔森曾调查影响用户相信某个推荐的因素，结果显示，90% 的用户相信朋友的推荐；尼尔森和脸书合作的测试也曾证明，用户在观看同样的广告信息流时，“某某好友也关注该品牌”这样具有社交属性的信息要比“该品牌拥有 X 个粉丝”更能收获正面的转化效果。

基于社交网络的推荐并不止步于用户的好友，还可能涉及好友的好友。

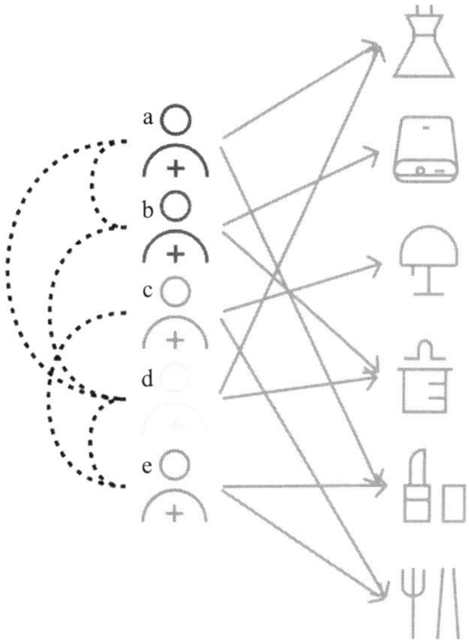

图 2-9 社交网络用户与商品关系示意图

如图 2-9 所示，用户 d 对商品“裙子”产生过交互行为，那么两个节点之间就会有边相连；如果两个用户之间互为好友，那么两个用户之间也会有边相连，比如图中的用户 e 与用户 d、用户 c 均有好友关系。同时，在这样一个网络中，每条边会具备不同的权重，其基本规律可归纳为：用户和用户之间的联系越紧密、相似性越高则对应边权重越大；用户对商品的浏览越频繁则对应边权重越大。

根据上述关系网络和边权重数值，用户 b 与用户 e 所喜欢的商品之间也存在合理的触达路径和对应的边权重。也就是说，根据社交网络的推荐算法，目标用户的好友的好友所喜欢的信息也可能被推荐给目标用户。

（五）基于深度学习的推荐

基于深度学习的推荐通常基于各类用户和项目相关的数据，利用深度学习模型学习用户和项目的隐表示，并基于这种隐表示为用户产生项目推荐结果（如图 2-10）。[①]

在输入层面中，用户相关数据可分为交互行为（点赞、评分、浏览、评论等）和用户画像（年龄、性别、地域等基本信息）；推荐项目内容可能包含文本、图像等描述；用户的社交关系、标签、评论等可作为辅助数据。在模型层面，已有研究显示多样化的深度学习模型已被投入使用。在输出层面，深度学习模型可以输出用户和项目的隐表示，并进一步通过计算方法得出最终的推荐列表结果。

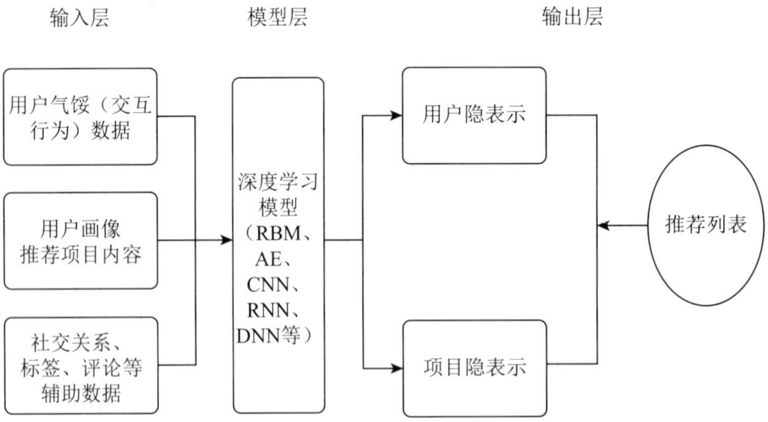

图 2-10　基于深度学习的推荐系统框架

相比于较为传统的推荐算法，深度学习模型能够自动提取特征，减少对人工设计特征的依赖，从用户行为数据、辅助数据中学习到有效的用户和项目隐表示，降低因数据量过少而可能带来的风险。同时，在处理大规模数据时，深度学习模型也表现出更强的适应能力，可以结合协同过滤推荐以达到更好的效果。

第三节　智能营销

一、智能营销概述

以大数据、云计算等新信息技术为支撑的人工智能已经席卷人类社会，给各个领域都带来巨大的影响与改变。在数字营销领域，人工智能同样发挥了积极的作用，带来新的可能性与发展空间。

智能营销是以大数据和人工智能为基础，智能分析和预测营销活动中隐藏的模式和发展趋势，提升企业营销的效率，最终实现企业与用户之间价值共创的营销模式。[②]

① 黄立威，江碧涛，吕守业，等．基于深度学习的推荐系统研究综述［J］．计算机学报，2018，41（7）：1619-1647.

② 朱国玮，高文丽，刘佳惠，等．人工智能营销：研究述评与展望［J］．外国经济与管理，2021（7）：86-96.

智能营销本质上是借助人工智能技术，利用机器学习、自然语言处理等计算机技术，对用户的数据进行处理，从而实现内容的精准投放，最终实现精准营销的效果。

二、智能营销的内涵

大数据是智能营销的重要基础。在数字化时代，用户搜索、浏览、点击、购买、评论、分享等行为数据和产品属性数据以数字、文本、语音、图片、视频等各种形式源源不断地实时产生，形成了具有大规模、高速度、多样性特点的营销大数据。①这些无穷无尽的数据流可以被监测和采集，再由人工智能技术进行分析和帮助决策，从而使营销者更好地掌握行业用户人群画像、核心业务表现等情况。

人工智能是智能营销发展的支撑要素。人工智能的关键技术可以分为输入、分析、输出三个阶段。输入阶段主要包括计算机视觉、语音识别、自然语言理解等技术。这类技术通过获取、识别各类外部输入的信息，将复杂的外部数据转化为机器可理解的、结构化的、完整的表示。分析阶段主要涉及机器学习技术，包括许多智能算法。机器学习技术不仅能够从数据中学习复杂的特征、提取隐含的知识，还可以从自身的流程中学习，不断用新的概念或事实扩展存储的知识，从而做出智能决策或预测。输出阶段主要包括自然语言生成、图像生成等技术。这类技术将机器学习和分析得到的信息转换为文字、图像或声音等人类可以理解的形式作为输出结果。这些输出结果可以为营销人员的决策提供信息，或直接用于营销活动中的智能任务，如智能客服响应与互动。②

智能营销的主要特征是智能。首先，智能营销的数据处理和分析更加智能。以往营销采用的数据分析技术对非结构化数据的处理存在局限，在数据的规范和预测上存在一定的滞后。③人工智能营销则能够快速分析大规模、多样化的营销数据集，从数据中学习并表现出灵活的应变能力，不断自我优化并实时预测发展趋势，④从而更有效地理解用户行为并及时响应用户的需求变化。其次，人工智能营销的决策更加智能。先前的营销活动主要依赖于人类智能，存在营销人员认知和经验有限、决策不准确等问题。人工智能营销则在理解人类智能的基础上模拟和延伸了人类智能，可以将大数据中的信息转化为制定营销战略和战术所需的知识，并通过不断获取新知识或修改现有知识以取得更好的营销效果。最后，人工智能营销在任务执行上更加智能。目前人工智能在机械智能、分析智能、情感智能上取得了较大的发展，能够在一定程度上替

---

① 杨扬，刘圣，李宜威，等.大数据营销：综述与展望［J］.系统工程理论与实践，2020（8）：2150-2158.

② PASCHEN J，KIETZMANN J，KIETZMANN T C. Artificial intelligence（AI）and its implications for market knowledge in B2B marketing［J］. Journal of business & industrial marketing，2019，34（7）：1410-1419.

③ PASCHEN J，KIETZMANN J，KIETZMANN T C. Artificial intelligence（AI）and its implications for market knowledge in B2B marketing［J］. Journal of business & industrial marketing，2019，34（7）：1410-1419.

④ KAPLAN A，HAENLEIN M. Siri，Siri，in my hand：who's the fairest in the land? on the interpretations，illustrations，and implications of artificial intelligence［J］. Business horizons，2019，62（1）：15-25.

代营销人员执行例行的、重复的任务，为用户提供营销服务。①

智能营销的最终目的是实现价值共创。基于以上的特征，智能营销能够及时有效地洞察和预测用户需求，监测评估营销效果，提高营销的精准度和灵活性，促进企业与用户的互动交流。这不但能够帮助企业提升营销活动效率，降低营销成本，增加销售收入，改进产品和服务，而且能够帮助用户减少搜索和等待时间，使其更容易获取感兴趣的信息、产品和个性化的服务，提高其咨询和购物效率，从而在营销过程中实现企业与用户的价值共创。

三、智能营销的实践应用

（一）数字化营销闭环

MarTech 的快速发展，使得数字营销越来越透明化和智能化。在 MarTech 版图里，各个环节都是靠数据串联起来的，数字营销智能化的关键点是要尽可能地形成数据闭环，这样才能利用大数据和人工智能进行及时有效的投放、优化、评估和调整。②使用 DMP（data management platform，数据管理平台）的数据分析和策略优化功能，可以使移动广告投放形成可落地的闭环，从而提高投资回报率。

通过用户信息生成用户画像后，平台结合产品特征可以对用户的消费场景进行刻画和模拟。确定消费场景后，DMP 通过移动端广告、Wi-Fi 接入等路径可以实现对目标人群的定向触达，再通过投放后的曝光次数、点击次数、CTR（click through rate，点击通过率）等指标观测广告投放的效果并进行量化评估。利用归因模型对前后链路数据进行联动分析和精准归因，除了通过曝光、UV、TA 浓度等指标评估前链路的广告效果之外，还可以通过 ROI（return on investment，投资回报率）、CPO（cost per order）等指标评估后链路的实际转化效益。对转化人群和非转化人群进行行为复盘、画像比对等深度分析，可以进一步追溯影响投放优化的关键点（如创意、人群、时间等），从而形成数字化营销闭环，提升下一次触达的效果。

（二）用户分群精准营销

精准营销的概念由菲利普·科特勒在 2005 年年底提出，他认为“企业需要更精准、可衡量和高投资回报的营销沟通，需要更注重结果的营销传播计划，还有越来越注重对直接销售沟通的投资”③。大数据的出现使得基于细分群体的精准营销成为可能。互联网基础架构及存储处理技术的大规模发展，使我们面对着一个数据供应非常充足的环境。每一个用户在网上的每一次点击、每一次浏览、每一次搜索，都被完整地记

① HUANG M H，RUST R T. Artificial intelligence in service［J］. Journal of service research，2018，21（2）：155-172.

② 智子云朱建秋：打造智能化营销闭环，加速公域私域一体化进程［J］. 国际品牌观察，2021（20）：64-65.

③ 科特勒，凯勒. 营销管理：第 13 版［M］. 王永贵，于洪彦，何佳讯，等译. 上海：格致出版社：上海人民出版社，2009：239-269.

录在某个网站的某个日志文件中。而所有线上、PC端和移动端的数据会被充分融合、提炼并不断得到补充，使企业的数据资产更加有价值。精准营销能够使用户的跨屏营销成为现实，让用户在线下、线上、PC端和移动端都能够得到统一的精准营销推送信息。这些日志文件一同构成一个庞大而丰富的用户行为空间。

利用聚类算法提炼用户行为数据的共性特征，可以在DMP中利用关系模型分离出特征显著的用户群体数据。除了常规化的标签体系外，DMP还可针对业务场景定制符合品牌调性的人群标签，支持基础属性之上更细颗粒度的人群画像和精细化投放，真正实现高优目标人群圈选。对不同的客群，基于DMP自身的数据能力及算法模型能力可以采用针对化投放模式做营销活动的触达，并通过样本响应率及时调整，提高用户响应率的同时避免资源浪费，还可降低推广成本。

（三）潜在用户挖掘预测

如果说基于定制标签的人群圈选在优化中起到了提升触达的作用，那么基于模型预测的高潜人群则能够提升ROI价值，真正助力品效合一。

高潜人群，就是与品牌广告主有过初步互动的人群，利用DMP自有标签特征与媒体标签对他们进行特征匹配，让机器学习模型对已购买人群（正样本）与未购买人群（负样本）进行分析对比，对初步互动人群的转化购买概率进行预测和打分，再根据自定义的切包规则形成高潜人群包。通过对高潜人群的针对化营销，实现对这一人群的触达。

广告主在长期的销售购买过程中虽然已经积累了若干用户数据，但是仍然希望能够命中更多潜在用户。因此，除了已经购买过产品的种子用户之外，已经建立了品牌认知但尚未购买的人群也是广告主重要的高潜人群。

（四）DMP云动态扩容

由于流量平台的数据供应App的用户活跃存在明显峰值，服务器端的处理会受到冲击。针对这类情况，DMP的云动态扩容可以很好地应对需求的增长。

DMP云动态扩容可以在数据峰值结束后释放云上的资源来减少服务器费用的支出。同时，服务器端采用容器化部署，可实现快速、灵活的弹性资源调度，数据处理颗粒度也更加细化，让数据处理速度可控、可预测。

第四节　营销自动化

一、营销自动化概述

营销自动化（marketing automation）是将营销与数据科学相结合的解决方案，用以帮助用户定义目标受众、优化转化率并创造更多收入。[①] 这一解决方案可以优化数字营销运营中各个流程之间的连接，是促进销售和营销相互合作的黏合剂，能衡量营销任务的有效性，并改进控制措施，提供更多以用户为中心的业务。

营销自动化最早源于在邮件系统基础上发展起来的软件，[②] 该系统根据用户行为、营销能力和自动发送功能提供针对特定用户群体的自动化活动，使原本手动执行的流程更加高效。基于此，营销自动化工具被认为提供了更有效的内容营销策略，改进了线索跟踪的实践应用。[③] 随着营销自动化的发展，除了邮件营销以外，社交媒体发布、广告活动制作、潜在用户开发、营销分析甚至关系管理等都成为其可以被应用的领域，营销自动化技术使这些任务更加高效和个性化。

营销自动化的核心在于其提供的个性化营销活动，即通过使用搜索数据、社交内容和电子邮件活动，为每个特定用户定制整个营销组合以跟踪个人访客，记录他们看到了什么并预测他们下一步想看到什么。通过个性化营销活动，营销人员可以更全面地了解用户，从而开发定制内容、个性化产品等，并最终减少不确定性。

随着互联网的普及和商业环境的不断变化，营销决策中涉及的复杂变量与数据量大幅增加，与此同时，其变化频率也随之增长，这使得营销从业人员面临着新的挑战。因此，营销自动化凭借其高 ROMI（return on marketing investment，营销投资回报率）逐渐被业界广泛关注和加以应用，并被称为是一种“可以带来可观收入及结果的解决方案”[④]。

二、营销自动化的作用

近年来，互联网和移动媒体的快速发展带动了营销成本和竞争压力的不断增长，进一步推动了营销部门对支出的调整，营销活动效果也亟须更加标准化的测量。

而营销自动化工具在面对市场不确定性所带来的成本控制需求时，能够以基于大数据和算法的复杂技术给使用者提出更加可靠和可控的策略，减少反复试错的成本。同时，营销自动化可以提升使用者的效率，完成大量手动性和重复性任务，助力营销人员投入更多资源来制定战略、设计内容和创造性地解决问题。此外，当面对海量数据时，营销自动化工具可以进行全渠道的数据汇总、智能化的数据分析与个性化触达，达到比人工更高效和准确的转化率。可以说，营销自动化工具的工作效率和及时

① GROSSBERG K A. The new marketing solutions that will drive strategy implementation［J］. Strategy and leadership，2016，44（3）：20-26.

② REDDING S. Can marketing auto mation be the glue that helps align sales and marketing?［J］. Journal of direct，data and digital marketing practice，2015，16（4）：260-265.

③ JARVINEN J，TAIMINEN H .Harnessing marketing automation for B2B content marketing［J］.Industrial marketing management，2016，54（4）：164-175.

④ DUARTE P，SILVA S C.Need-for-touch and online purchase propensity：a comparative study of Portuguese and Chinese consumers［J］.Journal of retailing and consumer services，2020，55（7）：1-8.

性是人工干预无法比拟的。[①]

从本质上讲，营销自动化对营销人员来说意味着在营销活动中的任何阶段都可以获得即时性的可测量结果，从而对结果进行分析并及时进行调整，保证最终的营销绩效。

三、营销自动化的应用

（一）应用原理及流程

营销自动化工具可以实现数字营销活动中的大部分任务和工作流的自动化。一般来说，营销自动化包含了以下主要流程（见图 2-11）。

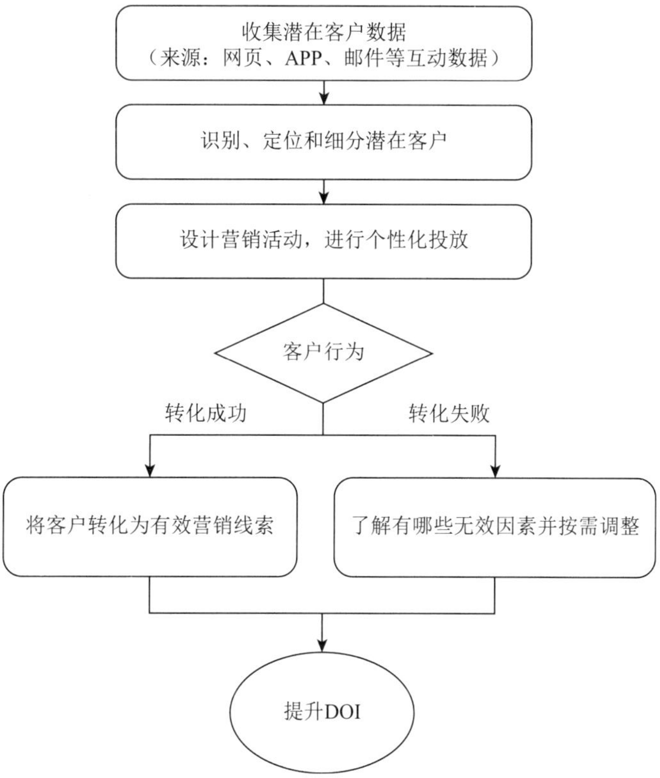

图 2-11　营销自动化主要流程

首先，该工具从目标网站的浏览访问、App 的使用轨迹、邮件或投放广告的点击行为等数字营销互动中收集潜在用户的数据。

其次，基于收集的数据，工具将对潜在用户进一步识别、定位和细分，用户可以据此创建实用、相关的营销活动，并在所有数字营销渠道（如电子邮件、社交媒体、移动通信等）进行针对性投放。

① WOOD C. Marketing automation：lessons learnt so far［J］. Journal of direct，data and digital marketing practice，2015，16（4）：251-254.

再次，用户行为的差异将触发两项不同的运行流程：针对转化成功，即进行了目标行为（如消费、下载等）的用户，工具会将该用户转化为有效营销线索并持续对其进行维护；而在转化失败的情况下，工具将利用销售漏斗分析和跟踪营销成效，了解有哪些无效因素并按需调整。

最后，这一系列的流程都指向同一目的和结果，即提高整体营销流程的 ROI。

（二）实践应用场景

不同领域对营销自动化工具（下称 MA 工具）的类型定义各不相同，供应商给出的解决方案既有单点专一型也有整合型。因此，营销自动化的实践应用也是多元的。本教材列出以下两类代表性应用场景以进一步明晰营销自动化的实践。

1. 精细化客户运营

MA 工具除了可以实现对数据的整合管理之外，还可以和 CDP（customer data platform，客户数据平台）结合使用实现分场景下的精细化客户运营，比如对私域流量的运营转化和对获客拉新的加持。

私域流量，指企业通过自身渠道（非第三方媒体）获得的流量。运营私域流量可以帮助企业更高效地完成流量转化，以更便捷和低价的方式触达用户。私域运营的优势体现在低廉的成本和高长尾价值上，优秀的私域运营可以帮助企业建立自己的用户体系、培养忠诚度。

在经典的漏斗模型即“AARRR”模型［acquisition（获取）、activation（激活）、retention（留存）、revenue（变现）、referral（自传播）］中，品牌营销的重点放在获客上，这也是漏斗模型的起始阶段，而私域运营的重点则从获客转向留客。MA 工具与 CDP 结合使用，可以作为企业私域流量的数据管理平台，帮助企业更好地实现更高水平的企业运营和数字化营销，在转化用户及潜在用户的运营方向上发力。MA 工具还可以在 CDP 的基础上，基于 CDP 的用户数据深度运营，精准识别每一名用户的基础信息、行为属性、判断指标和偏好，生成自动化标签，并根据标签进行自定义或主动圈选的营销信息推送。

随着 MA 工具结合 CDP 的广泛运用，对用户生命周期数据的管理得到加强，其带来的盈利机会也随之增多。此外，CDP 也可以依靠 MA 工具进一步设计营销活动流程，实时调整营销任务与环节目标，从而在社群传播和裂变、资源任务整合中发挥作用。

2. 用户旅程分析

用户旅程（customer journey，也有人译作“客户旅程”）是指用户对企业产品或服务的完整体验过程，涵盖了用户从认识该产品到形成忠诚度的整个生命周期，包括其中产生的所有交互渠道和行为。弗雷斯特市场咨询（Forrester）提出，用户旅程分析是一种分析实践，它结合定量和定性数据来分析用户的行为和动机，它是跨越接触点的，会随着时间的推移不断优化用户互动方式并预测未来用户行为。分析用户旅程是为了分析用户行为的目的、原因并进行预测，从而优化企业和用户之间的互动方式，持续提供优质的用户服务，最终通过转化来获得收入。

MA 工具对用户在每个触点上与企业产品的互动行为都有所记录，且基于精细化运营还具备了个性化的用户标签，这都为用户旅程分析提供了数据支撑。在数据基础上，MA 工具可以捕捉到用户的关键接触点，并在流程中进行定性调研和量化分析，比如针对产品体验做用户调研，针对某一功能迭代做埋点和 AB 测试，利用漏斗模型分析用户流失率等。这些业务接触点往往会成为影响关键业务环节转化的“痛点”，也就是优化改造的目标对象。除了从单个“点”入手外，现今的用户旅程体验优化也开始注重“整个旅程”的体验，比如增加对全渠道的用户接入触点，让用户可以通过各类线上平台和线下渠道接入使用场景。

本章小结

MarTech 是“marketing”和“technology”的混合词，通过使用多种网络营销、营销运营与优化的技术解决方案以实现营销目标。MarTech 大致包含广告与促销、内容与体验、社交与关系营销、商务与销售、数据、管理 6 大门类，广告成为数字营销的从属部分。

大数据需经过采集、清洗 / 加载、分析、运用、创造收益的全过程，才能真正发挥作用。推荐系统是当下解决信息过载的有效方案，它能够根据用户特征推荐，满足用户需求，实现个性化服务。智能营销本质上是借助人工智能技术或大模型的普适化应用，对用户的数据进行处理，从而实现内容的精准投放，最终实现精准营销的效果。

思考题

1. 数字营销技术在近年发展中经历了哪些主要的变革？这些变革对企业的数字营销策略和效果有何影响？

2. 智能营销和营销自动化是数字营销中的两个重要概念，它们分别指的是什么？能否详细说明它们之间的区别和各自的应用场景？

3. 在数字营销技术中，“营销自动化”和“智能营销”如何与企业的整体营销战略相结合以提高效率和效果？请提供具体的案例或场景说明。

第三章　营销数据管理与分析

学习大纲

- 数据集成
- 数据分析
- CRM 管理

学习目标

本章将解决下列问题：

1. 数据集成的方式有哪些？
2. 营销数据有哪些类型？
3. 营销数据分析的主要流程？
4.CRM 管理方法有哪些？

学习讨论

数据集成和数据分析给企业带来了哪些效益？

开篇案例

全链路数字化营销，助力吉列“双 11”大促目标达成

一、背景与洞察

近年来，干剃竞品如飞科、飞利浦等品牌异军突起，老牌干剃品牌吉利的营销成本持续看涨，又受新冠疫情等黑天鹅事件的影响，近期吉列进入增长乏力的瓶颈期，运营

存在较大挑战。面对这个挑战，吉列需要通过精准的数据分析来助力营销决策的制定，通过精细化的运营手段去提高店铺的销售额，从而达成“双 11”销售额高增长的目标。

二、策略与执行

（一）多源数据整合，让营销洞察更精准

面对品牌增长的困境，灵狐科技通过多源数据对行业、竞品和人群进行了精准的洞察，打造了全运营周期策略与行动方案。

在行业洞察方面，本次营销通过数坊对行业和品牌进行多维度下钻。例如，针对剃须细分市场，分析价格和渠道规律，挖掘店铺在行业或细分行业可能存在的增长机会点。

在竞品洞察方面，基于本品竞争力及品牌用户来源，吉列通过对竞品兴趣人群进行差异化沟通，根据竞品老客品牌和价位分段吸引用户复购，并对本品定向持续辅助投放来拦截竞品流量，制定了本品防守及竞品狙击策略。

在人群洞察方面，数据结果显示，干剃行业主要增长来自女性，而吉列在女性运营上还未发力。因此建议关注女性礼赠市场，尤其是加大对礼赠窗口期的女性投入。同时，吉列会员目前体量小，有持续运营的潜力，可关注私域流量与转化，持续加大会员运营力度。

基于以上洞察，此次吉列“双 11”营销打破了传统“投放—数据—运营孤岛”的模式，以数据为链接，通过数坊、商智、京准通等多源数据整合人、货、场分析，全面实现数字化营销。

（二）精细化运营，挖掘更多增长机会

基于成熟化的平台数据应用能力，精准的数据分析以及精细化的运营，此次吉列所采取的数据营销战略亮点纷呈，多方面的创新举措使得品牌在“双 11”大促中取得了店铺销售额、媒体投放效率、人群资产全面提升的好成绩。

1. 创新一：店铺流量监测 & 运营建议

监测各渠道流量确保其在合理范围内，重点关注搜索流量，基于指标表现分析原因，配合机制给出建议。大促前，深度剖析过往店铺流量和结构，并基于历史经验补足高价值流量缺口。大促中，实时监测各渠道流量确保其在合理范围内。同时，针对重点关注的搜索场域，分析核心指标背后的原因，为店铺提供运营建议。

2. 创新二：人群精细化运营

对 4A［aware（认知）、appeal(吸引)、act(行动)、advocate(拥护)］人群进行精细化运营，动态监测投放计划，给出调优建议并落地执行，提高媒体投放效率。大促前，基于 4A 对营销人群进行分层，并保证人群不重复、不遗漏。大促中，对细分人群进行精细化运营，动态监测人群的表现，基于单个人群给出调优建议并执行落地，提升广告投放效率和效果。

3. 创新三：站内外联动 & 渠道分阶段规划

渠道上，通过内外媒联动获取更多女性人群。例如，外媒通过“内容 + 媒体资源”触达女性用户，内媒再通过数坊圈包直投曝光 & 点击的人群回流投放，并运用“精准优惠券 + 秒杀”促进购买。节奏上，不同阶段的营销目标存在差异，须分阶段进行渠道侧重。比如，蓄水期关注新客蓄水，爆发期关注收割，后期则多投快车和海投等高 ROI 的渠道，加大收割力度。

4. 创新四：放大营销云优势

营销云助力媒体和电商联动，全链路数据提升转化。通过营销云平台对外媒一方人群进行处理和划分，找到其中的高价值人群进行站内投放。大促前，通过测试少量人群发现并利用营销云高投产、高新客率等优势。大促启动后，加大营销云投放力度，提高内媒投放效果。

案例思考：数字化营销如何为品牌营销方案赋能？

（案例来源：中国商务广告协会数字营销委员会虎啸奖组委会）

第一节　数据集成

一、数据集成概述

近十年间，数字技术不断发展，“大数据”时代来临。伴随着社交网络的流行以及云计算、物联网等新兴技术的应用，数据正飞速积累、不断延展，数据间的关联性越发复杂，数据呈现出“4V”的整体特征，即规模性（volume）、多样性（variety）、高速性（velocity）和价值性（value）。

大规模的数据集成已经成为计算社会科学和企业营销活动的有力资源储备。数据在互联网各节点上广泛存在，并被分散化获取和加工，存入不同的数据管理系统之中。也正是由于以上特点，现存的大量异构数据源导致数据在形式、语义、使用上均存在着不同，不利于关联数据的集成和使用，客观上造成数据冗余，降低数据的使用效率。①

在数字化的背景下，企业出于扩大运营和营销市场的需要，需要访问、处理和分析大量数据，企业内不同部门间或企业与企业间不断交换着互联网信息，以推行商务活动。为解决上述难题，如减少数据挖掘中的重复劳动、实现数据在各方之间的共享，数据集成就显得尤为重要。

数据集成是指将处于异构数据源中不同形式、特征的数据，利用特定的手段集成

① 陈跃国，王京春. 数据集成综述［J］. 计算机科学，2004（5）：48-51.

至系统性的数据集之中，以在保留数据固有关联的基础上实现数据的一致性。数据集成可以理解为数据移动、转换的过程。数据集成为用户提供统一的透明化的访问接口，可以提升数据共享利用的效率。数据集成平台能够实现数字网络环境中不同数据源间稳定高速的数据迁移、数据整合和数据同步。

数据集成相较于传统的数据存储模式具有显著优势：其一，数据集成能够提高数据访问和处理效率。复杂网络下的数据集成和同步平台能够有效减少数据采集的时间，使数据分析人员将更多精力转向数据处理和执行。其二，数据集成能够提升数据质量。数据集成基于一定的粒度汇总并清洗数据，因而能够提供更高质量、更具研究价值的数据。其三，数据集成能够加强协作。数据集成不但有助于发现不同数据间的关联，而且可以通过在线的方式向全体公司员工开放，强化组织协作。当前，数据集成已经应用于国民经济及社会生活的众多方面，诸如企业数据管理、政府机构数据管理、互联网大数据管理、科研数据管理等。

企业应用数据集成，优化了原有的数据分析方式，显著提升了数据分析效率，提高了企业的智能化管理水平。可以说，数据集成技术是现代企业实现数字化转型、提升以大数据为基础的战略决策水平、增强企业竞争力的关键。

二、数据集成方法

（一）数据类型

由于数据来源的多样性与分散性，企业需要集成的数据种类繁多，大致包括结构化数据、半结构化数据和非结构化数据几类。

结构化数据也称行数据，是存储于互联网关系型数据库中的数据。它通常由二维表结构来表达和实现，具有严格的数据格式和数据长度要求。结构化数据相对简单，有易访问、分析和管理等特点，诸如 RDS（relational database service，关系型数据库）、DRDS（distribute relational database service，分布式关系型数据库）等，都是典型的结构化数据模型。

半结构化数据是具有一定结构性，但结构变化很大的数据。它通常由树结构或者图结构来表达和实现。半结构化数据兼具可更改的模式信息和自描述特征，相对于结构化数据，半结构化数据更为灵活，如 OEM（object exchange model）是典型的半结构化数据模型。

非结构化数据是无规则、无完整的数据结构，是无预定义的组织方式和标准的格式规范的数据。[①] 它不便用二维数据结构表来表达和实现，数据格式和数据长度均可变，难以被标准化或直接解析。非结构化数据一般包括文本数据、图像数据、音视频数据、交互数据等。非结构化数据规模大、价值高，可供机器学习和数据挖掘。非结

① 马惠芳 . 非结构化数据采集和检索技术的研究和应用［D］. 上海：东华大学，2013.

构化数据需要通过采集描述性数据，才能进行进一步信息处理。

（二）数据集成方式

数据集成方式大致可以归类为批处理数据集成、中间件数据集成、离线数据集成、实时数据集成、数据虚拟化等几种类型。[①]

1. 批处理数据集成

批处理数据集成类似于点对点传输，即数据以成对的、周期性的方式由数据源传输至目标应用。这种集成模式适合应用于较少系统之间的数据传输，具有操作简单、效率高的特点，但面对多对多数据交换时则难以应对。

2. 中间件数据集成

中间件数据集成是全局模式集成的典型。全局模式集成的核心思想是以全局模式构建集成系统，整合各层面数据源。基于全局模式与本地数据源的映射关系，用户访问全局模式集成系统时，请求被下发至各数据源本地，从而实现数据访问。[②]

中间件数据集成往往是选取中间件系统并定义集成规则，以单个中心带动多个连接对象。它可以整合结构化、半结构化甚至非结构化数据，使管理各个集成接口变得更加简单。EDI（electronic data interchange，电子数据交换）、ESB（enterprise service bus，企业服务总线）均属于中间件数据集成。

3. 离线数据集成

离线数据集成也称批量数据集成或离线批量数据集成，它采用离线传输的方式，定期读取源数据，通过数据转换将数据写入目标应用。

数据集成一般遵从两种架构，分别是 ETL 和 ELT，离线数据集成通常基于 ETL 架构进行。ETL（extract-transform-load）指从数据源采集数据后先进行数据转换再进行数据写入，步骤为数据提取（extract）、数据转换（transform）、数据载入（load）。ELT（extract-load-transform）指从数据源采集数据后先将数据结果写入目标地点，之后通过数据库聚合计算或引入外界计算模块完成数据的转换。现如今，数据集成仍以 ETL 为主流，ELT 或成为未来数据集成的发展方向。ELT 数据集成思路如图 3-1 所示。

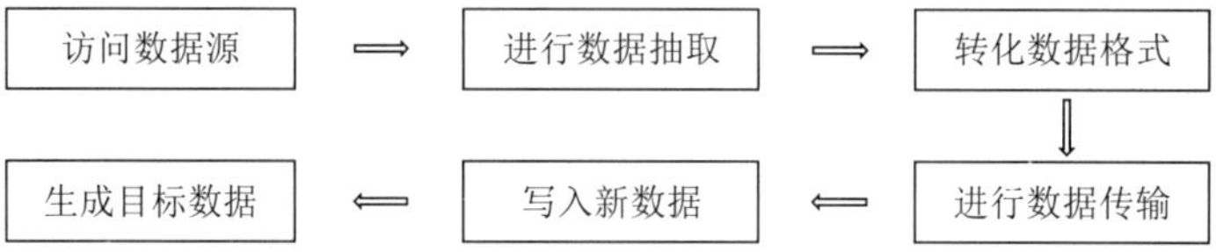

图 3-1　ELT 数据集成思路

相较于其他数据集成方式，离线数据集成具有较好的数据预处理能力，它可以设定不同的数据采集类型，在数据采集的过程中过滤掉冗余数据或不规范数据，通过统

① REEVE A. Managing data in motion：data integration best practice techniques and technologies［M］. San Francisco：Morgan Kaufman Publishers Inc.，2013：67.

② HALEVY A Y. Theory of answering queries using views［J］. ACM SIGMOD record，2000，29（4）：40-47.

一的规则整理源数据，从而提升数据的准确度和数据价值。可以说，ETL 是数据仓库、数据湖的中心环节，被越来越广泛地运用于企业信息系统中数据的整理、迁移和同步。

数据仓库（data warehouse）是建立在特定数据结构基础之上的中央存储库，通过采集和存储外部信息，完成系统性的数据整理、数据分析和数据挖掘，为企业决策提供数据支持。数据仓库的数据结构通常与企业数据格式相一致。数据集成技术对于数据仓库的构建至关重要。

数据湖（data lake）是能够存放结构化数据、半结构化数据、非结构化数据的集中式数据存储库，且无须预先对数据做结构化处理。数据湖支持不同类型的数据分析，帮助用户更高效地应用数据。数据湖可以建立于企业本地，也可以建立于云上。

使用诸如 DataPipeline、Kettle、Informatic、Oracle Goldeng ate、Talend 等 ETL 工具可以快速实现离线数据集成，效率高、难度较低。但面对较为复杂和灵活的离线数据集成要求时，借助 SQL 代码实现 ETL，往往能够取得更好的效果。现如今，业内也常通过综合使用 ETL 工具和 SQL 的方式处理数据集成问题。

4. 实时数据集成

实时数据集成也称流数据集成，这是一种针对数据流进行数据集成的方式。数据流具备高时效性，时间单位为秒级或毫秒级，遵从流处理的数据处理方式，即实时对每项单独数据进行数据处理。用户在浏览和操作网络界面时，数据通过网站埋点工具被采集和写入中间件数据集成，这一过程便会产生一系列实时的数据流。

实时数据集成的逻辑与 ETL 较为相似，但基于实时性的原则，数据的采集、处理和写入没有延迟，因此所需要的处理方式、处理工具均有所不同。实时数据集成采用 Pipeline（项目流程）工具，构建实时数据流管道，复制数据并根据业务要求相应地处理数据，写入目标应用之中，以此实现企业连续的数据迁移。实时数据集成能够支撑企业大规模数据的实时运转以及数据的流中处理和流中分析，实现数据价值的最大化。

使用诸如 Kafka（分布式事件流平台）、Flume（分布式日志采集系统）、Flink（流批一体计算引擎）等工具可以实现实时数据集成。由于数据交互过程中需要逐项操作，因此实时数据集成的速度总体上会慢于离线数据集成。在当下交易场景中，由于离线数据集成有延迟性这一弊端，实时数据集成正越来越广泛地应用于企业数据处理工作中。

5. 数据虚拟化

数据虚拟化是一个新兴概念，其内部逻辑是在不移动和复制源数据的情况下，通过引用数据并建立远程连接，生成一个语义一致的虚拟数据层，组合不同来源的数据，从而打破异质数据源之间的“信息孤岛”。数据虚拟化可以构建简洁明了的数据视图以整合数据，简化用户访问数据的过程，降低沟通成本，为用户提供全面的信息。

（三）企业数据集成的步骤

数据赋能时代使得企业更加注重数据中所蕴含的信息资源，在多样化的应用场景下，企业决策和运营均需要各类数据作为依托。由于数据储量的日益增大以及数据源的分散性，当下数据集成的作用越发显著。企业数据集成工作一般遵照如下几个步骤：

第一，明确数据需求，选择数据集成方案。企业根据需要应用数据的情况，选择数据集成方式，制定需要集成的数据边界，明确所采用的集成技术和代码标准。企业可以委托己方业务部门或其他机构，协商配合，研制集成方案。

第二，集成前要准备好配置数据源，搭建数据库环境。在数据集成前，企业要配置好数据源，保障数据源访问权限，同时构建好网络环境、数据库环境和资源组。

第三，设定代码或借助第三方平台，实施数据同步。完成数据准备后，企业即可运行集成任务，依照既定周期或实时完成数据集成。

第四，监测数据集成过程，检查最终数据。数据集成过程中需要运行监控，以便检测接口不规范、集成数据错误等问题。集成过程结束后，检查目标数据是否符合要求。

第二节　数据分析

一、营销数据

行业的数字化转型构成了全方位的数字化营销环境。从市场端而言，互联网信息技术构建了基于连接的多渠道营销网络，互联网、移动设备、搜索引擎、平台 App、社交网络等的互联互通，共同构建了种类繁多的用户信息参与渠道。同时，大数据营销平台、数字营销组织平台共筑行业景观，多平台的数据采集模式实现了市场的数字化覆盖。从消费者端而言，数字交互手段记录消费者的消费行为和轨迹，精准营销和个性化广告投放又极大化地提取了消费者消费习惯中所隐含的潜在价值。

大数据（big data）是数字营销的基础。数字营销的整体思路是，在数字化战略思维的引导下，依托数字平台或内容平台，借助大数据进行综合性分析，提升企业营销的精准程度，以追求企业的收益最大化。针对储量大、价值高的信息资产，大数据要求更为先进的数据处理技术，更为新兴的数据管理模式以及更为高效的数据分析方法，支撑企业发现数据中的行业“痛点”和“痒点”，从而支撑经营决策。大数据应用于信息采集、数据构建、数据处理、业务实现的全流程，具有现状洞察、经营预测、数据处理、功能搭建、个性化营销等多项商业功能。

营销数据中蕴含着大量的行业价值和用户价值。首先，营销数据能够采集消费者足迹，圈定用户画像；其次，竞争者数据能够利用学习效应，促使企业提升自身管理水平和竞争力；再次，市场数据能够提供方向导向，帮助企业实现数字化覆盖；最后，企业自身数据库能够有效地对比业绩、维持客户关系、促进交易行为。大数据时代，企业提升运营效率，需要以数据作为着力点。①

（一）营销数据的种类

企业营销数据大致可分为七类：用户行为与用户画像数据、竞争者数据、市场条件数据、内容营销数据、客户关系数据、销售数据和品牌口碑数据。

1. 用户行为与用户画像数据

用户行为数据指用户进行数字交互所留下来的用户足迹。广义的用户行为数据不仅包含用户的商品交易相关数据，还包括用户的基本属性、用户的交互动作等。用户的行为数据包含多种要素：用户的基础信息（性别、年龄、所在地等）、用户的终端信息（设备类型、设备具体型号等）、用户的交互地址（网址、页面位置等）、用户的交互时间（浏览时长、浏览次数、点击频率等）、用户的交互内容（内容、功能等）、用户的互动信息（点赞、评论、分享等）、用户的交易信息（交易产品、交易金额、退换货等）。

用户画像则是伴随大数据技术的崛起而流行开来的一种数据分析方式。通过采集社交网络、应用 App 的各种数据，推断用户的标签化特征，诸如年龄、性别、兴趣偏好、消费习惯等，并生成可视化图像，这就是用户画像。常见的用户画像一般包括三个主要用户特征：基本属性、消费偏好、社交兴趣。当然，根据企业的具体业务范围，用户画像可以被进一步精确化。

了解用户行为与用户画像数据有助于企业掌握核心用户的社群与需求，降低大规模调研成本，帮助企业精准化目标客户，锁定用户价值，从而根据用户行为偏好制定营销渠道并投放广告。不仅如此，用户数据也意味着新的用户需求趋向和更广阔的市场，应用好用户数据是提升企业市场洞察水平的有力之举。

2. 竞争者数据

对于竞争者，企业应探明这些主要模块：一是可能的市场竞争对手，这包括竞争对手的范围、产业链分布、竞争优先级等；二是竞争对手的企业基础数据，这包括竞争对手的公司组织结构、业务范围等；三是竞争对手的产品数据，这包括主要产品、产品核心竞争力、市场份额、产品质量等；四是竞争对手的销售渠道数据，这包括销售渠道覆盖范围、具体销售渠道类型、销售渠道拓展潜力、销售渠道掌握能力等；五是竞争对手的产品定价数据，这包括产品价格、定价范围、定价依据等；六是竞争对手的产品促销方案数据，这包括促销方案、媒体资源、历史公关等；七是竞争对手的

---

① 冯燕芳. 大数据时代企业营销效率提升的着力点及其策略［J］. 企业经济，2015（11）：57-61.

品牌口碑与客户关系数据，这包括主要客户群、客户黏性、口碑数据、差评率等。

收集竞争对手的详细资料，有助于企业洞悉竞争对手的营销布局，把握竞争对手的核心竞争力和经营劣势，捕捉市场机遇，规避市场风险。

3. 市场条件数据

市场条件实际上是一个较为宽泛的概念，产品市场是否成熟、当下市场是属于红海还是蓝海、市场的机遇、市场经营可能面临的威胁均属于市场条件的范畴。市场条件数据可通过市场调研获取。

企业的数字化覆盖是衡量企业市场可及度的重要数据。数字化覆盖，其实就是企业利用数字化手段接触客户以宣传产品信息、促使交易达成的一系列方法。高触及率和用户转化率的数字传播使得无论对于 to B 还是 to C 企业来说，营销的成功率均会远远超出以往。做到数字化覆盖，需要企业主动传播和委托第三方扩散相结合。一方面，企业可以通过平台、App、公众号小程序或数字广告等方式向目标用户直接推送信息；另一方面，企业可以与 KOL、搜索引擎或第三方平台等达成合作，扩展自身的宣传范围。

除了企业的数字化覆盖之外，市场条件相关数据还有许多类目，如市场占有率、市场风险、相关政策规定等，营销者也要对这些数据有基本的把握。

4. 内容营销数据

随着社交媒体的社群传播和内容平台的涌现，内容已经成为营销者关注的热点，可以说“内容为王”是新媒体时代的大方向，优质内容很容易“大量圈粉”，而劣质内容则难免会造成粉丝流失。

内容的范畴较广，文字、图片、音频、视频等均属于内容。现如今，“有声读物”“知识付费”“短视频平台”“网文小说”等一系列新概念的兴起，用户越来越将目光转移至具体的内容信息上。内容营销指利用网页、文字、软文、新闻、图像、视频、短视频、动画、漫画、音乐、游戏、博客、幻灯片等内容介质，传递有关企业或产品的相关宣传信息，从而加强用户对企业的了解，以促进目标产品销售。[①] 内容有两个核心要旨，一是能引发用户的兴趣，二是能传递有价值的信息。

因此，内容营销数据包括内容、核心信息、投放渠道、内容营销效果。[②] 衡量内容营销效果的指标通常包括涨粉数 / 订阅增量、访问时长、流量、销售量、转化率、SEO（搜索引擎优化）排名、客户口碑 / 反馈量等。

5. 客户关系数据

说到客户关系数据，不得不提到大客户营销这一概念。大客户营销（key account marketing），又称重点客户营销、关键客户营销，指企业识别并高度重视大客户，即

① 徐大佑，汪延明，刘芳梅．“互联网 +”背景下的内容营销策略［J］．经营与管理，2016（3）：54-57.

② 周懿瑾，陈嘉卉．社会化媒体时代的内容营销：概念初探与研究展望［J］．外国经济与管理，2013（6）：61-72.

对企业价值或潜在价值较高的客户进行针对性营销，以提高客户价值转化、提升企业盈利能力。[①] 大客户的范畴最初关联于“二八法则”的商业领域延展：企业 20% 的核心客户贡献了 80% 的经营利润，而现在广义上的大客户除了产品使用量和使用率均较高的客户群体外，还包括党政机关、文教新闻等国家部门的特殊客户群体，与本企业上下游产业链相关联的企业客户群体、企业实现战略目标需要关注的潜力客户群体等。因此，大客户营销不仅对于 to C 企业有着显著意义，对于 to B 企业同样意义重大。

算法能够精准识别和分析客户信息。借助数字化管理系统和数据分析工具，大客户信息和关系网络被深入挖掘，他们的需求更为精准可控，动向可预测程度提升。在此基础上，营销者可以实现和不同类型的大客户群体进行一对一互动，定制营销内容、精准化广告触达，从而增进客户黏性和客户忠诚度，达成销售转化意向。

除了大客户营销之外，企业往往建立了自己的客户数据库，实现对于自身客户的全方位把握。客户数据库（customer database）字面意义是存储客户相关数据的集合，指将现有和潜在的客户集群信息汇聚进系统，以便查询、分析和预测，完成预期营销目标，如客户开发、客户拓展、维持客户黏性和品牌忠诚度、促进产品或服务销售等。客户数据库的客户信息对于企业的精准营销和市场拓展来说至关重要。

6. 销售数据

销售数据仍是最传统的营销评估依据，也是企业最基础的数据分析目标之一。销售数据的指标大致包括如下几个方面：一是销售能力类，诸如销售量、销售额、销售转化率、销售增长率；二是盈利能力类，诸如毛利率、净利率、成本费用利润率、利润增长率；三是市场占有类，诸如总体市场份额、目标市场份额；四是运营能力类，诸如库存周转率；五是客户保持类，诸如客户增长率、客户保持率、客户满意度、成交率、促销率、售后服务满意度；六是管理能力类，诸如员工培训频率、员工满意度。

7. 品牌口碑数据

数据时代的品牌口碑可以被量化。品牌在互联网上的口碑被称为网络口碑。网民通过互联网媒体渠道，比如论坛、微博、搜索引擎、点评类 App 等，发表关于公司、组织、品牌、产品或服务质量的正负面评价，并与其他网络公众共享，这些评价汇总在一起，就形成了网络口碑。品牌或产品的网络口碑反映了消费者群体，尤其是有过购买行为的消费者对于购买对象的满意度，它通过社交媒体广泛传播，切实影响着品牌的宣传和销售效果、品牌形象和品牌信誉度。

网络口碑往往呈现为评级 / 评星或者用户评论的模式，评级 / 评星数据相对而言一目了然，评论数据虽然需要进一步提取和分析，但相较于前者提供了更多细节信

① 钟和平 . 大客户营销的问题与对策［J］. 江苏商论，2009（6）：79-81.

息。网络口碑数据可以在多平台呈现和获取。着眼于网络口碑的查询，搜索引擎往往能够快速查询口碑，点评类 App 和口碑聚合网站（如大众点评、小红书等）则受青年人群的青睐；社交媒体和新闻媒体查询功能同样较强，且更容易与营销手段相辅相成，合理利用新闻媒体（如今日头条等）塑造口碑，还可以起到维护公共关系的附加作用；借助互联网舆情监测系统识别品牌口碑倾向是一种高效、自动化的方法，能够节省人力成本，实现实时监控。除了查询评分之外，在授权范围内利用爬虫手段抓取网站用户评论不失为一种高效的获取网络口碑和用户反馈的方法。

（二）营销数据的获取

通常，营销者的数据获取渠道有三类。按数据获取方式划分，营销数据可以分为第一方数据、第二方数据和第三方数据。

第一方数据是企业收集的数据，即企业直接从自身消费者、潜在消费者或浏览用户手中获得的数据。第一方数据来源多样，诸如客户关系管理系统、企业网站、应用、平台、产品、企业市场调研和用户反馈等。企业对于第一方数据有着绝对的支配权，在使用第一方数据进行营销分析时不受应用权限和成本的限制，且数据质量较高，贴合企业受众群或潜在受众群。第一方数据通常包含消费者的基本信息、浏览偏好、交易情况、交互反馈等数据，可以应用于消费者需求分析、个性化推送、营销预测、营销总结、巩固消费者关系等。

第二方数据是企业从合作伙伴公司，或其他与自身相关联的公司收集的数据。第二方数据是一种二手数据，数据所对应的消费者并不属于自身企业的客户群——但它仍然保持着较高的质量。第二方数据通常来源于业务共享或从数据来源公司购买。相较于第一方数据，第二方数据具有一定的权限和成本，但其可以拓展不同来源的消费者群信息以填充自身数据库，扩大数据规模，并巩固与合作伙伴公司的合作关系；相较于第三方数据，第二方数据更为精确可靠。

第三方数据是企业从外部购买的数据。第三方公司聚合自身网站平台上的数据，或综合采集多个网站平台的数据，合成一个大型的数据集，并予以销售或给予访问权限，这就形成了第三方数据。第三方数据规模大但内容杂糅，囊括消费者基本资料、行为习惯、兴趣偏好、交易情况等多个方面。由于第三方平台受众群体的广泛性和分散性，企业往往需要根据自身需求对第三方数据做进一步筛选。第三方数据可以应用于拓展消费者群、定位目标消费者、开辟新市场、补充数据库等。通俗来讲，第三方数据“广而不精”，第一方数据“精而不广”，若企业将第三方数据和第一方数据综合起来，则往往能够收获较为优质的数据支撑。现如今比较热门的第三方数据供应商有阿里云、腾讯、蚂蚁金服、友盟、极光、GrowingIO、诸葛、数据港、万国数据等。

企业在上述来源获取和收集数据源之后，需要通过数据管理应用进行数据清洗或数据集成，以便后续使用。

二、DMP

（一）DMP 的概念

DMP 即数据管理平台（data management platform），是企业将外界所获取的分散化多方数据收集并整合至统一的信息化技术管理平台，在平台内进行数据标准化的处理和分析，以研究客户特征来进行针对性营销。可以说，DMP 是企业的数据资产管理中心。

DMP 平台的基础架构分为三个部分。其根基是数据，这包括第一方数据、第二方数据和第三方数据，数据资产管理是 DMP 最基础的功能。中层是消费者洞察，DMP 可以识别客户的类型，实现客户细分，提供用户画像，并进行模拟营销。上层是具体营销业务的实现以及营销效果的监测。

企业应用 DMP 平台，有以下几个优势：

首先，将大数据和先进信息技术应用于营销数据的分析，完善企业数据库中的数字资产相关内容，实现数据的集中化管理，协助企业营销自动化。

其次，DMP 内多样化的数据分析方法能够满足不同类型的数据分析需求，精准洞察用户和市场机会，实现营销数据可视化，为市场营销工作提供参考，提升营销水平。

最后，加强企业部门内与部门间的协作，提高人员工作效率，提供企业数据的整体审视，有助于企业总体战略目标的达成。

DMP 应用场景广泛，在电商、金融、房地产、快消品、汽车等行业中均能使用。在引入 DMP 平台时，需要提前进行数据链接的准备和接口的配置，并配备专业的数字营销人员。

当下，已经有一系列公共和私人 DMP 平台涌现，例如 Google Analytics 360 Suite、Yahoo！ DMP、Amobee、Adobe Audience Manager 等。

当然，DMP 对于中小企业而言仍然存在很高的信息技术门槛。在本企业内搭建 DMP 平台所需要的建立成本、运行成本和人员培训成本仍不容小觑。

（二）DMP 的主要功能

根据 DMP 平台的基础架构，此处列举其可实现的主要功能。

1. 数据收集

鉴别各个来源的数据是 DMP 运行的第一步。DMP 可以从移动网络、应用程序、客户关系管理、社交网络、电视数据、人口统计数据等各来源内收集数据。针对数据所属数据源的不同，DMP 面对第一方、第二方和第三方数据时要建立不同的接口。在识别数据源后，DMP 针对外部数据统一进行数据的标准化处理，实现数据聚合，分别将数据定义为不同的数据标签或识别 ID，再存储至 DMP 内。

2. 用户分析

DMP 能够通过跟踪用户的网站行为，导入客户关系管理系统数据，或依托 DMP 中已存储的数据来进行企业用户的分层和画像。用户分层的依据有：用户的人口统计学信息、位置、终端型号，用户的浏览与访问习惯、品牌偏好、商品偏好、渠道偏好、兴趣关注，用户的消费习惯、消费频次、消费金额，用户的忠诚度、留存率、反馈以及其他个性化分层依据。DMP 能提供 RFM 分析、用户细分、用户画像、用户增长分析等多种分析方式，并以图表的方式呈现结果。生成数据分析报告和实现数据的可视化是 DMP 的核心功能之一。

3. 营销指标分析

除了用户分析之外，DMP 还可以分析各种营销指标。ROI 分析、产品分析、销售量分析、广告效果分析、企业的各种 KPI 指标呈现都可以在 DMP 内进行。DMP 内有多种数据分析模型，例如归因模型、营销漏斗模型、杜邦分析模型、对比分析等。当然，DMP 内的数据分析只是一些基础化的、固有的分析，要想真正深入分析数据、实现数据挖掘和数据预测，比如多维统计、语义分析、机器学习等，需要配合使用 R、Python、Excel、SPSS、SAS 等数字处理工具。

4. 业务配合和效果监测

DMP 在营销业务和营销效果监测方面具有不同的表现。许多 DMP 能够和外部服务相连接，联动进行营销触达。DMP 与诸如广告的人群定向、短信触达、广告需求方平台 DSP（demand-side platform）、数据市场等营销工具对接，共同推进营销业务。但 DMP 并不适用于单独的营销执行。另外，针对不同的营销任务，DMP 可以通过分析营销指标，实现对营销效果的评估。

第三节　CRM 管理

一、CRM 概述

（一）CRM 的概念

CRM 即客户关系管理（customer relationship management）的缩写，客户关系管理隶属于企业的整体战略，企业期望深入了解自身客户的类型、偏好、需求、消费行为，把握客户特征并有针对性地提供产品和服务，从而达成营销和维持客户关系的目的。因此，企业利用数据库和先进的信息技术管理模式，实现与客户的交互，获取和分析客户相关数据，以达成上述目标，这就是客户关系管理的过程。[①]CRM 既是一个

① 杨永恒，王永贵，钟旭东．客户关系管理的内涵、驱动因素及成长维度［J］．南开管理评论，2002（2）：48-52.

整合技术系统，又是一种营销管理策略。①

客户关系管理有如下几个基本内涵：一是客户数据，指营销者收集的客户基本信息，如客户的人口统计学特征、交易记录、信用记录等，以便大致描绘客户轮廓；二是客户识别，指营销者依据客户的需求偏好和消费习惯，识别并区分不同类型的客户群体；三是定制营销，指营销者为不同类型的客户，甚至为单一客户量身制定符合其偏好的营销策略，实现精准营销；四是客户忠诚，指营销者关注客户满意程度，采取措施留住老客户，打造长期稳定的客户关系；五是客户价值，指营销者判别具有长期价值的、可以进一步拉取客户的、能够带来建议的高价值客户，并对其采取重点营销措施，以充分实现盈利转化。②

（二）CRM 的优势

对于企业来说，应用 CRM 系统主要有如下优势：

第一，利用先进技术，提升数据分析效率，有效减少工作失误，节约人工成本，加强对企业的管理和经营能力。

第二，以客户为经营中心，把握客户特征，增强客户服务水平，提升客户满意度和客户价值，维护和留住老客户，拉取新客户，实现客户价值转化。

第三，规范企业营销流程，是企业营销智能化、营销自动化转型的关键一步。

二、CRM 管理方法

（一）CRM 系统管理流程

CRM 系统工作模块包括客户接触、数据分析、营销实现三个方面。CRM 系统管理流程如图 3-2 所示。客户接触是 CRM 系统的第一个层面，企业通过既往营销数据提取、互联网交互功能、呼叫中心、邮件联络、线下接触、收集用户反馈等措施，与客户进行接触，获取客户信息。数据分析是 CRM 系统的第二个层面，企业将与客户接触所获取的信息储存至数据仓库内，并与数据仓库中其他数据来源的客户数据汇总，在数据仓库中进行用户画像、数据统计、营销管理、销售预测、数据可视化等一系列操作，实现客户数据集市与产品数据集市、运营数据集市的对接。营销实现是 CRM 系统的第三个层面，企业利用分析后的用户数据，进行一系列营销活动，支撑自动化营销、个性化营销、社群营销、二次营销、自动化销售、自动化服务等多项功能，达到营销效益的最大化，维系良好的客户关系。IT 技术在 CRM 中起到了核心的建构作用，其为销售自动化、服务自动化、营销自动化、数据集成、数据处理与分析做出了突出贡献。

---

① 瞿艳平．国内外客户关系管理理论研究述评与展望［J］．财经论丛，2011（3）：111-116.

② 齐佳音，李怀祖．客户关系管理（CRM）的体系框架分析［J］．工业工程，2002（1）：42-45.

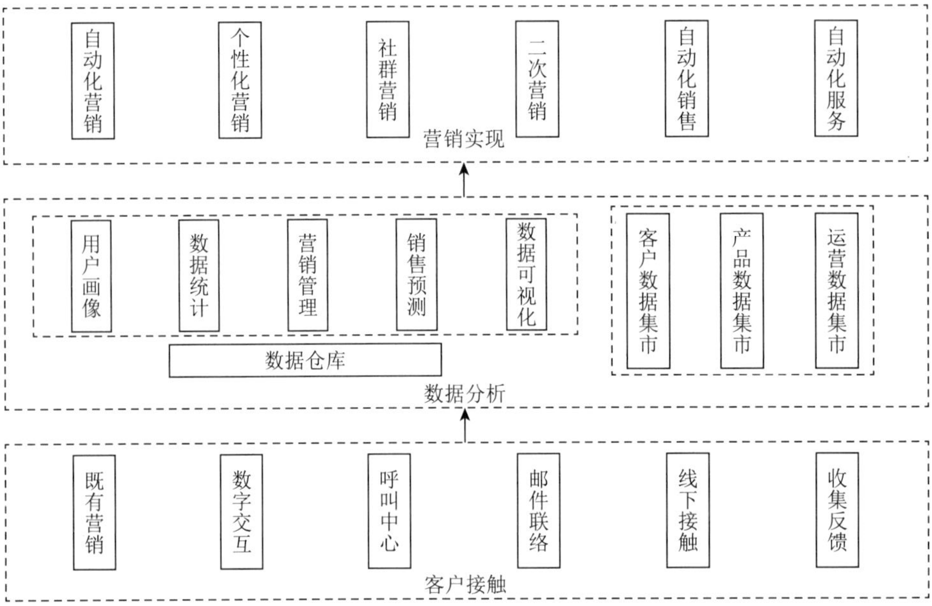

图 3–2　CRM 管理流程

首先，在应用 CRM 系统时，需要聚合相关数据。企业将不同渠道和业务流程中关于客户的数据进行整合，提取其中的有效数据，筛除冗余数据。在条件允许的情况下，企业可以利用数据集成的手段快速完成这一步骤，以此实现数据归纳和数据共享。

其次，企业借助 CRM 分析系统，对 CRM 系统中的客户数据进行分析。技术部门导入数据仓库中所需要进一步研究的数据，在信息识别、信息处理的基础上针对不同的营销问题做信息的量化，归纳出相关的知识要点。在具体的数据分析过程中，可以采用联机分析处理模式（online analytical processing，OLAP）生成数据分析报告，也可以借助数据挖掘手段提取和加工数据，建构营销预测模型等。

最后，企业根据 CRM 分析的结果，于 CRM 操作系统中执行业务决策。数据分析报告和数据的可视化呈现，有助于企业精准把握不同类型的客户需求点，在此基础上进行业务决策和智能化营销工作，完成预期营销目标。

（二）CRM 分析方法

1. RFM 方法

RFM 方法是最典型的 CRM 分析方法之一。RFM 分别指客户最近一次消费的时间间隔（recency）、客户的消费频率（frequency）、客户的消费金额（monetary）这三个指标，通过这三个指标来分析用户的方法就是 RFM 方法。

R 值是一个时间值，单位通常为“天”或“月”，代表客户最近一次消费和上一次消费的时间间隔，R 值越小客户价值越高。

F 值是一个次数值，单位通常为“次”，代表客户在单位时间内发生购买行为的次数，F 值越大客户价值越高。F 值受商品类型影响，因此难以跨类别比较。

M 值是一个金额值，单位通常为“元”，代表客户在单位时间内在某产品或某品牌上的消费金额，M 值越大客户价值越高。

根据 R、F、M 值的不同对客户进行简要分类。其中，三项评分均较高的被认为是公司的重要价值客户；F、M 值相对较高的被认为是公司的重要保持客户，需要营销者主动与之保持联系；R、M 值相对较高的被认为是公司的重要发展客户，具有很好的消费潜力；单独 M 值相对较高的被认为是公司的重要用户，需要营销者采取挽留措施；R、F 值相对较高的被认为是公司的一般价值客户；单独 R 值相对较高的被认为是公司的一般发展用户；单独 F 值相对较高的被认为是公司的一般发展用户；单独 M 值相对较高的被认为是公司的一般保持用户；三项评分均较低的被认为是公司的一般挽留用户。

依照企业具体业务类型的不同，R、F、M 值分别有不同的打分指标，一般情况下分为 1—5 分，营销者根据各项得分可以更为详细地划分出用户等级，并按照具体的评分制定不同的细分营销策略。

2. Decyl 方法

Decyl 方法致力于通过分析客户来提高营销收益。核心原理是将所有客户按照购买金额分为 10 个等份，并分别计算出各个组别的购买金额、购买量、购买量占比。举一个例子，当购买金额最大为10 000元时，先将客户分为“0—1 000元”“1 000—2 000 元”“2 000—3 000 元”……“9 000—10 000 元”10 个区间，然后依次对每个区间的购买量和所占份额进行核算。这一方法定位的是对公司销售金额贡献较大的群体。它可以直接利用 Excel 表格工具来完成，使用简单，便于操作和可视化。在 Decyl 分析表格中加入购买日期、购买量、订单号、客户 ID 等要素，可以更有效地细分单个客户，从而方便制定针对每个客户最适宜的营销方向。

3. NPS 方法

比起前两者，NPS 方法更着重于衡量客户满意程度。NPS（net promoter score）指的是净推荐值，它将用户按满意程度分为三个类型：批评者、中立者和推荐者。NPS 分析会设立一个前提问题，例如“您是否倾向于向周围的亲朋好友推荐这款产品”，由负面态度到正面态度依次划分为 0—10 分，批评者的范畴为 0—6 分，中立者的范畴为 7—8 分，推荐者的范畴为 9—10 分。NPS 计算公式为：（推荐者数量 - 批评者数量）/ 总样本数量。NPS 分值因行业不同而不尽相同，企业可以将自身 NPS 分值与竞争者或行业平均值进行比较，以便对自身客户满意度情况和口碑状况作出判断。

本章小结

数据集成为用户提供统一的透明化的访问接口，提升数据共享和利用的效率，实现数字网络环境中不同数据源间稳定、高速率的数据同步迁移和整合。数据集成一般遵从两种架构，分别是 ETL 和 ELT。

数字营销的整体思路是在数字化战略思维的引导下，依托数字平台或内容平台，借助大数据进行综合性分析，提升企业营销的精准程度，以追求企业营销策略的收益最大化。大数据是数字化营销环境的基础。

DMP 平台的基础架构分为三个部分，其根基是数据，中层是消费者洞察，上层是具体营销业务的实现以及营销效果的监测。

CRM 的使用过程是，企业利用数据库和先进的信息技术管理模式，实现与客户的交互，获取和分析客户相关数据，以达成目标。

思考题

1. 为什么大数据时代下企业越来越需要数据集成?
2. 企业如何获取营销数据并进行营销数据整合?
3. 相较于公域数据，私域数据有哪些独特优势?

第四章　程序化广告

学习大纲

- 程序化广告概述
- 程序化广告投放
- 程序化广告创意

学习目标

本章将解决下列问题：

1. 程序化广告是什么？
2. 程序化广告如何投放？
3. 程序化广告创意及其发展趋势是什么？

学习讨论

程序化广告给营销传播带来了什么变革和影响？

开篇案例

Incake 品牌区域精准营销

Incake（印克）是一个英式蛋糕品牌，秉承传统英式手工艺的蛋糕制作，甄选新鲜优质食材，传承纯正英式风味。同时 Incake 网络蛋糕，打破了眼下传统的蛋糕销售模式，通过网络、移动端、客服热线等全方位连接消费者，提供一对一英式蛋糕定制服务。

Incake 蛋糕的传播目标是加强消费者的品牌认知，通过品牌活动吸引消费者关注，并最终增强终端消费者的转化成效。执行的方案是通过程序化营销，精准锁定目标受众，通过优质的媒介环境覆盖，提升创意广告触达。投放目标包括上海、福州、苏州、昆山、厦门、无锡、北京、南京、杭州等地区，投放周期是2016年5月18日到2016年8月18日。

一、项目挑战

首先，如何智能锁定目标受众，扩大Incake蛋糕的目标受众范围，并通过各种算法及定向策略对其进行精准锁定，是此次推广能否取得良好效果的决定性因素。

其次，如何实现品牌全方位辐射，在投放周期内如何利用可见性覆盖达到品牌全面辐射的效果也是需要考虑的内容。

最后，如何快速吸引眼球，结合Incake多款产品刺激受众到站转化，并针对不同目标人群，设计有针对性的宣传策略，提升广告触达效果也是项目挑战须解决的问题。

二、解决方案

第一，智能锁定Incake目标受众，制定精准的定向策略，优先覆盖高价值人群。由专项优化师、数据科学家以及媒体策划师组成的Incake专项团队，细分受众类别，制定具有针对性的项目程序化投放策略。比如，商务白领的核心诉求是在忙碌的工作中也可以享受生活，触媒习惯侧重于生活休闲类媒体，如经常使用PC/手机网上订餐；社交达人的核心诉求是甄选个性蛋糕，为聚会活动添彩，触媒习惯侧重于娱乐时尚生活类媒体，经常会浏览、关注最前端的时尚、美食、聚会、活动等；情侣的核心诉求是惊喜而新鲜的甜蜜礼物，触媒习惯侧重于旅游、娱乐生活等媒体，经常关注美食、电影、旅游、购物等内容；促销达人的核心诉求是优惠活动、试吃申请，触媒习惯侧重于网购时尚生活类媒体，经常会关注网购、商场促销活动、超市、卖场等优惠信息。

第二，优质媒体撒网，品牌全范围辐射。PC端优选快消类、时尚类、娱乐类、新闻类媒体圈，手机端优选商务、社交、娱乐、游戏、生活购物、音乐、新闻、杂志、天气类App应用。

第三，快速吸引眼球，刺激受众到站转化。定向优化创意，结合Incake的多品种蛋糕、促销活动、特殊时节等，针对四类人群特点组合设计多款创意内容，抓住受众眼球，刺激其的到站转化。

三、创意维度分析

本次投放，针对不同人群采用不同创意物料打击。从效果反馈来看，PC端首单半价、注册送券等优惠模式点击率较高，移动端首单半价、七夕活动、下午茶活动等创意的点击率较高。由此可见，促销优惠、特殊节日活动类创意，更容易吸引受众点击到站。

四、投放效果

Incake品牌实现了跨媒体、跨平台的海量曝光，将品牌产品活动信息广而告之。

通过对目标人群的规模性曝光，提升了 Incake 蛋糕的知名度，并为官网引入大量的优质流量，创意定向优化策略也为官网引入大量的优质受众。曝光量比预期提升了 57%，ROI 转化效果比预期提升了 12%。

（案例来源：Chinapex 程序化广告投放案例，https://max.book118.com/html/2020/0328/5022033130002233.shtm）

程序化广告是数字营销的代表，数字营销之所以精准主要归功于程序化广告。程序化广告依托数字技术和数据的使用，因而也最能彰显数字营销的特征。中国程序化广告始于 2012 年，阿里巴巴旗下的 TANX 和第一家需求方平台 DSP（悠易互通）的出现，开启了以实时竞价为主的程序化广告模式。2013 年，腾讯 Tencent AdExchange、新浪 SAX、百度 BES、优酷土豆等纷纷推出程序化广告服务，程序化广告业务迅速发展，每天交易流量从 2012 年年底的 30 亿元迅速增长到 2013 年年底的 60 亿元。到 2022 年，接近 80% 的在线流量是通过程序化广告交易的。

第一节 程序化广告概述

一、程序化广告的定义

程序化广告是指广告主通过数字技术和数据系统的支持，实现广告物料与在线流量的自动化精准拟合。相对于传统的广告投放模式，程序化广告有三个特点，一是精准，二是投放自动化，三是投放过程可控、可优化。精准是指广告主通过程序化广告系统购买的每个流量都是符合其事先设定的目标要求的，这种以单个流量购买的模式解决了传统广告整体购买存在的无效受众的问题，因而极大地提高了广告投资的有效性。投放自动化是指在设定广告投放模型后，程序化广告系统就会自动拟合那些满足条件的流量并将事先准备好的广告物料投放到相应的媒介广告位上，这个自动化拟合的时间只不过几毫秒而已，却包括了用户点击某个网页到完成交易并实现广告物料投放的全过程。投放过程可控、可优化是指广告主可以准备多种广告方案，并在投放过程中根据情况进行调整，调整的项目包括频次、时间、对象等，从而避免了传统广告因一次性决策而带来的极大的不确定性，可有效地提升广告投放的效果。

二、程序化广告的类型

程序化广告有公开交易和私有交易两种类型。

公开交易主要以 RTB 模式为主。RTB（real time bidding，实时竞价广告购买模式）是指程序化广告系统在流量出现的毫秒级时间内实现广告位需求与供给的拟合。

RTB 竞价规则是“价高者得，次高价结算”。RTB 的特点表现为实时成交、自动化成交，仅限于满足条件的目标人群。因此，RTB 模式最能体现程序化广告的精准和自动化的特征。

私有交易主要包括三种竞价方式：私有程序化购买 PDB（programmatic direct buying）、优先交易 PD（preferred deals）、私有竞价 PA（private auction），区别在于是否竞价以及广告位是否预留。私有程序化购买 PDB，是利用程序化购买的广告把广告主按传统方式购买的媒体资源进行定向的广告投放。优先交易 PD 是广告主拥有优先交易权，但是不像 PDB 那样拥有确定的保底流量。私有竞价 PA 是把广告主比较偏好的媒介资源放在一个半公开的市场中竞价售卖，主要面向一些实力广告主。

三、程序化广告的价值

程序化广告从根本上改变了传统广告“广而告之”的传播模式，营销传播开始向精准化转型。在线流量通过数据挖掘可以实现与广告主投放目标的精准拟合，使得碎片化的在线流量实现了市场价值，从而推动各类在线自媒体和平台的发展。自动化投放、自助式管理改变了广告主的广告投放模式，广告主可以通过多方案的尝试性投放寻找最优的投放策略和投放节奏，从而提高广告投放效率。多样化的程序化购买方式使广告主有了更多的投放方式——实时竞价交易模式快速、高效、灵活，适合效果广告的投放；而公开竞价方式的价格相对较低，有助于降低品牌广告的成本；基于定价的程序化购买方式价格较高，但是可以提供更有保障的媒体资源。从总体来看，程序化购买改变了传统广告媒介的行业生态，程序化广告服务商成为数字营销生态的重要组成部分。

四、程序化广告的问题

程序化广告在发展过程中首先遇到的问题是流量造假。在线广告投放的特征，一是分散，二是没有实物可证，三是追溯成本太高，这导致有些平台通过虚假流量牟取暴利，结果就是广告主的投入没有获得应有的收益。虚假流量始终是数字营销最大的问题所在。其次是实际效果问题。排除虚假流量的干扰，程序化广告的精准投放在理论与实效方面存在巨大的差距。基于用户标签对用户画像的建构未必准确，甚至对于性别这种简单的变量推测，准确率也不过 60% 左右。特别是程序化广告发展的早期，数据不充分，且各大平台对数据的保护形成数据孤岛，更削弱了程序化广告的精准度。最后，程序化广告往往通过一个系统的生态来实现投放，整个链条中的各个环节都是成本点，从而导致广告费有很大一部分是损耗在各个节点上的，这也在很大程度上降低了数字营销精准传播的效率。

五、程序化广告的生态

程序化广告需要通过由流量的供给方、需求方以及各种相关系统所组成的程序化广告生态来完成。其主要参与者包括流量所有方、广告主或代理商、需求方平台、采购交易平台、程序化创意平台、广告验证平台、监测分析平台、广告交易平台或供给方平台以及数据管理平台。

需求方平台（demand-side platform，DSP）即广告需求管理和投放平台，需求方可以在平台上管理广告活动和投放策略，包括确定目标受众的定向条件、预算、出价、创意等。DSP 通过技术和算法自动优化投放效果并提供数据报告，为精准传播提供系统支持。根据是否有包断资源的业务，DSP 还分为纯 DSP 和混合型 DSP。混合型 DSP 除了对接 AdX（Ad Exchange），还会自建广告网络或广告交易平台进行流量采购。根据 DSP 对接的资源情况以及服务对象，还可以进一步分为纯 Web 端 DSP、移动 DSP、跨屏 DSP、DSP+ 等类型。[①]

- 纯 Web 端 DSP：对接的流量和服务对象都面向 Web 端，这类 DSP 正在朝着跨屏 DSP 的方向发展。
- 移动 DSP：专注移动端流量和移动广告主的 DSP 平台。
- 跨屏 DSP：PC DSP 和移动 DSP 的混合体，库存流量横跨多端屏幕（包括电脑、手机、平板等）。
- DSP+：DSP+ 广告主类型（如效果 DSP、品牌 DSP）、DSP+ 垂直行业（如金融 DSP、电商 DSP）、DSP+ 资源类型（如视频 DSP）等。但是现在的效果 DSP 一般也服务于品牌客户，所以基本没有纯效果 DSP。

采购交易平台（trading desk，TD）为需求方提供多个 DSP 平台的整合解决方案，需求方可以在 TD 上管理多个 DSP 平台的投放活动，包括预算的分配和投放策略的管理等，因而 TD 一般主要服务一些大品牌广告主。TD 平台跟各大 DSP 通过 API（application programming interface）对接，广告主 / 代理再通过 TD 进行广告投放并查看数据报告。

广告交易平台（Ad exchange）是一个开放的、能够将媒体和广告主 / 广告代理商联系在一起的在线广告市场（类似于股票交易所）。DSP 的实现在很大程度上需要有成熟的广告交易平台。

广告网络（Ad network）介于想出售广告资源的 Web 网站、App 资源与有发布广告需求的广告主之间，一方面帮助媒体将广告位资源按照受众类型整合打包出售，另一方面通过行为定向、频次定向、内容定向等技术帮助广告主精准定向目标人群。

供给方平台（supply side platform，SSP）帮助媒体主（在移动端主要是移动站点

① 梁丽丽.《程序化广告生态实用手册》白皮书［EB/OL］.（2017-03-06）［2024-01-04］.https://www.jianshu.com/p/6f06e5960c53.

和 App）进行流量分配和管理、资源定价、广告请求筛选，使其可以更好地进行自身资源的定价和管理，优化营收。DSP 是媒体主通过 SSP 进行资源流通的重要渠道。

数据管理平台（data management platform，DMP）帮助广告主实时地梳理和整合多方数据，通过深度挖掘和智能管理，形成基于人群投放并获得更高效果转化的有效指导。

程序化创意平台（programmatic creative platform，PCP）用于广告创意的投放优化。通过技术自动生成海量创意，并利用算法和数据对不同受众动态地展示广告并进行创意优化，这个过程叫作动态创意优化（dynamic creative optimization，DCO）。每个人看到的广告都可以是不一样的，即使同一个人，在不同场景下看到的广告也是不一样的。

广告验证平台（Ad verification platform）提供广告投放过程中的品牌安全、反作弊、可视度等保障，通过分析投放媒体的内容合法性、正面性，为品牌广告的投放提供一个和谐的媒体环境。

监测分析平台（measurement & analytics platform）为广告主提供第三方监测分析，对广告投放数据进行同步监测，以便评估广告投放平台的数据，如衡量投放的广告展示量、点击量、受众属性等。

第二节　程序化广告投放

一、程序化广告的实现过程

程序化广告的起点是用户在线点击浏览，媒体将流量信息传递到广告交易平台，广告交易平台向 DSP 发送竞价邀标，告知 DSP 有关这次点击曝光的属性，包括物料的尺寸、广告位出现的 URL 和类别以及用户 Cookie ID 等。DSP 接到竞价请求后根据广告的要求，判断该用户是否属于目标人群，决定是否竞价以及具体价格。如果 ADX 判断 DSP 竞价成功，便将成交信息传递到媒体，媒体就将 DSP 提供的广告主的广告物料加载到用户浏览的页面或 App，从而完成一次程序化广告投放。① 如图 4-1 所示。

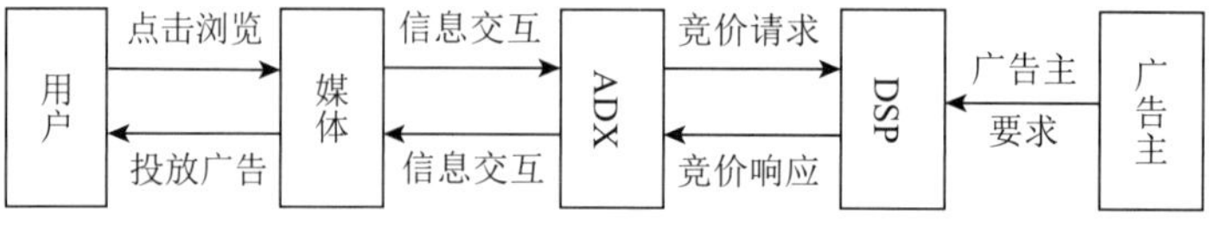

图 4-1　程序化广告的实现过程

① 洪伟权 . 基于用户定向技术实现的互联网广告程序化购买［J］. 通信企业管理，2016（10）：64-66.

二、程序化广告的投放

程序化广告投放分为前期策划、执行准备、正式投放和项目总结四个阶段。

前期策划工作主要是分析投放需求、确定目标受众、制定投放策略，包括预算策略、媒介策略、人群定向策略和创意策略。

执行准备需要完成的工作包括完成广告资质审核，上传营业执照和法人身份证等，完成技术对接后提交创意物料并审核。

正式投放是根据前期设定的策略，准备相关工作并开启投放，投放后动态观察投放数据并根据效果持续优化投放策略，定期输出数据报告。比如若预算在短期内迅速全部消耗，有可能需要调整价值设定或者投放时间。

项目完成后需要进行项目总结、对数据和策略进行总结评估、输出结案报告，内容包括投放 KPI 的完成情况，活动执行的关键策略分析以及达到的效果，执行过程中的不足以及对未来投放需要注意的事项等。

三、程序化广告的投放要素管理

程序化广告投放要素可以总结为“MAC”三要素，主要包括媒体资源（media）、投放人群（audience）和创意内容（creative）①。

（一）媒体资源

理论上，所有的在线流量都是媒体资源，大量的长尾流量很难变现。主要的在线媒体包括社会化平台、短视频平台、电商平台、搜索平台以及其他种类繁多的内容平台。广告主根据传播目标选择合适的媒体并制定具体的投放策略，包括广告位所在的页面、位置、流量、价格和转化等要素。

页面包括渠道、载体、媒体分类、频道、URL、页面关键词等。

位置是指广告位所在的具体位置、尺寸的大小、广告位类型、频次等。

流量是指媒体的总流量的大小，太小的流量可能不能承载广告主的投放目标。

价格是广告主非常敏感的要素，尽管价格是不固定的，但是广告主可以参考历史平均价格，选择符合广告计划的流量。

转化是指广告主除了参考流量和价格外，还要考量该媒体的实际转化效果，以达成自己的广告目标。

（二）投放人群

人群定向是程序化广告最核心的工作。所谓的精准传播，其要义就是精准的人群定向。人群定向分两种，一是新客定向，二是老客重定向。这里的新客、老客是指该顾客之前是否接收到广告主投放的信息。广告传播效果有一个非常重要的逻辑是重

① 梁丽丽.《程序化广告生态实用手册》白皮书［EB/OL］.（2017-03-06）［2024-01-04］.https://www.jianshu.com/p/6f06e5960c53.

复，通常同一个受众接收四次相同的广告信息才算完成一次有效的传播，因为受众通常属于被动地接收广告信息，需要多次重复才能形成对广告信息的理解和记忆。但是要让同一个受众四次接触到同一广告是非常困难的，所以，广告只能加大重复的次数。比如非常经典的脑白金，虽然重复到让大家讨厌，但确实也获得了很好的营销效果。程序化广告在定向技术加持下，可以通过重定向策略，对同一受众反复投放广告，并调整广告的信息，持续推进广告的传播诉求，从而完成广告劝服之目的，这是传统广告模式无法达成的。

1. 新客定向

人群定向是程序化投放最具挑战性的环节，因为事关广告投放的精准度。新客定向的基本思路是相似人群扩展，通常是根据广告主已经掌握的目标消费人群的各种标签数据进行相似性扩展，随后建构一个多变量模型，当流量满足目标人群条件时就会出价，竞价成功后就完成一次投放。程序化投放有一个重要的特点是试错，允许广告主采用多种投放模型进行尝试，根据反馈效果不断调整投放方案。具体定向指标包括区域定向、客户端定向、设备定向、运营商定向、上网类型定向、上网场景定向、天气定向、页面内容定向、LBS（location based service）定向、人群标签定向等。

2. 老客重定向

老客重定向就是追踪式投放，对曾经接收过本品牌广告信息的用户进行连续性投放直到达成转化目标，理论上可以覆盖用户的全生命周期。从未知到知名、理解、喜欢、偏好、信服、行动，这是传统的广告效果层级模型，老客重定向策略可以根据效果层级模型层层推进，对不同层级的用户投放差异化内容。老客重定向“4W1H”指标模型包括用户属性、时间、来源、行为、质量。

who（谁）：用户属性包括性别、年龄、地区、行业、收入、兴趣爱好以及其他CRM数据。

when（时间）：指用户接触相关广告信息的时间，包括首次接触时间、最后一次接触时间、接触总频次、最后一次接触的时长等时间参数。

where（来源）：用户来源是点击广告进入、好友分享进入、搜索关键词进入等。不同来源的用户具有不同的属性，比如搜索关键词进入，属于主动行为的用户群，具有更显著的需求倾向，而通过点击广告进入则可能是因为受广告内容吸引而产生兴趣。

what（做了什么）：用户做过什么，比如点击了什么类型的广告、访问了什么内容、购买了什么商品等。

how（如何）：用户持量如何，可以用访问深度、行为次数、订单金额等衡量，比如浏览了30个不同商品页面的用户、一年之内总共有10次购买行为的用户、30天内消费超过10万元的用户等。

（三）创意内容

程序化广告创意内容必须把握好创意形式和用户交互方式。

创意形式是指素材是以什么形式呈现，比如图片、文字、图文、Flash、视频、表单或者其他。其中，图文创意和视频创意较为常用。

用户交互就是指用户在素材上进行的动作，如点击切换动态创意、在创意上填写注册信息、点击广告后扩展素材甚至是语音提交信息。

四、程序化广告投放的基础设置

程序化广告投放的基础设置主要包括出价上限、预算控制、频次控制、投放时间、投放速度等。①

出价上限：一般按 CPM 方式。部分 DSP 支持 CPC 或者 CPA 出价（由算法代替人工动态调控 CPM 出价），广告主可以设置好能承受的价格上限，将投放成本控制在可接受的范围内。

预算控制：大部分广告主都会有每一波投放的预算，提前设置好预算可以避免消耗过度。预算分为每日预算、每周预算、每月预算或者总预算。有些投放平台还能控制曝光数量和点击数量，相应地有每日曝光数、总曝光数或每日点击数、总点击数等。

频次控制：频次控制是指广告主设置的同一个用户在设定时间内看到特定广告的总次数，或者在设定时间内看到某个广告素材的总次数。一方面，在预算有限的情况下，有效的频次控制可以覆盖更多的用户；另一方面，同段时间内对同一用户进行大量曝光或者大量重复同一广告素材的意义不大，因此有效的频次控制能在一定程度上提升点击率和转化率。

投放时间：设置投放日期或投放时段，也可以设置为不限制。投放日期或每日的投放时段都会对广告效果产生影响，比如在周末、晚上等高峰时段投放效果往往会有明显提升。

投放速度：投放速度分为匀速和快速。有些广告主希望广告预算能够尽可能地分配到每个小时或者每天，就需要匀速；对于一些效果类客户来说，优质流量可以不限预算地快速投放。

五、程序化广告精准投放的影响因素

影响程序化广告投放的主要因素包括预算、时间、定向和创意这四个因素。②

---

① 梁丽丽.《程序化广告生态实用手册》白皮书［EB/OL］.（2017-03-06）［2024-01-04］.https://www.jianshu.com/p/6f06e5960c53.

② 崔亮，王天骄.影响程序化广告精准投放因素分析［J］.营销界，2022（6）：170-172.

（一）程序化广告预算

程序化广告的预算一般是指每日投放的广告花费的上限控制。传统的广告预算管理偏向于总体衡量以及阶段性地投放，而程序化广告的预算管理可以精细到每天甚至一天内的各时段。传统媒体的预算投放具有较大的不确定性，而程序化广告的预算投放可以是一个不断尝试、不断优化的过程，因而可以最大限度地避免风险，提高广告投放的效果。

（二）投放的时间选择

程序化广告计划管理的重要内容是确定投放的时间段。每个广告项目都拥有自己的目标群体，而这些群体同时也必然成为其他竞争性品牌或产品品类的目标群体。同一目标群体的广告在程序化投放过程中实行竞争性报价策略，从而导致每天各时段同一目标群体的投放成本出现浮动。企业在程序化投放中，可以根据数据分析的结果选择在性价比更高的时段进行投放，从而提高广告投放的效果。

（三）定向策略的制定

定向是程序化广告投放最重要的工作，也是数字营销精准传播的精髓所在。定向包括地域定向、人群定向、媒体定向等，其中用于定向的人口标签多达数千个。拟定程序化广告定向策略后，可以通过试投来选择最优的定向策略，以提高广告传播的效果。

（四）创意方案

程序化广告创意不同于传统单一的广告策略，可以通过程序化广告系统实现“千人千面”的广告投放。在多方案投放之后，可以根据效果数据调整和选择最优的创意方案。

六、程序化广告的成本指标

千人成本（cost per mille，CPM）是指按广告的暴露度计费，即广告被展示一千次所需要的价格。传统广告主要以千人成本为成本核算的主要指标，但程序化广告也有按暴露度来计费的广告资源，比如大屏广告就不能按点击收费。

CPC（cost per click）是指广告每被点击一次所对应的价格。按点击收费是互联网广告的特性。广告点击一次与曝光一次有天壤之别。曝光只是信息的展示，受众有没有注意、有没有兴趣一概都不确定，而点击则意味着受众不仅看到了，而且有兴趣了解更多的信息，这样的受众成为顾客的概率就大大增加了。

CTR（click through rate）是广告的点击率，即广告点击次数占广告展示次数的百分比。点击率越高，说明程序化广告定向的效果越好。

CPA（cost per action）是每行动成本，一般称为每注册成本，即获取一个注册用户所对应的价格，如游戏需要用户通过广告页面注册成为玩家。

CPL（cost per lead）是每潜在客户获取成本，即获取一个潜在客户信息所对应的价格，如汽车行业需要潜在客户通过广告页面填写表单预约试驾。

CVR（click value rate）指广告的点击转化率，即广告转化次数占广告点击次数的百分比。转化次数可以是注册数、Lead 数量、订单数等。

七、程序化广告的效果指标

程序化广告的效果指标除了传统广告效果指标常见的暴露度、到达率之外，常用的指标还包括投资回报率、独立访客数、跳出率、广告可视度、频次、TA 浓度、互动率、回搜率等。

投资回报率（return on investment，ROI）是广告主非常关注的营销效果指标，它指在广告传播周期内，广告主通过广告投放收回的价值占广告投入的百分比。如某电商在 5 月份投放了 100 万元的广告费用，获取了价值 500 万元的有效订单金额，则 ROI 为 500/100=5。因为广告效果具有延迟性、累积性等特点，而且很难排除其他外部因素的影响，所以传统的广告很少用 ROI 评估广告效果。但是，电商营销用 ROI 却非常合适，因为电商的营销推广费用主要用于电商营销平台内的引流成本，规避了传统广告的缺点。

独立访客数（unique visitor，UV）指在特定时间内访问页面的虚拟自然人（用客户端标识）的总数。

跳出率（bounce rate，BR）指只浏览了入口页面（一般指落地页，即 landing page）就离开的访问量占进入该页面的总访问量的比例，可以用来衡量广告的访问质量，或者衡量该页面对用户的吸引力。

广告可视度（viewability），一个展示广告只要有 50% 以上的像素在屏幕上展示超过 1 秒钟，即为可见曝光（viewable impressions）。品牌广告主通常需要考量投放广告的可视度，限定 KPI 标准进行投放质量的考核。

频次（frequency），广告主出于广告效果和广告预算的综合考量，会控制每个广告素材对每个 UV 的暴露频次，因为太少了没效果，太多了不经济。比如对每个 UV 的广告曝光频次不超过 3 次。

TA 浓度，TA 是指目标受众，即 target audience。目标受众占总受众的比例，称为 TA 浓度、TA 占比或 TA%。因此，TA 浓度的高低，代表着 TA 触达率的高低。

互动率（engagement rate）用于衡量广告投放中用户在广告素材或者站内（网站或 App）的交互度和参与度。互动是指用户对广告产生兴趣到发生最终转化之前的动作或行为过程，如点击、分享、在线体验、站内搜索等。相应的还可以用单次互动成本 CPE（cost per engagement）或 CPEV（cost per engaged visit）来衡量。

回搜率（return search rate）是指看过广告的用户在之后一段时间内（如 1 天后、7 天后、30 天后等）搜索与广告主相关关键词的用户数占比，可用来衡量品牌广告对用户品牌认知的提升度。

八、程序化广告的数据来源

程序化广告所需要的数据主要包括通过浏览器 Cookie、系统账户、搜索点击、实名绑定、语音记录、关注列表和社交好友等获取用户标识、用户行为、人口属性、地理位置相关的基础信息、社交关系等相应的数据。① 马尔特豪斯（E.C.Malthouse）认为程序化广告模型中存在四个类型的数据：（1）用户的行为数据，其中包括购物数据和第一、二方的 RFM；（2）较为基础的特征数据，如第三方数据、人口统计学；（3）部分为媒介上下文信息，其总结为 who、what、when、where、why、how；（4）媒介消费数据，如收藏加购、观看历史等。②

九、程序化广告的技术运用

（一）人工智能（AI）

人工智能是研究人类智能活动的规律，应用计算机的软硬件来模拟人类某些智能行为的技术，实现人机、机机之间的信息处理和反馈，构造具有一定智能的人工系统。人工智能作为模拟人类智能，是实现机器智能的颠覆性技术，在广告行业的应用主要体现在程序化购买、实时竞价和数据分析管理等方面。

（二）大数据

大数据是需要新处理模式才能具有更强的决策力、洞察发现力和流程优化能力的信息资产。基于多样性、大量化、快速化以及价值性等特点，大数据的概念基本是指在指定时间内综合性地管理并分析数据。

（三）云计算

云计算是一种按使用量付费的模式，这种模式提供便捷的、按需的网络访问，以便用户进入可配置的计算资源共享池（包括网络、服务器、存储、应用软件、服务），这些资源调取迅速，只需投入很少的管理工作，与服务供应商的交互较少。

（四）区块链

区块链技术最早指以比特币为代表的数据虚拟加密货币的核心技术，可以通过数字加密、时间戳、分布式存储、共识机制和经济激励等手段来实现去中心化的网络，保证数据不可篡改和不可抵赖，是一种全新的去中心化基础架构与分布式计算范式。

（五）物联网

物联网是基于互联网概念提出和应用的产物，具体是将网络用户端扩展到物物之间的连接，进而进行通信，实现信息交换的目的。

---

① 范秋杭．浅析程序化广告数据来源、模型及应用［J］．数字技术与应用，2022（2）：42-44.

② 王海林．基于大数据技术的智能广告监管平台设计［J］．软件，2021（6）：139-141.

第三节　程序化广告创意

程序化广告平台为精准投放提供了可能性，理论上对每个流量都可以实施个性化的传播。当然，为每个流量创作个性化内容存在成本问题，不可能真正做到“千人千面”，但是，可以将流量细分到同质类群，并实施差别化的传播。

一、程序化广告创意的定义

程序化广告创意是广告创意人员为不同类型的流量设定的不同广告元素，如颜色、字体、场景、产品图片等，通过大数据与创意程序化算法，为不同类型流量（如性别、年龄、个人喜好、行为轨迹、时间、区域等）自动生成和匹配不同类型流量的创意内容，并根据投放效果进行动态优化。程序化广告创意是创意人员与数据、技术和平台的协同整合。

程序化创意工作流程：

（1）制作模板、各种创意元素、创意组合规则。

（2）根据媒介计划投放创意群组，初期可以采用均衡投放原则。

（3）根据初期投放效果对投放计划进行优化。

（4）评估广告效果，对各种元素、模板、尺寸、点位进行差异化比较分析。

（5）对各种相关数据（时间、时段、日期、性别、天气、地点）进行洞察，积累经验，优化内容创意，调整各种元素属性。

二、程序化广告创意的发展

（一）技术主体分析

程序化广告创意是传统创意生成方式与数字技术的结合，对技术有着更高的要求。在不断提高的技术要求下，市场上产生了新的公司、新的技术支持模式，让程序化广告创意的发展更加切实可行。虽然国外程序化购买技术的发展早于国内，但是由于国内移动端技术及支付技术的迅速发展，国内的程序化购买以及程序化创意也拥有大量、丰富、多层次的数据。因此，目前国内此类公司比国外更具发展优势，国内程序化创意技术也比国外的更先进。

国内现有的程序化创意公司基本可以分为三类。第一类是独立的技术服务商，这类公司更像技术公司，其独立存在，专注于提供程序化创意技术服务。例如筷子科技，它是目前国内程序化创意公司中发展最快、技术最为成熟的公司之一，而国外以 Bravo（喝彩网）为代表。第二类是第三方投放或程序化广告服务公司。这类公司在原有的程序化购买业务基础上发展程序化创意技术和业务发展技术，提供程序化创意服务。以多盟的智能创编技术为例，它是国内专注于移动智能营销的平台。第三类是媒体端自有 DSP 平台内嵌的智能创意工具，例如百度霓裳。除了这三种类别之外，还有很多公司正在尝试与程序化创意相关的技术，例如阿里推出的鹿班智能设计平台，主要提供图片设计服务。

（二）创意应用分析

美国广告技术服务商 Sizmek 发布的《2018 广告创意质量报告》显示，目前全球有 82% 的营销人员在他们的数字媒体执行中使用 DCO（dynamic creative optimization，动态创意优化），数字营销人员已经不得不承认程序化创意和动态创意优化所带来的价值，即与客户沟通时提供个性化的触达。在程序化广告创意出现之前，所有受众站在电子显示牌前看到的广告都是相同的，都是广告创意人员根据自己的经验设计出的他认为最能吸引大部分受众的文案、图片、视频，但是在程序化广告创意时代，当一对闺蜜打开淘宝准备加入“双 11”购物狂欢时，会发现她们不仅看到的商品不同，看到的广告图也不同。程序化广告创意可以根据受众数据分析，按照受众的兴趣和诉求，向不同的受众投放不同的广告，展示最吸引个人的文案、图片、视频，使一千个人看到一千个不同的广告图，即“千人千面”。而现在，程序化广告创意的“千人千面”已经进化为“一人千面”，场景实验室创始人吴声在《新物种爆炸》的演讲中提到，“我们正在进入这样一个时代——不惜一切代价满足用户最微小的需求”，程序化广告创意现在和将来要做到不但向不同的受众投放不同的广告，而且根据用户最微小的需求，制定“一人千面”的广告。

程序化广告创意目前主要的内容形式有文字、图片、视频等，其中图片类型的内容程序化创意在目前较为成熟，例如“鹿班设计”可以 1 秒钟设计 8 000 张海报，并在 2017 年“双 11”期间为阿里绘制了 4.1 亿张各不相同的个性化广告图。图片类程序化广告创意之所以易操作，是因为组成图片的各元素意义比较确定，线下准备好的素材进行批量化操作也比较方便快捷，整张海报的意义就是各元素的意义叠加，不确定性较弱。和图片相比，视频类程序化广告创意的难点在于视频在视觉和听觉上都需要保证音画匹配和前后自然衔接，其中涉及的运算量更大，对视频素材的要求也更高，目前像筷子科技等技术公司已经有视频类程序化广告创意的生成工具，在诸如视频尾部品牌 logo、促销信息控制等场景已经得到应用，视频类程序化广告创意可能会成为下一个技术浪潮。而文字的意义因为受到语法和语境两方面的限制，所以文字类程序化广告创意须得到更高的智能化技术的支持，目前还有待引入更多的智能化文字处理技术。

三、程序化广告创意的未来

（一）大数据与云计算深度挖掘消费者洞察

程序化购买使精准营销成为可能，解决了营销过程中“对谁说”和“在哪说”的问题，但是向消费者“说什么”这个问题，就要靠创意来解决。程序化广告创意将素材库中的素材内容作为生成广告创意的基础元素，通过大数据与程序化算法，在短时间内根据不同场景生成符合消费者偏好或是符合程序设定的创意广告。

随着大数据的发展，对消费者的相关数据越来越充分，消费者的基本信息、兴趣爱好、所在地域、购物内容、浏览记录以及购物习惯等都可以被了解和学习，从而刻画更丰富、立体的消费者画像，使营销投放的目标更加精准。数据库所包含的关于消费者的各种数据是精准投放的依据，从消费者的基本信息到兴趣爱好等都可以数据方式呈现，结合云计算平台就可以更好地利用网络信息技术对海量数据进行处理和分析，将复杂、多样的数据进行储存、分析和处理，将消费者的各项数据综合考虑，形成丰富立体的人物画像，使程序化广告创意的投放更加精准。

（二）AI 实现大规模智能化创意

目前内容领域的智能化应用还处于弱人工智能阶段，尽管它大大提高了素材搜集整理、内容校对审核等重复性工作的效率，但内容产业的创造性仍然需要人的参与。一般而言，广告创意人员根据人工智能提供的数据和内容寻找创意灵感，当广告作品生产完成之后，人工智能又对作品进行进一步检测与筛选，最后高效地分发至不同平台。这就产生了成本与效益的问题。虽然程序化广告创意目前实现了“千人千面”乃至“一人千面”的场景化投放，但创意仍需要由人来产生。

随着技术的发展，通过深度学习、海量数据以及评估反馈，人工智能很有可能自主实现广告智能创作。具体而言，就是结合产品情况和消费者洞察结果，采用自然语言分析技术比较不同广告策略的效果，进而提炼出有效的广告策略；实时分析广告的扩散效应，结合用户互动触点匹配模型进行广告创作；凝练归纳个性化广告内容智能创作算法，制作可供分类使用的大规模广告内容。

此外，未来有可能实现广告智能应对，即在广告投放后，人工智能将通过 PC 端、移动端、OTT 端等，实时监测消费者反馈数据；借助机器学习技术（层次聚类、神经网络、主成分分析等方法），结合行业经验并对相关文献进行分析，采取综合指标测评广告效果；采用强化学习和知识图谱方法，根据不同消费者的数据特征，总结个性化策略并做出实时应对，及时优化广告效果。与如今仍需要人工在后台编辑其决策逻辑的 DCO 不同，未来的智能应对将是全自动化的。

（三）5G 和 VR 丰富创意表现形式

目前程序化广告创意的内容形式以图片类为主，视频类和文字类都还在起步发展的过程中，然而 5G 时代的到来很有可能改变这一格局。2019 年被称为 5G 发展的元年，虽然未来 5G 究竟会给社会带来什么样的影响、会掀起什么样的营销浪潮还很难准确地预见，但还是可以发现一些端倪的。比如，5G 很有可能会推动移动视频营销实现跨越式发展。和 4G 相比，5G 不仅数据传输速度会提升 10—100 倍，这意味着视频素材的提取和加载过程会实现极大的优化，而且 5G 的增强移动宽带能够在保证移动性的前提下提升数据连接速率，这就确保了用户随时随地的流畅视频体验。[①] 所以在 5G 时代，对于用户来说加载视频和加载图片之间的速度差几乎可以忽略不计，视频类广告也就会拥有更高的点击率和更低的跳出率，这对当前以图片类为主要内容形式的程序化广告创意是一个重大的突破。除此之外，更高分辨率的 4K/8K 视频在 5G 时代也可以“点击即播放”。未来视频营销广告可能会有更多的表现形式，虽然这也意味着程序化广告创意需要不断更新素材库。

另外，5G 还有可能使 VR 营销的发展迎来新的转机，让 VR 类程序化广告创意登上营销舞台。VR 广告目前主要面临的问题是“视觉疲劳”“晕动症”和“恐怖谷效应”等技术瓶颈，以及设备普及程度及网络传播速度的制约，[②] 而 5G 的出现可能为解决这些问题提供网络技术支持。首先，5G 带来的移动高速网络使数据可以在云端进行储存和运算，产品硬件的重量体积被减小，硬件成本被降低，原本需要在本地进行数据处理的 VR 产品得以在形态和成本上大大“减负”，以更能被大众接受的价格和更轻便的形态出现，[③] 这就可以大大加快 VR 产品的普及速度。其次，5G 的高可靠、低时延通信性能能让用户不再因为时延过长而产生眩晕感，从而提高用户的使用体验。和其他传统媒介和表现形式相比，VR 的媒介吸引力和广告表现力都具有突破性，它可以把受众带入虚拟的广告情境中体验广告产品，提高受众对广告信息的接受度。最后，VR 类程序化广告创意不但可以利用数据和技术在 VR 场景下向目标受众准确推送相匹配的品牌信息，而且可以基于无缝互动体验挖掘用户的深度需求。如果 5G 真的能带来 VR 的大发展，那么 VR 类程序化广告创意将成为未来程序化广告的一个重要发展方向。

（四）区块链保证过程安全透明

在区块链去中心化的特性下，信息本身的价值得到凸显，各主体之间可以平等地进行信息交换和储存共享。区块链还具有安全性，在智能合约技术下，所有智能合约的内容和作用都能被用户知晓且无法被修改，数据读取方式公开透明，各节点信任成本降低，可信度较高。基于区块链自身的这些特性，企业在运用过程中可以更好地解决隐私、数据安全问题，也能够使得整个程序化购买过程更加安全透明。

在区块链技术的支持下，交易平台能够直接收集用户愿意分享的信息，这些信息更加真实、全面，使得用户画像更加清晰且立体，程序化购买环节中投放的广告效果也更好。从用户的角度来讲，在区块链的运用当中可以选择自己愿意给出的数据，隐私可以得到保护。基于区块链技术自身的特性，各项购买环节必须满足共同规定的协

---

① 5G 来袭，营销浪潮将涌向何方［EB/OL］.（2019-05-09）［2024-01-04］.https: //www.jie-mian.com/article/3112809.html.

② 萧冰 . 人工智能与大数据背景下广告领域的新发展与挑战［J］. 新媒体与社会，2018（2）：128-140.

③ 5G 来袭，营销浪潮将涌向何方［EB/OL］.（2019-05-09）［2024-01-04］.https: //www.jie-mian.com/article/3112809.html.

议才能达成，避免通道以外的技术干扰或恶意篡改数据，在程序化广告创意的整个过程中数据更加安全，双方数据也更加透明。数据与技术是实现程序化购买精准投放的基础，在用户数据安全与交易透明的前提下，整个程序化广告创意过程更加让人感到放心，从而得到更好的发展。

四、程序化广告创意面临的挑战

程序化广告创意面临的挑战主要包括数据壁垒、版权问题、技术与艺术的平衡以及其他伦理问题。

（一）数据壁垒

自程序化广告创意问世以来，数据便一直是其发展的基石。但是，在互联网营销领域中，数据是核心的竞争资源，各平台将数据视为自己的核心资产，认为从数据开放中难以获得直接利益，所以不愿开放数据，从而形成数据壁垒。从长远来看，创意数据与人群洞察数据的割裂势必会阻碍企业发挥数据的最大价值。

另外，尽管第三方代理公司和广告主都在搭建 DMP，但面对 BAT 巨头的数据垄断，企业内部缺乏对数据的统一集中管理。各部门产生的数据往往各自储存，由于他们对数据的使用方法不同，信息建设也不具备系统性，所以导致数据库之间无法兼容。而程序化广告创意只有基于多元场景的行为数据，才能更立体、多角度地挖掘需求、发展创意、进行智能应对。这种数据壁垒的存在阻碍了大数据的流动，必将对程序化广告创意产生不良影响。

短期内，数据开放很难有实质性的进展，找到各角色之间的利益平衡点是改变现状的关键。当各平台认识到开放数据才能带来更大价值时，在营收和利润的驱动下，数据开放和共享将迎来破冰。此外，应建立统一数据开放的标准和协议，达成数据安全和数据应用的平衡。

（二）版权问题

利用人工智能进行内容生产，主要是将网络上存储的数据内容挖掘出来进行整理加工，这便有可能侵犯他人的版权。如何优化算法，避免人工智能工具在学习过程中因引用雷同素材而造成抄袭，是未来需要解决的一大问题。

同时，人工智能作品的出现颠覆了人们以往对作者与版权、发明家与专利等带有人身性质的知识产权的相关认识。在人工智能平台，创意内容的所有者是使用者、机器，还是提供此技术的平台，目前尚无定论。版权归属问题还牵扯到更多其他问题，例如中国目前的《著作权法》明确规定享有著作权的主体必须是自然人，而人工智能不是法律意义上的“人”，其创作物不能成为作品，因而将不受版权保护。它们生成的大量内容将成为新类型的“孤儿作品”和“无主作品”，这既不利于激励新作品的创作和新人工智能的开发，也无益于保持著作权市场的合规性和稳定性。

（三）技术与艺术的平衡

美国广告技术服务商 Sizmek 的一份研究报告显示，有超过三分之二（67%）的欧美营销人员认为数字广告的增长损害了广告创意的质量，[①]对于广告中如何平衡技术和创意、艺术，一直是数字营销领域的一个重要挑战，也是很多人对程序化广告创意的主要质疑点。鹿班虽然为淘宝“双 11 ”做了 4.1 亿张图片，相当于 200 个设计师不吃不喝做 200 年，但是鹿班实验室的负责人也承认这并不代表鹿班可以取代设计师。相比于设计师，鹿班更像是一个“批量生产创意的工人”，因为鹿班并没有自己的艺术风格，它的工作基本上是对已有素材进行拼贴组合，在这 4.1 亿张图片里难以找到一张实现了对审美、艺术表达有所突破创新的作品。虽然程序化广告创意可以利用数据，根据用户的诉求和兴趣精准制作广告并且不断优化，但是想要做出能够直击用户内心的创意，仅靠数据和算法分析还是缺少温度的。所以程序化广告创意可能在未来很长一段时间内还将继续承受创意质量不高的质疑。

（四）其他伦理问题

和其他涉及人工智能技术的领域一样，程序化广告创意的出现和发展让一部分人开始担心它是否会导致广告创意人员失业。而在这些人的岗位被替代后，人类是否会随之而丧失创造能力，这是我们需要思考的问题。另外，程序化广告创意根据用户历史浏览数据提供相关信息，这可能导致用户仅仅接触某一范围内的内容，形成“信息茧房”，对用户产生一定程度的不良影响，如因过度接收同一类型信息导致难以接收到其他多样化信息，甚至使得用户变得视野狭隘、思想封闭、行为固执等。

广告创意是艺术，是人类文化的瑰宝。但广告创意面临两大问题，一是效果的不确定性，二是高额的成本，这都导致广告创意数量被约束，不可能对每个小的细分群体提供个性化的服务。但数字技术和大数据的运用，部分解决了程序化广告创意的局限性。程序化广告创意投放的优化模式非常有效地消解了效果不确定性问题，人工智能工具可以在人工创意的基础上，自动生成并实施个性的小众创意内容。所以，创意与技术不是二选一的问题，而是两者如何更好地契合以更有效实施营销传播的问题。

本章小结

程序化广告是指广告主通过数字技术和数据系统的支持，实现广告物料与在线流量的自动化精准拟合。相对于传统的广告投放模式，程序化广告有三个特点，一是精准，二是投放自动化，三是投放过程可控可调。程序化购买从根本上改变了传统广告“广而告之”的传播模式，营销传播开始向精准化转型。程序化广告有公开交易和私有交易两种类型。

① 67% 的营销人员认为数字广告损害了广告创意的质量［EB/OL］.（2018-12-04）［2024-06-18］.https://maimai.cn/article/detail?fid=940873266&efid=PMgLMR3Gv-bDOLbyHfrI4g.

程序化广告需要在由流量的供给方、需求方以及各种相关系统所组成的程序化广告生态中完成。其主要参与者包括流量所有方、广告主或代理商、需求方平台、采购交易平台、程序化创意平台、广告验证平台、监测分析平台、广告交易平台或供给方平台以及数据管理平台。

程序化广告投放分为前期策划、执行准备、正式投放和项目总结四个阶段。程序化广告投放要素可以总结为“MAC”三要素，主要包括媒体资源、投放人群和创意内容。程序化广告投放的基础设置主要包括出价上限、预算控制、频次控制、投放时间、投放速度等。影响程序化广告投放的主要因素包括预算、时间、定向和创意四个因素。

程序化广告的效果指标除了暴露度、到达率这些和传统广告效果通用的指标之外，常用的指标还包括投资回报率、独立访客数、跳出率、广告可视度、频次、TA浓度、互动率、回搜率等。

程序化广告创意是广告创意人员为不同类型的流量设定的不同广告元素，是创意人员与数据、技术和平台的协同整合。程序化广告创意面临的挑战主要包括数据壁垒、版权问题、技术与艺术的平衡以及其他伦理问题。

思考题

1. 数字营销是如何实现精准传播的？
2. 程序化广告投放与传统广告投放的区别？
3. 程序化广告创意是否意味着创意不重要了？

第五章　消费者洞察

学习大纲

- 理解消费者洞察
- 消费者洞察的发展过程
- 消费者洞察的一般方法
- 消费者洞察的发展新趋势

学习目标

本章将解决下列问题：

1. 什么是消费者洞察？
2. 消费者洞察的一般内容是什么？
3. 如何开展消费者洞察？
4. 消费者洞察实践中出现了哪些新趋势？

学习讨论

如何理解消费者洞察中的“洞察”概念？使用“洞察”概念背后的营销理念是什么？

开篇案例

多芬“真美”计划案例分析
——“作为女性，你对自己的容貌自信吗？”

一、背景

从1957年到2004年，多芬一直在从产品的角度做广告。2004年，面对宝洁等强大的竞争对手，多芬需要在品牌层面走出属于自己的差异化道路。多芬推出“真美运动”（Real Beauty），旨在扩大多芬对美的定义，证明“美的定义已经成为限制和不可实现”。多芬首先找来一组素人作为广告的模特，告诉女性，每个女人身上都有不同的美，简单真实才是最美的。2018年，多芬在“真美”理念的基础上，推出了新系列广告。

二、洞察

通过分析当代社会对“女性美”的评判标准，人们对美的感知很多时候被外界的评价所绑架，尤其对于有肌肤问题的女性而言，社会偏见让自我审视的眼光更为苛刻。而品牌希望跳脱“肤白貌白才是美”的刻板印象，鼓励中国女性向不良审美观念发起挑战，帮助女性缓解肌肤焦虑，从而获得自信和美丽。

三、策略

2018年，多芬在中国推出“肌肤如我 美敢不同”活动，希望告诉女性消费者不要被大众审美所绑架，肤白貌美不一定是美的唯一标准，“你的每一处肌肤问题，都是你的肌肤故事，独一无二。它们都是美的，不要因此而感到焦虑”。

多芬希望所有女性转换角度和思维方式，重新看待自己的肌肤，希望她们不管是对自己还是他人，焦虑的心态都可以得到改善。

四、执行

2018年，多芬邀请郭晶晶等六位杰出女性，分享她们在追梦路上肌肤的改变，树立“肌肤因经历而美丽”的新式审美。

2019年，多芬肌肤平权运动全面升级，号召女性勇于秀出自己的肌肤。多芬邀请艺术家曲家瑞在女性身上、脸上的瑕疵处绘画，用视觉启发女性克服肌肤焦虑，用艺术为女性立意，进一步阐释品牌理念：肌肤本身就是最本真的美。

为了更广泛地对社会审美施加影响力，多芬在上海曝光率最高的线下媒介——上海人民广场地铁站地铁艺术墙上举办了肌肤艺术画展。活动期间触动近350万人，女性肌肤之美的全新定义，就这样走入大众视野。多芬还打造了一间女性专属的快闪店，让女性朋友置身于多面玻璃棱镜中，360° 折射自己的多面美丽。

五、效果

消费者在分享自身肌肤问题的同时，大规模传播“肌肤如我 美敢不同”话题，从而达到品牌认同和产品种草的双丰收——阅读互动量节节攀升，创造超高达成率。活动期间，在全渠道总曝光量高达 823 243 522 次，总互动量达 2 474 734 次（数据来源：所有投放平台后台数据）。其中，微博热搜话题阅读数达 5 007.3 万次，讨论数达 4.7 万（数据来源：微博平台）；地铁站内投放 14 天触动将近 350 万人；网易 H5 互动中素人女性上传肌肤故事达 2 173 条。

（案例来源：https://www.digitaling.com/projects/77790.html；http://winner.roifestival.com/cn/winners/detail/bb18dnlm?year=2019）

第一节　消费者洞察的定义

洞察（insight）在《韦氏大词典》中有两个定义：第一，透视一种情境或形势的行动或能力；第二，探究事物内在规律的行为或结果。与“观察”相比，“洞察”一词更强调“深入”“透彻”，强调“透过现象看本质”。消费者洞察，需要做到深入、透彻，不能仅仅停留在较浅的描述层面。在中国的传统用法中，“洞察”一词，除了“透彻”之外，还强调“细致入微”“纤毫毕现”，比如冯梦龙在《醒世恒言》中所说的“天道昭昭，纤毫洞察”。消费者洞察，需要做到细致全面，察人之所未察。

消费者洞察是整个数字营销传播活动中的基础性、关键性环节，离开了消费者洞察，数字营销传播活动就无法顺利开展。

一、消费与消费者

（一）消费的定义和类型

广义的消费包括生产消费和个人消费。

生产消费是指生产过程中工具、原材料、燃料、人力等生产资料和劳动的消耗，它包含在生产之中，是保持生产过程连续进行的基本条件。个人消费指人们为了满足自己的需要而对物质、劳动和精神产品的消费，它是人类维持生存和发展、进行生产劳动的必要条件，是人类社会中普遍的行为和经济现象。在社会再生产过程中，生产消费和个人消费是完全不同的。如果将前者作为这一过程的起点，后者则是这一过程的终点，即个人消费是一种最终消费。

在进行消费者洞察时所提及的消费一般指个人消费。

个人消费具有自然性和社会性的双重属性。

1. 自然性

消费的自然性指人们消费生活资料及服务以满足自身生理和心理需要的自然过程。为了维持自己的生存和发展，人们需要消费一系列的物质资料和精神产品来满足各种生理和精神需求，如消费食品以消除饥饿，消费服装以抵御寒冷，消费电影产品以获得精神愉悦，这些都反映了消费的自然过程。

2. 社会性

消费的社会性指人们的消费活动不能脱离社会孤立地进行，总是受到各种社会关系、社会文化、媒介环境等的影响。个人消费行为总是带有鲜明的时代特征，在很多情况下，消费不仅出于维持自己生存和发展的需要，而且会出于社会交往的需要，比如群体归属的需要，展示个人的与众不同等需要。在符号学研究者看来，消费行为本身也是一种符号，能够表征人们的审美取向。

（二）什么是消费者

广义来看，每个人都是消费者。因为现代社会高度分工的特征，大部分的衣食住行都依赖他人的劳动才能完成。同时，每个人也参与消费品的生产或流通，帮助他人实现衣食住行。

不同的生产者，即企业、品牌，都有自己对应的消费者。此时，消费者就是指那些对某种商品或服务有现实或潜在需求的人。对于企业或者品牌来说，消费者可以分为实际消费者和潜在消费者。实际消费者指对某种商品或服务有现实需求，并进行商品购买或使用的活动的消费者。潜在消费者指目前还没有购买、使用某种商品，但在未来可能对其产生需求并购买或使用的消费者。通常而言，消费者潜在的需求状态是由于缺乏某种必备的消费条件，诸如需求意识不明确、需求程度不强烈、购买能力不足、缺乏有关商品信息等。一旦所需条件具备，潜在消费者随时可能转化为实际消费者。

在消费过程中，消费者不仅扮演产品或服务的直接购买者或使用者，而且可能是消费的倡议者、决策者和影响者。

二、消费者洞察

消费者洞察要解释清楚消费者购买行为背后的原因。

（一）消费者洞察的定义

从广义的角度讲，消费者洞察指各类主体对消费者心理和行为的分析活动。从狭义的角度讲，它特指企业、广告代理公司等市场主体通过研究分析消费者心理和行为来挖掘影响消费者购买决策的各类因素，从而为制定整体营销传播方案提供依据的活动。

（二）消费者洞察的一般内容

一般而言，消费者洞察由浅入深、由微观到宏观，会包含对消费者个体行为、个体态度的洞察以及对消费者群体文化特征的洞察。

1. 消费者个体行为洞察

消费者购买行为是指消费者为满足自身需要而进行的购买和使用商品的行为活动。市场营销和消费者行为学将消费者的购买行为概括为 5 个 W 和 2 个 H。

（1）who，谁在购买。

在购买过程中，消费者扮演的角色有所不同，有人充当决策者，有人实施具体购买行为，有人则是商品的使用者。比如在家庭中，母亲是儿童用品消费的决策者和购买者，而孩子则是商品的使用者。通过了解谁在购买，能大致描绘出市场的主要范围和特征。

（2）what，购买什么。

购买何种产品，这是消费者购买行为的核心部分。消费者不仅要决定购买哪一类商品，还要决定购买商品的具体品牌。比如，如果是购买学习桌椅，消费者就要通过品牌特征和优势来决定购买行为。通过了解购买什么，能大致描绘出市场的主要竞争态势和需求趋势。

（3）when，何时购买。

消费者在什么时间购买，往往决定了企业和品牌的市场节奏。这里的“when”还包含“时机”的含义，消费者是临时购买还是长期计划购买。一般而言，耐用消费品的消费决策时间较长，而快速消费品的消费决策时间较短，这些都决定了企业需要采取不同的销售策略。

（4）where，何地购买。

何地购买，指的是消费者在何种销售终端购买，包括线上线下两种渠道。以往，人们的购买渠道局限在线下，而今天，不同的电子商务平台给予了消费者更多元的选择。电子商务平台中的购买行为往往可以通过大数据来做出精准的分析，这是以往消费者研究所不具备的条件。

（5）why，购买目的。

购买目的指的是消费者的直接购买动机，包括直接的消费需求，对产品和品牌的评价等。比如，消费者购买学习桌椅，是因为家庭中的儿童入学就读所需。

（6）how many，购买数量。

购买数量能够反映消费者的实际需要、支付能力和市场供求情况。比如，在一些极端情况下，人们因担心货物短缺而购买大量的生活必需品，比如米、盐等。

（7）how，以什么方式购买。

这里的购买方式，在互联网时代主要指的是支付方式，包括线上渠道、现金渠道以及金融渠道的贷款方式等。

2. 消费者个体决策心理洞察

心理学认为，人们做出某种行为之前，都会经历一定的态度改变过程，比如接受刺激、产生需求、确定目标、进行决策等。消费行为也是心理决策过程的结果。

一般而言，对消费者心理的洞察包含以下几个方面：

（1）对消费者感觉和知觉的洞察。

消费者为什么喜爱某种商品或者服务，往往源于最原始的感觉和知觉。感觉是指感受器官对声、光、色彩等刺激物的直接反应，是客观事物在人脑中的主观映像，是消费者一切知识和经验的基础。知觉是指对这些感觉进行选择、组织和解释的心理过程。

（2）对消费者需求和购买动机的洞察。

有特定需求，就会产生相应的购买动机，这是对消费者购买行为最为直接的解释。在充分竞争的环境下，找准消费者真正的需求，并形成与消费者之间的有效沟通其实并不容易。本章开篇案例之所以能够斩获各类广告大奖，正是因为其提供了一种独特的洞察，看到了消费者真正的需求不是伪装的美丽，而是真实的自信和生活。

（3）对消费者态度改变过程的洞察。

从不知晓到喜爱，或者从喜爱到遗忘，这都是消费者对商品、服务或品牌的态度改变过程。数字营销传播活动，需要通过信息共享来改变消费者的态度，需要对消费者信息接收、信息学习、信息记忆以及情感变化的整体过程做出细致入微的洞察。

（4）对消费者自我概念和生活方式的洞察。

消费者对自我的认知和期许，会对其生活方式及消费行为产生深远的影响。对于品牌来说，长久的发展离不开对消费者自我认知和自我呈现的高度契合。在文化研究者看来，消费者往往不只是在消费商品，而是在消费符号。比如牛仔裤上的破洞是一种酷帅的符号，而简餐轻食则是健康生活方式的符号。

3. 消费者群体文化特征洞察

如果说消费者个体洞察强调细致入微的差异，那么消费者群体洞察则更倾向于把握消费行为的趋势和共同性。人是社会性的动物，人们共享的文化会导致类似的消费偏好和消费行为。

对消费者群体文化特征的洞察主要包含以下三个方面：

（1）对消费者人口特征信息的洞察。

消费者的年龄、性别、收入和职业等都会影响消费者的实际需求和文化偏好。在美国，人们就以出生年份的不同，将消费者分为 X 世代、Y 世代和 Z 世代。不同世代的人，由于所处的历史阶段各不相同，他们的媒介接触、商品喜好都会产生代际差异。

（2）对不同亚文化群体的洞察。

亚文化，指的是一个社会中同时存在的各类小众文化。这个概念起源于 20 世纪六七十年代的英国文化研究。到了今天，亚文化已经成为人们在现代社会中塑造自我、寻求归属感、开展社会交往的工具。不同的亚文化圈层，有着不同的消费偏好。

（3）对消费者参照群体的洞察。

参照群体，是消费者看重并希望在行为上进行模仿的群体。可能消费者自己并不归属于这一群体，却希望自己能够在各方面逐步具备这一群体的特征，表现在消费上就会出现模仿、依从等行为。

（三）消费者洞察的三个原则

一个好的消费者洞察，不仅能够全面描述消费者行为和态度的特征，还要揭示影响消费者行为和态度的各类要素，并解释清楚这些要素是如何对消费者发挥作用的。

1. 全面性

消费者洞察需要全面分析消费者的行为、态度和社会文化背景。如果仅仅是管中窥豹，得出的结论往往是不可靠的，还会对整体的企业战略产生误导。

2. 联系性

消费者洞察需要揭示社会文化、人口特征、独特的生活背景等对消费者行为和态度的影响。好的洞察，不能简单地罗列事实，而需要把事物之间的联系讲清楚。

3. 针对性

消费者洞察需要站在企业发展的角度，揭示消费者特定消费行为的发生规律。它不是泛泛而谈，而是根据企业具体的发展战略给出独特的观点。同一份消费者洞察报告对于不同企业来说，其价值也是不同的。

第二节　消费者洞察的发展过程和理论基础

一、消费者洞察的发展过程

（一）消费者洞察的初步发展阶段

19 世纪末到 20 世纪 20 年代，是消费者洞察的初步发展阶段。在这一时期，各资本主义国家尤其是美国在工业革命后劳动生产率大幅度提高，生产能力超过市场需求，一些企业开始关注如何刺激消费者需求和推销商品，推销术和广告术在这一阶段成为企业竞争的关键。

1899 年，美国社会学家索尔斯坦·凡勃伦在《有闲阶级论》（*The Theory of the Leisure Class*）中提出炫耀性消费的概念。他认为消费者之所以购买，并不仅仅因为自然需求，消费者购买时也不完全是理性的。1900 年，美国心理学家哈洛·盖尔的《广告心理学》（*Psychology Advertisement*）系统地论述了在商品广告中如何应用心理学原理以提升广告的宣传效果、引起消费者更大的兴趣。1903 年，斯科特《广告原理》（*Principle of Adertising*）进一步将有关理论系统化。1910—1914 年，德国心理学家闵斯特伯格的《心理学与经济生活》（*Psychology and Industral Effciency*）阐述了在商品销售中橱窗陈列和广告对消费者心理的影响。“行为主义心理学之父”约翰·华生的刺激反应理论（即 S-R 理论）揭示了消费者接受广告刺激与行为反应之间的关联，这一理论被广泛地应用于消费者心理与行为研究领域。

（二）消费者洞察的快速成长阶段

20世纪30—50年代，是消费者洞察的快速成长阶段。这一时期，西方世界经历了经济大萧条，亟须重振经济。企业为了生存和发展，必须将更多的精力投入到市场研究中去。越来越多的心理学家、经济学家和社会学家开始关注消费者心理和行为问题，这极大地推动了消费者心理和行为研究的发展。

二战结束后，世界进入和平发展时期。西方各大企业对消费者心理和行为的研究越来越感兴趣。1950年，美国社会学家梅森·海尔回答了一个著名的消费者心理问题，即“家庭主妇为什么不买速溶咖啡”。通过调查，他发现家庭主妇不买速溶咖啡，深层的心理动机是其对自我身份的认知。接受调查的家庭主妇认为，购买速溶咖啡的女人是懒惰的、生活没有计划的。海尔的发现不仅帮助品牌修改了产品定位，更推动了消费者研究向探索深层心理动机方向发展。在海尔之后，美国经济学家科普兰提出消费者的购买动机可分为感情动机和理性动机。同时，美国学者盖斯特和布朗进行了关于消费者品牌忠诚度的研究，他们试图找到促使消费者重复选择同一品牌的有效方法。

马斯洛著名的需求层次理论创造性地将人的需求分为五个层次：生存需求、安全需求、社交需求、尊重需求和自我实现需求，它们构成一个金字塔形的需求层次图。需求层次理论认为，只有较低层次的需求得到满足之后，较高层次的需求才会出现并要求得到满足。

（三）消费者洞察的发展成熟阶段

进入20世纪60年代，物质产品和精神产品开始变得更加丰富，对消费者心理和行为的研究也随之加速发展。1960年，美国心理学会正式成立了消费者心理学分支，确立了消费者研究的学科地位。到了20世纪60年代中期，美国不少大学都开始设立消费者行为学课程。

1968年，俄亥俄州立大学的恩格尔、科拉特和布莱克威尔合作出版了《消费者行为学》（*Consumer Behavior*）。同年，消费者研究协会（Association for Consumer Research）在美国正式成立。消费者心理和行为作为一个新兴的学科引起了广大学者的关注。

整个20世纪60年代是消费者心理和行为研究蓬勃发展的时期。美国密歇根大学研究小组提出了期望和消费者态度理论，哥伦比亚大学提出了人格影响理论，哈佛大学对于知觉风险的研究、中间范围理论、低度参与过程和高度参与过程的理论以及群体问题的研究等，都极大地丰富和发展了消费者心理和行为研究。

进入20世纪70年代，消费者心理和行为的研究进入成熟阶段，学术界形成了稳定的学术共同体。这一时期有关消费者心理和行为研究的文献数量激增，研究质量不断提高，研究方法也越来越科学。许多新兴科技，如网络技术、经济数学、行为科学、生理学、神经学和人类生态学等，被应用到消费者心理和行为研究中，研究内容和领域有了重大突破。

著名的消费者行为学研究专家J. 雅各比认为这一阶段的发展更加强调理论性和科学性，更加注重以消费者为中心，并开始探索宏观研究，从单纯记述变量和关系转向解释性研究和对因果关系的探讨，对行为科学的概念、方法的运用越来越精确，学科间的渗透与交叉更为鲜明。

（四）消费者洞察的广泛普及阶段

这一阶段，消费者心理与行为研究的范围从消费者本身扩展到了更广泛的领域，例如消费的伦理道德、生态环境、社会文化、相关法律法规等。一些研究者提出了消费社会的概念，他们试图探索这种消费文化背后的形成机制以及对普通消费者造成的负面影响。此外，消费者研究所涉及的学科领域也从原本的心理学、经济学、社会学扩展到了伦理学、文化人类学、法学、环境学等相关领域。多学科研究一方面促进了研究方法的多样化和学科成果的交融；另一方面，也使消费者研究的成果进入了更为广阔的学术领域。

二、消费者洞察的理论基础

（一）行为学习理论

行为学习理论认为，人们的行为会通过对外部事件的学习而发生长期性的改变。学习的过程，包括感觉、知觉、注意、联想、记忆等。

行为心理学创始人约翰·华生提出的“刺激—反应”（S-R）理论，把引起人们行为的因素称为刺激（stimulus），而把人们的行为称为反应（react）。“刺激—反应”模型认为由企业营销和其他社会环境因素造成的外部刺激会进入消费者的感觉和知觉，进而引起消费者的注意、联想，激发消费者的情绪，并产生相应的购买行为。

重复刺激（repetitive stimulation），能够强化人们的记忆。所以，在一些营销传播活动中，广告的重复次数是比较多的。不过如果仅仅只是重复某句广告语，其实不仅不会带来品牌价值的真正提升，还可能让一些消费者感到疲劳甚至反感。因此，营销传播活动仍然需要用有创意的表现来吸引消费者真正的注意并形成有效记忆。

刺激泛化（stimulus generalization）指的是类似的刺激会引起类似的条件反应。基于刺激泛化理论，一些营销传播活动会非常重视家族品牌的建立，或者延伸自己的产品线。现在运用得较为广泛的品牌联名，或多或少地契合了刺激泛化理论的内容。

游戏化理论（gamification）是一种前沿的行为学习理论，该理论的基础观点是人们通过游戏来学习的效果是最为显著的。① 在营销传播活动中，不少企业都从游戏中借用一些基本的原理，来吸引消费者的参与。最常见的游戏化营销传播活动，就是向消费者提供奖励，比如派发优惠券、设计会员活动、为忠诚的消费者提供虚拟的徽

① 宁昌会，奚楠楠. 国外游戏化营销研究综述与展望［J］. 外国经济与管理，2017（10）：72-85.

章等。

（二）需求动机理论

需求动机理论强调人们行为背后的内在原因，其基础观点是人们总是因为有一定的需求才会去实施相应的行为。

马斯洛认为人们的需求有层次之分，最低层次的是生存需求，接下来分别是安全需求、社交需求、尊重需求和自我实现的需求。根据马斯洛的理论，人们也把消费者对商品和服务的需求划分为不同的层次，并根据不同的需求来开展有针对性的营销传播活动。不过，马斯洛的需求层次理论也遭遇了不少挑战，不少研究者发现人们对不同层次的需求可能是同时存在的，而不是先满足较低层次的需求后才会想要满足高层次的需求。

情感理论认为情感和物质一样，是人类的“刚需”，并且对人类的行为产生直接的影响。营销传播活动中，人们越来越强调商品、服务或者品牌为消费者带来的“情绪价值”。比如“可口可乐”品牌的广告语“打开快乐”（open happiness）、“耐克”品牌的“只管去做”（just do it）等。而在对赴西藏旅游人群的调查中，研究者则发现，敬畏情绪发挥着促进消费者行为的重要作用。[①] 随着数字技术的发展，一些企业还会对社交媒体中消费者所表现出的情感情绪进行观察，从而进一步规划后期的营销传播活动。比如，当企业发现消费者发出的微笑表情符号比较少的时候，就会派发相应的优惠券。

（三）身份认同理论

身份认同主要包含了人们的自我认同和群体认同。自我认同，指的是人们对个体自我的理解。在生活中，人们都要回答“我是谁”的问题。一个人的自我概念是逐步形成的，其过程是从生理的自我到社会的自我，再到心理的自我。心理学家埃里克森认为自我认同是人格的本质，包含了对意识形态、角色和价值观的承诺。人们在自我认同的过程中获得自尊、寻求理想自我，还会建立自己的多重身份体系。消费也是构成自我认同的重要一环。通过购买不同风格的商品和服务，消费者确认自己的身份、爱好和审美理想。比如，青春期的男孩一般都会喜欢一些具有“男子气”的商品或者品牌。

数字媒体的崛起，使得人们获得了新的自我认同方式，这就是“数字自我”[②] 的出现。人们在虚拟空间中，通过不同的活动来塑造自我的形象，为新的自我赋予内涵，开展各种各样的社会交往活动。一些品牌敏锐地捕捉到了人们通过数字技术塑造新自我的新机遇，比如欧莱雅品牌就设计了线上化妆间，让人们可以通过虚拟空间看到自己的妆容。

---

① 田野，卢东，吴亭．敬畏情绪与感知价值对游客满意度和忠诚的影响：以西藏旅游为例［J］．华东经济管理，2015（10）：79-85.

② 谢玉进，胡树祥．网络自我的本质：数字自我［J］．自然辩证法研究，2018（5）：117-122.

群体认同，指的是人们对自我归属群体的理解。群体认同回答的是“我们是谁”的问题。传统的群体认同，包括性别认同、职业认同、地域认同等。在现代社会中，各类亚文化蓬勃发展，而数字技术的发展更使得人们相互交往的渠道大大拓宽，人们的群体认同越来越多元化。不同的群体认同，会催生不同的生活方式。找准人群和人群特征，成为很多品牌在营销传播活动中必做的功课。

第三节　消费者洞察的方法

随着技术的发展，消费者洞察的方式方法也在不断地扩充和延展。传统上的质性方法和量化方法，以及更为前沿的大数据分析方法等都能够为一份出色的消费者洞察报告助力。

一、消费者洞察的传统方法

（一）消费者洞察的传统质性方法

质性的消费者洞察方法（qualitative consumer research）是指以研究者本人为研究工具，在自然情境下采用多种资料收集方法对消费者进行整体性探究，使用归纳法分析资料、形成理论，通过与消费者互动对其心理或行为等问题获得解释性理解的各种方法。消费者洞察的传统质性方法主要有深度访谈、焦点小组、影射法和民族志法等。

1. 深度访谈

深度访谈（in-depth interview）指的是对消费者开展的较长时间的、多数情况下一对一的非结构化交流。在深度访谈中，问题一般都设计得较为开放，采用自由回答的方式，同时也会配合实物或者视觉材料，来刺激消费者表露内心的想法。

2. 焦点小组

焦点小组（focus group）是由社会学家默顿等人所开创和运用的方法，它适合于揭示对某一问题的群体反应。[①] 在消费者洞察中，焦点小组方法是指由一名受过训练的访问员负责组织 8—10 名选定的消费者一起对某个特定的产品或问题进行座谈，一般会持续交流 60 分钟以上。同深度访谈相比，焦点小组座谈的效率较高，受访者之间也容易相互激发灵感。不过在焦点小组中，个体表达容易受到群体压力的影响，且注意力容易分散。在实际工作中，可以根据不同的需要，选择深度访谈或者焦点小组方法来和消费者进行沟通。

---

① 胡浩 . 焦点小组访谈理论及其应用［J］. 现代商业，2010（26）：282.

3. 影射法

影射法（projective technique）是一种间接的访谈方法，它通常不直接就消费者对某一问题的态度进行访问，而是采取旁敲侧击的方式。影射法适用于了解消费者不太愿意直接表达情感、态度和动机的情况。比如，在对家庭成员进行访谈时，一般不会直接提问消费者对家庭成员行为的评价，而会用角色扮演的形式来进行间接提问，访谈员会举出某一个电视剧的角色，让消费者对这个角色的行为进行评价。

4. 民族志法

民族志法（ethnography method）源自人类学，是一种综合运用案例研究、实地参与式观察、访谈、影射技术和深描等方式的研究方法。使用民族志法研究消费者时，研究者要把自己作为一种研究工具，长期深入消费者的实际生活中，观察他们的行为、倾听他们的对话、与他们进行交流、搜集并记录与研究主题相关的信息和资料，再分别从主体和客体的角度，对消费者的言行进行深度描述和解释。民族志法能够揭示消费者行为背后复杂的心理动因，虽然耗时长久，但能提供与众不同的实证材料。

（二）消费者洞察的传统量化方法

量化的消费者洞察方法（quantitative consumer research）是指对消费者的人口统计属性、消费心理和消费行为等可以量化分析的指标进行测量和分析，以验证研究者的某些理论假设的研究方法的集合，主要有问卷调查法、固定样本调查法和实验法等。

1. 问卷调查法

问卷调查法（questionnaire survey）是从大量消费者中系统搜集资料的最基本方法。问卷调查法的核心是问卷的设计。从本质上说，问卷其实是研究者的测量工具。在调查开始之前，需要对问卷的内容做出反复的修改和确认，调查者要确保问卷具有效度和信度。和质性研究方法相比，问卷调查法的优势在于覆盖面广、效率高和针对性强，缺点在于缺少开放性和一定的深度。问卷调查可以通过面访、电话调查、邮寄调查、网络调查等方式开展。问卷调查法的运用，需要关注抽样的科学性，以确保问卷调查的信度和效度。

2. 固定样本调查法

常见的固定样本调查法（fixed sample survey）有日记调查、收视检测和零售稽核三种方式。除问卷调查法外，日记调查法也是我国应用较早的消费者研究方法之一。日记调查法，又称家计调查和家庭稽核，该方法通常抽取一些样本家庭，请这些家庭按要求记录消费日记以及媒体接触日记，调研公司定时收集日记并统计，形成报告。这些样本是相对固定的，日记记录往往要持续半年或一年，亦称日记固定样本（diary panel）。这些相对固定的样本一年后会替换其中的15%—20%。

3. 实验法

在消费者研究中，实验法（experiment survey）通常是指在改变变量（如产品品牌、价格、包装色彩和广告诉求方式等）的条件下，分析消费者态度或行为的变化情况。根据实验地点不同，可以分为实验室实验法和实地实验法两类。其中，在实验室环境中，外在的影响因素可以很好地得到控制，从而可以确定自变量是导致因变量变化的原因，具有很好的内部效度。在实地实验中，一些偶然的外界因素会对实验结果产生影响。但实地实验非常重要，它的结果更具有外部效度，即结果更能够推广到外部世界。实验法常用于市场测试研究，例如对新产品、新包装或价格变动等，在正式推广前，先在小范围内进行消费者反应实验，并收集消费者的评价和意见，作为市场决策的依据。

二、消费者洞察的前沿大数据分析方法

（一）大数据追踪和分析

人类历史上从未有过任何一个时期像今天一样拥有如此海量的数据。大数据追踪和分析技术的发展，使消费者洞察能够更为全面和精准。

1.Cookie 数据有助于洞察消费者行为

Cookie 是一种小型的文本文件，记录的是终端访问互联网时产生的信息。通过追踪 Cookie 信息来描述消费者的网络行为特点，是当前消费者洞察的基础方法。追踪 Cookie 信息需要得到用户本人的同意，在个人信息保护的法律框架下进行。[①]

利用 Cookie 追踪技术，企业可以查阅到消费者的上网历史、在某个网页的停留时间以及放入购物车的商品信息等。这为企业分析消费者决策和购买过程提供了科学的参考依据，帮助企业制定出更精准的营销传播策略。

2. 搜索引擎数据有助于洞察消费者兴趣和需求

通过搜索引擎寻找自己感兴趣和对自己有用的信息，这已经成为消费者普遍的行为方式。可以说，搜索引擎积累的数据，是最能够展现用户兴趣和需求的数据。

通过分析搜索引擎数据，企业可以揣摩用户需求，将相关产品或品牌展示给消费者，以此方式来吸引潜在消费者。搜索引擎在这个过程中起到了桥梁的作用，其把消费者的需求和企业的营销目标进行了有效的匹配。

百度等大型搜索引擎根据自身所拥有的数据资源，开发出了用户画像等消费者洞察产品，能够对消费者的消费偏好、消费趋势等做出科学的分析。

3. 社交数据分析有助于洞察消费者生活方式

Web2.0 技术开启了“用户创造内容”的新数字时代。在国内，微博、微信、抖音、小红书等社交平台，成为人们发现和塑造数字自我的空间。庞大的用户属性和社交行为数据使定向分析消费者喜好成为可能，企业可以运用特定标签锁定某一消费者群体。消费者在社交媒体平台上的关注、转发、评论、点赞和收藏等社交行为，都是

① 朱芸阳.定向广告中个人信息的法律保护研究：兼评“Cookie隐私第一案”两审判决［J］.社会科学，2016（1）：103-110.

进行消费者洞察的优质数据资源。

4. 电商数据分析有助于洞察消费者购买决策

网上购物已经成为人们新的生活方式。在每年“双 11”等营销活动中，电子商务平台的成交量都是非常庞大的。电商网站克服了传统消费中地理位置和时间的限制，在高效物流体系的支持下，商务交易可以在任何时间、任何地点发生，极大地满足了消费者的购物需求。电子商务平台在发展过程中，集合了社交、搜索等数字技术，积累了大量其他平台所不能积累的数据，比如消费者对商品的搜索记录、购买记录以及对商品的评价信息等。

在国内，淘宝天猫、京东等大型电商平台，都能够帮助企业实现每个商品的具体消费者群体分析，为企业开展精准的营销传播活动提供了有力的帮助。

（二）人工智能技术

基于自然语言理解（natural language understanding，NLU）的消费者洞察能够对大数据带来的大量杂乱无章的消费者信息和数据进行处理，通过非结构化文本数据分析来对消费者的特征进行认知、判断和理解，全景式地展现真实鲜活的消费者画像。

人工智能技术在数据收集和分析、识别行为影响因子等方面都有广泛的运用前景。在数据收集方面，人工智能技术可以帮助企业在多个平台、多个电商渠道收集销量、价格、商品评论等信息，为企业建立完整的消费者画像。在数据分析方面，人工智能技术可以通过标签概括消费者的特征，形成对消费者生活方式、消费需求等的合理推断。在识别行为影响因子方面，人工智能技术能够完整呈现数据之间的相关性，为企业分析消费行为的产生原因提供决策参考。

通过语音识别来开展消费者洞察，是人工智能技术近年来在营销传播领域的一项重要运用。在万物互联的时代，以语音为入口的营销传播方式正在影响着消费者的行为方式。通过语音互动，企业能够捕捉到更为生动的消费场景，并为进一步的消费者洞察构建基础。

本章小结

消费者洞察是整个数字营销传播活动中的关键性、基础性环节。从本质上看，消费者洞察是对消费者的研究。离开了消费者洞察，数字营销传播活动就无法顺利开展。

消费者洞察的内容一般包含消费者个体行为洞察、消费者个体决策心理洞察以及消费者群体文化特征洞察。一个好的消费者洞察，应该具有全面性、联系性和针对性。

消费者洞察可以采取传统的质性和量化方法，也可以使用前沿的大数据追踪和分析方法。人工智能技术现在也已经用于消费者洞察领域。

思考题

1. 消费者洞察是什么，其一般内容有哪些？
2. 一个好的消费者洞察有何特点？
3. 消费者洞察的主要理论基础有哪些？
4. 消费者洞察的前沿数字方法有哪些？

第六章　内容创意管理

学习大纲

- 品牌生产内容管理
- 用户生产内容管理
- 专业生产内容管理
- 专业用户生产内容管理

学习目标

本章将解决下列问题：

1. 什么是品牌生产内容，如何对其进行管理？
2. 什么是用户生产内容，如何对其进行管理？
3. 什么是专业生产内容，如何对其进行管理？
4. 什么是专业用户生产内容，如何对其进行管理？

学习讨论

数字营销内容创意有多种不同生产方式，品牌应如何有针对性地开展创意管理工作？

开篇案例

瑞幸如何通过酿酒生产咖啡

一、背景

截至2022年年底，瑞幸咖啡（Luckin Coffee）已成为中国最大的连锁咖啡品牌。

这家公司成立于2017年，总部位于厦门，曾于2017年10月至2019年5月在美国纳斯达克上市，后于2020年4月被曝业绩造假达22亿元。然而，瑞幸咖啡却凭借一个个营销传播战略逐步走出困境。2023年，瑞幸咖啡和贵州茅台联名推出“酱香拿铁”产品，造成了极为广泛的影响。

二、洞察

面对咖啡和国酒的联名，市场的第一反应是噱头多于实质。人们对于咖啡里面是否有真正的国酒茅台会提出各种质疑。品牌之间的联名不仅需要契合品牌本身的气质，更需要实现品牌价值上的1+1大于2。如何让联名活动取得人们的信任，这是数字化内容创意管理中最需要解决的问题。

三、执行

面对市场的质疑，瑞幸和茅台品牌通过品牌生产内容的创意管理，向人们展示了茅台酒倒入咖啡厚乳的生产短视频。这些短视频继续通过PGC和UGC进入更为广泛的传播场域，对于咖啡中是否真有茅台的问题做出了积极回应。

四、效果

咖啡联名国酒的营销活动催生了大量的PUGC、PGC以及UGC。同时，根据瑞幸官方微博发布的信息，“酱香拿铁”产品的首日销量达到了542万杯，销售额超过1亿元。

（案例来源：中国商务广告协会数字营销委员会虎啸奖组委会）

数字营销传播的内容，其概念范畴已经远远突破传统的广告。广告一般是由专业机构生产创作的；而移动互联时代，数字营销的内容呈多样化特征，不仅包括专业生产内容（PGC），还包括品牌生产内容（BGC）、用户生产内容（UGC）、专业用户生产内容（PUGC）、各种IP以及明星网红生产内容。

第一节　品牌生产内容管理

在移动互联传播生态下，大多品牌方拥有自己的数字媒介，如官方微信或官方微博等，因而品牌方自己生产内容变得越来越重要。

一、品牌生产内容的定义

品牌生产内容（brand generated content，BGC），在品牌刚开始利用社交媒体矩阵开展新媒体传播活动的时候，指的是“由品牌发起，直接通过其社交媒体页面共享的营销传播”内容，[①②] 但随着时间的发展，品牌生产内容也包含了广告代理商通过各个渠道分发的内容。

（一）品牌生产内容的传播价值

品牌生产内容包含品牌直接生产的内容和传统广告代理公司生产的内容。这些内容都由品牌方主导策划和投放。品牌生产内容，是对传统广告传播的大幅度扩容，因此具有不可替代的传播价值。

由品牌直接生产的内容更契合品牌理念，同时也更具有灵活性。通过运营社交媒体账号等，品牌能够建立起和消费者之间更为直接的联系，更为灵活地应对突发的公关危机事件。

传统广告代理公司生产的内容具有更强的传播专业性。由于一般的广告代理公司都有成熟的策略、创意生产流程，因此能够运用不同的创意工具、媒介形式以及媒介渠道来达成更具效率的沟通。

（二）品牌生产内容的产出方式

品牌生产内容的工作一般由品牌方内部创意部门或广告代理商负责。在实际操作过程中，品牌会从自身的营销目标出发，策划方案并制定指标，在一定的分工及预算基础上完成阶段性的素材创作、投放模式、产品服务以及数据沉淀，最后复盘总结，形成整个周期环链。

品牌方内部的创意部门，也被称为 in-house 创意代理团队。宝洁、百事、联合利华等国际巨头都设立了自己的 in-house 创意代理团队。in-house 创意代理团队融合了传统广告公司里的三个角色：客户服务、策划创意以及媒介投放，它的优势在于成本可控，能够精准掌握本品牌的数字营销目标、透明度，效率较高；劣势则在于规模较小，视野多局限在本品牌内部。

广告代理商，是传统的品牌内容生产者，广告代理公司在创意内容生产上具有专业优势。目前在全球遍地开花的创意内容生产热店大都凭借出色的创意生产和管理能力来拓展自身的发展空间。广告代理公司对于创意内容生产有着成熟的管理流程，那些令人耳目一新的“big idea”也往往能够为品牌赢得消费者的共鸣和赞赏。

二、品牌生产内容的创意管理

创意，是品牌进行内容生产的核心。重复的、狂轰滥炸式的信息投放，可能会在短期内引起消费者的注意，但很难在较长的时间段内塑造良好的品牌形象。在由海量信息构成的数字空间中，乏味的、虚假的、自说自话的、缺乏诚意的内容，只会被消

① DJAFAROVA E，BOWES T. ‘Instagram made Me buy it’：Generation Z impulse purchases in fashion industry［J］. Journal of retailing and consumer services，2021，59（4）：102345.

② KUMAR A，BEZAWADA R，RISHIKA R，et al. From social to sale：the effects of firm-generated content in social media on customer behavior［J］. Journal of marketing，2016，80（1）：7-25.

费者迅速抛弃。从传播学的视角来看，一切传播都是叙事，讲什么故事、怎么讲故事成为品牌在管理创意内容时所要考虑的最为基础的问题。

（一）共享故事

品牌的内容生产，不能只聚焦于品牌自身的故事，它需要从更广阔的视角出发，寻求品牌和消费者能够共享的故事。传统的广告创意生产，往往非常强调核心策略或者说核心的诉求点。但在数字时代，品牌需要赋予这个核心策略或者核心诉求点更强的分享性，让消费者能够加入品牌故事的讲述和分享，甚至将消费者本身作为品牌故事的主角。

Awaken Colour 是 OPPO 品牌在 2021 年为新产品 Find X3 制作的产品功能宣传影片。通过产品功能宣传影片来介绍新产品，这其实是最为传统的品牌内容生产方式。但创意能够让这种传统的方式，在数字时代发挥出重要的沟通功能。在 *Awaken Colour* 中，消费者一直看到的是神秘且美轮美奂的太空景象，一直到影片的最后，消费者才发现这些太空景象其实是由一位模特手持 OPPO Find X3 手机拍摄的。影片发布后得到了热烈的市场反响，同时也收获了包括 LIA 在内的诸多国际广告奖项。视觉效果当然是这支影片的亮点，但更为重要的是 OPPO 通过这支影片向消费者传递出了帮助拍摄高质量影片的坚定承诺。当消费者将自己代入影片之后，就会发现真正能够拍摄出优美电影的人是自己。因此，这支影片不仅仅是在讲述品牌的故事，也是在讲述消费者自己的故事，具有高度的分享性。

（二）共享行动

在数字时代，内容创意有时候可以通过行动来实现。一方面，品牌可以通过渠道分配、宣发引爆、传播推广等多种营销策略相结合，引导消费者的传播、分享、参与以及再创造，达到更好的营销效果；另一方面，品牌还可以通过创设传播事件，和消费者共同设计并参与行动，使品牌的传播更具有创造性。

2021 年戛纳国际创意节体育娱乐狮全场大奖 *Eternal Run*，就是一个通过共享行动来开展创意管理的典型案例。对于运动品牌而言，赞助某一场体育赛事，是常规的创意管理工作。不过，英国的运动品牌亚瑟士（Asics）却自己举办了一场跑步比赛（Eternal Run，见图 6-1）。这场比赛没有终点线，也没有裁判。在这场比赛中，参与的运动员会为自己设定一个基础速度，然后在美国犹他州的盐滩上一直奔跑，直到速度降到设定速度之下三次才会结束比赛。最后，亚瑟士品牌发现超过 70% 的参与运动员取得了远远超出自己预估时间的成绩。围绕这场比赛，亚瑟士品牌创作了一条 2 分钟的长视频、一条 1 分钟的品牌宣传影片和一条长达 10 分钟的纪录片。除此之外，这场比赛还吸引了大量新闻媒体的自发报道。在根据品牌方的统计，有关该活动的数字内容总共获得了 17.4 亿次的媒体浏览量；在接受调查的消费者中，有超过 70% 的人乐意选择亚瑟士品牌，超过 60% 的人乐意成为亚瑟士品牌其他产品的购买者。[①]

图 6–1　*Eternal Run* 海报

第二节　用户生产内容管理

用户生产内容，是 Web2.0 技术对人类传播格局最具颠覆性的革新成果。在数字营销传播领域，品牌的自说自话成为历史，用户拥有了创作自由，他们对商品或服务的评论，成为内容市场中的主要组成部分。

一、用户生产内容的定义

用户生产内容（user generated content，UGC）指的是由互联网普通用户生产的内容。用户生产内容的形式不局限于用户所制作的广告作品，评论、转发、分享、弹幕乃至留言等所有用户原创的内容形式都包括在内。

对于社交媒体平台，如 Meta、微博、抖音等而言，用户生产内容这种模式能够极大地调动用户表达的积极性，增强媒体平台的活跃度。但用户生产内容也存在良莠不齐的问题，需要通过制度建设完善法律法规，引导媒体平台向好发展；而媒体平台在度过扩张期后，也在不断改变策略，制定严格审核制度、设置投诉举报渠道及完善算法推荐逻辑等；用户的判断也能够过滤大部分的低质内容，让网络生态环境更为健康。

① ASICS. THE ETERNAL RUN［EB/OL］.（2020–5–27）［2023–12–30］.https://www.edelman.com/work/asics-the-eternal-run.

（一）用户生产内容的传播特征

用户生产内容的最大特征是高度的自发性、碎片化以及创造性。

1. 高度的自发性

自发性，是指用户的内容生产不受传统把关人限制，由用户个人决策。当然，随着时间的推移，有些用户逐渐成长为专业的内容生产者，其生产的内容可能变为PUGC（专业用户生产内容）。但大多数用户的内容生产都是自主决策的，不会经过专业的把关、审核等繁复的生产工序，随手记、随手拍、随手发是用户生产内容的常见状态。当然，用户生产内容具有高度自发性，不代表用户不必遵守法律法规以及平台内容的相关规定。在法律范围内，用户对内容生产具有高度的决策权。

2. 高度的碎片化

碎片化，是指用户的内容生产不作体制性的要求，在内容形式、创作方法、发布渠道上都呈现出多变和碎片的特点。在数字空间中，用户生产的内容不讲求形式上的完整，有时候仅仅是一句话、一张图片、一条短视频，就能够传递出丰富的信息。数字空间对这些碎片信息的包容，使得用户更具有创造的积极性。

3. 高度的创造性

创造性，是指用户的内容生产能够最大限度地展现普通个体的智慧。“UGC 充分体现出 Web2.0 的时代精神，即每一个体都有潜力贡献出有价值的信息，且赋予了有机会接触网络的人自我表达的话语权”①。个体力量的汇聚，使得数字空间不再是静态的固有知识空间，而是变成了动态的、始终处于发现、创造的生产空间。

（二）用户生产内容的传播影响

对于品牌的数字营销传播活动而言，用户生产内容的影响具有显著性和双面性两个特点。

1. 显著性

所谓显著性，指的是用户生产内容能够显著影响用户行为。2013 年，有学者整合了 Facebook（现 Meta）上品牌社区粉丝用户页面的数据，以分析营销人员互动内容和用户交易的相关性。通过对比 UGC 与营销人员生成内容，研究者发现 UGC 对用户购买行为的影响更强，②用户更愿意接受的是和自己一样的普通互联网用户的观点或者推荐。

2. 双面性

所谓双面性，指的是用户生产内容既可能帮助品牌更好地达成营销传播目标，也可能放大品牌在营销传播过程中出现的问题。用户的内容生产是高度自发性的，并且以碎片化的形式存在于评论、点赞、转发等行为当中。用户可以对品牌生产内容做出

---

① 赵宇翔，范哲，朱庆华．用户生成内容（UGC）概念解析及研究进展［J］．中国图书馆学报，2012（5）：68-81.

② GOH K Y，HENG C S，Lin Z. Social media brand community and consumer behavior：quantifying the relative impact of user-and marketer-generated content［J］. Information systems research，2013，24（1）：88-107.

正反馈，帮助品牌转发、生成符合数字营销目标的内容；用户同样也可以因为不满意的消费体验，对品牌生产内容做出批评，在评论、转发等行为中表达不满。我国一项针对旅游营销的研究表明，“普通用户生成的正面评论是潜在旅游者前往目的地的信心保证。如果用户对目的地的吐槽或差评较多，官方媒体或传统媒体所构建出来的美好形象可能随之被解构”①。

二、品牌对用户生产内容的创意管理

UGC 所带来的海量内容其实并不能直接用于营销，而过度改造 UGC，又会陷入伦理上的困境。同时，普通用户对用户创造内容的自发性有着较高的期待，如果用户生产的内容全部改头换面成有体系的数字营销传播内容，普通用户反而会丢失对品牌的信任、好感和忠诚。对于平台或者品牌而言，对 UGC 的创意管理，主要是赋予价值和响应互动。

（一）赋予品牌生产内容高传播价值

制造“爆点”是近年来不少品牌开展数字营销活动所追求的传播效果。“引爆点”（tipping point）这一来自记者、专栏作家以及社会研究者马尔科姆·格拉德威尔（Malcolm Gladwell）的理论，道出了品牌管理 UGC 的关键所在。

格拉德威尔认为，观念、产品、信息和行为方式，都会像病毒一样传播和流行开来。但流行是一种自发的行为，它需要一个引爆点。“爆点”不是凭空产生的，在格拉德威尔看来，传播意愿和传播能力都很强的联络员、内行和推销员是引爆一场流行的关键。②

如果品牌希望能够对 UGC 做出创意管理，就必须首先设置引爆用户创造内容的“爆点”，为数字空间创造出具有高传播价值的内容。“精品化、精致化、优质化内容以及基于核心品牌调性所输出的内容”③是品牌要完成的关键性工作。

能够引起用户主动传播的“爆点式”内容，具有以下几个方面的特征：

首先，能够引起用户主动传播的内容，是可以为用户提供印象管理价值和自我展示价值的内容。汽车、服装等类型的产品更容易获得用户的关注，这是因为用户可以通过分享与自我相关的产品来展示“自我定义和身份认同”。

其次，能够引起用户主动传播的内容，是可以为用户提供互动机会和情感价值的内容。2020 年 5 月，Bilibili 网站（以下简称 B 站）在五四青年节前夕发布了《后浪》宣传片，激发了大量的 UGC。“后浪”一词还在当年被《青年文摘》评为网络热词，被《咬文嚼字》评选为十大流行语之一。这一宣传片的主题就是向青年致敬，其文案

① 肖洋，梁江川 . 新媒体对旅游目的地形象构建的三种力量：OTA、UGC、DMO［J］. 旅游研究，2018（5）：5-8.
② 格拉德威尔 . 引爆点［M］. 钱清，覃爱冬，译 . 北京：中信出版社，2020：21-75.
③ 黄敏学，郑仕勇，王琦缘 . 网络关系与口碑“爆点”识别：基于社会影响理论的实证研究［J］. 南开管理评论，2019（2）：45-60.

“因为一个国家最好看的风景，就是这个国家的年轻人”，为年轻群体创造了极高的情感价值，而文案“那些口口声声一代不如一代的人，应该像我一样，看着你们”也引发了大量有关代际冲突的讨论和争议。

最后，能够引起用户主动传播的内容，是可以为用户提供放松休闲以及娱乐价值的内容。2021 年，蜜雪冰城推出了自己的广告歌曲，歌词不断地重复“你爱我，我爱你，蜜雪冰城甜蜜蜜”。这首歌的原版美国民谣 *Oh,Susanna* 也因为蜜雪冰城的广告歌曲，重新燃起了诸多网络用户的翻唱热情。这首广告歌曲并没有设置更多的广告信息，只是用欢快的旋律、简洁的歌词，唤起了人们分享欢愉的娱乐精神。

（二）维护和用户之间高强度的响应互动

即便有爆点，仅仅依靠一两条内容输出还不足以维持 UGC 的强度。对于品牌来说，深耕用户关系，是对 UGC 进行创意管理的长期性工作。

首先，品牌可以利用创造性的营销传播活动，设置以用户为主角的话题，引起用户参与互动的兴趣。这里的关键在于话题设置需要深入目标用户群体的内心。

2022 年，彩虹糖发起的营销活动，抓住了“这一届年轻人真的不好好说话吗”这一话题。作为近年兴起的新锐食品品牌，彩虹糖的内容营销一直将“与年轻人对话”作为核心策略。2022 年，彩虹糖以 Z 世代群体被污名化的“网络用语习惯”作为切入点，在青年人聚集地 B 站发起“不好好缩写 CHT（彩虹糖）”的营销活动。活动从品牌方“不说人话”开始，以“不好好说话迷惑大赏”“广告未必需要一条广告片，广告主角也未必需要讲人话”等为引导，吸引大批年轻用户参与内容生产。为了更好地引导用户生产，品牌方还在两方面做出努力：其一，品牌方始终在场，在传播全链不断插入对 social content 小短片的投放，维持 UGC 的热度。其二，针对 B 站的不同分区给出参考答案：“CHT”可以是“吃话筒”“超回弹”“丑河童”等。在用户的自发创作及传播下，更出现了五花八门的解读，整场活动最终也获得了超乎意料的营销效果。最终，此次活动在国际、国内取得了多项荣誉，如 LIA 华文创意竞赛单元金、银、铜奖品牌与用户联动的 UGC 模式得到了众多业界专业人士的认可。

其次，品牌需要高质量有潜力的意见领袖，这些意见领袖未必是某个领域的专家，但一定要具有高度的传播影响力。意见领袖成功的关键在于其内容的分享必须有诚意，而不是机械式的种草。

“Impossible is nothing”是阿迪达斯始终如一的品牌宣传口号。2021 年，阿迪达斯围绕这一口号发起“$0.015m^3\times39$ 个不可能的故事”（图 6-2），邀请了 39 位长期合作的 KOL，将他们与品牌的故事绘制成一条时间线，并定制了 39 张故事卡让大家“开箱”。这场活动带给参与者与观看者许多精彩有意义的故事，也启发普通用户记录并发布自己的“impossible story”到网上，整个活动的互动评论量超过 32 000 条。

图 6-2 阿迪达斯“0.015m³ × 39 个不可能的故事”show case

第三节 专业生产内容管理

“就 UGC 和 PGC 的发展历程来看，作为新兴产物的 UGC 并没有取代 PGC，甚至还存在一种向 PGC 过渡的趋势”①。品牌的数字营销传播活动也越来越重视 PGC，也就是专业性的内容生产。

一、专业生产内容的定义

专业生产内容（professionally-generated content，PGC），是指以在某些领域具备专业知识的人士或专家为生产主体，垂直深耕具有专业深度的内容生产模式。这一概念最早由国外研究者于 2012 年提出：谷歌收购 YouTube 之后，业界生态发生了一系列变化，对传统的媒体环境也产生了极大的影响，所以学者基于对其制度化变革的研究，提出了平台从面向虚拟社群的 UGC 转变为 PGC。②

（一）专业生产内容的传播特征

专业生产内容的最大传播特征就是专业性。同时，由于数字技术的赋能，更多的个人进入 PGC 领域，个性化和细分化也成为数字时代 PGC 的传播特征。

1. 专业性和权威性

PGC 的专业性，来自其生存需求。专业内容生产者从事该行业，一般“是因为工

① 胡泳，张月朦．互联网内容走向何方？——从 UGC、PGC 到业余的专业化［J］．新闻记者，2016（8）：21-25.

② KIM J. The institutionalization of YouTube：from user-generated content to professionally generated content［J］. Media，culture & society，2012，34（1）：53-67.

作需要或以此盈利、谋生。为保证内容质量和传播效果，PGC 一般采用专业化生产工具，同时在特定的场所内完成”[①]。一旦专业生产内容出现了问题，其受众就会流失。

PGC 的专业性，一般由其生产流程来保证。在社交媒体中，PGC 包罗万象，既包含传统的内容生产者，比如传统的新闻机构、电台电视台、调查咨询公司等，也包含从 UGC 逐渐成长起来的专业内容生产者，比如新兴的博主、主播、达人等。传统的内容生产者本身就熟知生产流程，在内容把关方面有着传统优势，而新兴的专业的内容生产者一般也都成立了专业的内容生产团队，逐渐具备了成熟完善的生产工序和流程。新兴专业内容生产者的流程可分为八步：制定主题、确定话题、分类素材渠道、制作内容框架、内容试水测试、调整内容、筛选内容并推广内容[②]，简单来说，即“选题—策划—制作—推广”。

PGC 的专业性以及严谨的生产流程，使其具有了一定的权威性，用户对其容易产生信任和忠诚。

2. 个性化与细分化

和大众媒体时代的 PGC 相比，数字时代的 PGC 带有更为浓郁的个性化色彩，其细分性更强。这与数字时代内容市场也出现长尾效应有关。无论多么小众的兴趣，在互联网中都能覆盖相当数量的人群。PGC 的细分，是一种自然生成式的细分，它是在互动中形成的，用户需求是 PGC 细分的指针。对于品牌而言，PGC 的细分用户都是富有画像意义的消费群体。

（二）专业生产内容的传播影响

PGC 的传播影响，主要表现在细分的垂直领域。专业生产内容的目标受众，一般而言都对某一专业领域有浓厚的兴趣，乐意获取这一领域的资讯和知识。

1. 在垂直细分领域的高度影响力

PGC 对垂直细分领域的影响，往往通过其专业化的内容来实现。如《中国国家地理》的影响力主要来自其独特的知识优势——“重构常识的举措频频得手，很大程度上得益于它的专业领域就是地理知识”[③]。PGC 还可以为消费者提供信息性和情感性的双重社会支持，这让用户产生了对这些专业化内容的信任感，也提升了用户的购买意愿。[④]

2. 通过粉丝社群发挥影响

在社交媒体的环境中，PGC 也可以通过社群提升影响力。不同的专业内容生产者作为意见领袖，积累足够粉丝社群后就能够以一种高效的方式产生影响力。由于意

① 廖佩伊 .UGC、PGC 的社交媒体内容生产方式比较［J］. 新闻研究导刊，2018（16）：98.

② 李明轩 . 运营有道：重新定义互联网运营［M］. 北京：机械工业出版社，2017：77.

③ 朱至刚 . 重构公众常识：专业媒体内容策划的可行路径：以《中国国家地理》为例［J］. 青年记者，2009（1）：84-85.

④ 张海霞，洪俊玲，曾燕纯 . 社交电商专业生产内容对大学生购买意愿的影响机理分析：基于社会支持理论［J］. 现代营销（下旬刊），2022（2）：58-61.

见领袖往往是具备较强专业知识、对产品涉入较深、与大众交互较密切以及具备一定社会经济地位的人，因此他们在促进用户购买方面有着其他说服性传播无可比拟的优势，这种力量往往比广告或人员推广的影响都要大。基于 Web2.0 的各种应用为意见领袖提供了发展平台，同时也为其提供了影响扩散的渠道。随着用户越来越趋向于借助网络搜寻产品信息，意见领袖凭借其对产品的熟悉和专业性，以及其在网络中展示的个人魅力，成为许多用户的信息来源。①

二、专业生产内容的创意管理

PGC 虽然具有较强的传播影响力，其专业性也能够获得用户的信任，但如果专业生产内容中出现了问题，其造成的影响也会较大。因此，对 PGC 的创意管理，需要兼顾影响力和安全性。

（一）充分契合专业生产内容的传播特征

对于品牌来说，选择 PGC 作为营销传播的载体，首先要考虑到品牌与专业内容的契合度。相对 BGC 来说，PGC 生产主体的可选品牌范围更广，受单一品牌理念的影响较小，能够更加重视用户体验，有时反而容易创作出好的作品。反过来，品牌也需要慎重选择合作方，由于 PGC 生产者自身特性鲜明，粉丝黏性强，在选择时也需要细分垂直领域，选择坚持在某一特定领域深耕的创作者对于营销效果来说是最重要的。

凡士林与爱德曼合作的案例 *See My Skin* 就是一个契合度较高的 PGC 营销活动。凡士林发现，在欧美国家，有色人种在自己皮肤出现问题时，只能在网上搜到寥寥可数的图片，无法知道自己患病的具体情况，所以会导致延迟治疗甚至造成皮肤癌等严重问题。基于此，凡士林和皮肤科医生、医学图书馆员、软件工程师和影像专家用了 3 年时间，开发了一个专门网站，探讨有色人种的皮肤病问题，为用户提供有关资料及咨询。该活动取得了 2022 年戛纳国际创意节的可持续发展目标狮金奖。

（二）避免过度开发产生风险

对 PGC 过度开发，会导致用户信任流失的问题。因此，在 PGC 的创意管理中，风险管控占据着重要的位置。

PGC 的用户，对于内容质量有着较高的期待和要求，一旦发现符合自己需求的 PGC 就会产生使用忠诚。因此，对 PGC 的创意管理，尤其需要谨慎。

一方面，在选题策划阶段，就需要考虑 PGC 内容管理的目的性。PGC 生产的形式可以是科普知识、好物测评、干货分享等，但是生产内容的目的是增强账号本身的可信度，还是树立良好的品牌形象，抑或只是为提高某一款产品的销量，都是在策划阶段就需要明确的问题。

---

① 梦非．社会化商务环境下意见领袖对购买意愿的影响研究［D］．南京：南京大学，2012.

另一方面，在具体呈现阶段，要在创新和风险规避之间取得平衡。复用或修改成熟内容的风险虽然较低，但缺乏新意，效果也会有所折损；而选择创新，成本的可控性、内容生产的周期与预期效果的评估都需要重新考虑，这也是内容营销总需要平衡目的与创意的根源所在。

第四节　专业用户生产内容管理

专业用户生产内容（professional user generated content，PUGC）是在PGC与UGC的概念基础上发展起来的。它的核心仍然是UGC，指的是业余用户的专业化。和UGC相比，PUGC的质量更高，传播可信度和影响力也随之提升。和PGC相比，PUGC的主体是那些尚未形成组织和机构化生产流程的普通用户。他们的传播特质仍然是自发的，而非体系化的。不过随着当前MCN行业的发展，PUGC和PGC之间的界限越来越模糊，不少主播、博主在经过一段时间的发展之后，就会将内容生产作为盈利、谋生的渠道，转而向组织化、机构化和体系化的方向发展。

一、专业用户生产内容的定义

专业用户生产内容这一生产模式是PGC与UGC之间一种聚合式的平衡形态，即在UGC内容质量相对较高时，逐渐向PGC靠拢而形成。

（一）专业用户生产内容的传播特征

专业用户生产内容在传播上能够具有高度的影响力，和平台设计的用户评价机制、用户培育机制有着密不可分的关系。因此专业用户生产内容兼具高互动性和准权威性两大特征。

1. 高互动性

相比UGC，PUGC的互动性更强，因为PUGC本身就是在高互动中产生的。在海量的信息环境中，普通用户如果希望成为达人、成为受到普遍认可和信任的意见领袖，一方面要产出高质量内容，另一方面要保持和普通用户间的高强度互动以获得持续的关注，甚至是获得内容产出的灵感和参考。

一些研究者将那些希望获得影响力的普通互联网内容生产者称为“自我创业员工”，并发现“PUGC社区中内容作者主动承担的粉丝笼络与维续的行为实际上已经化约为内容生产的一部分”[①]。

在PUGC这一概念尚未出现的时候，就已经有大量的普通用户，通过高质量的内容输出和高强度的粉丝互动，成为社交媒体中广受赞誉的意见领袖。一项针对知乎

① 田元．智识的协商：PUGC视频社区知识类作者的内容生产［J］．新闻界，2021（2）：75-84.

的研究指出，“在知乎社区，拥有知识和专业特长是成为意见领袖的必要条件，但是具有专业知识并不必然成为意见领袖，积极、认真、负责任的社区参与是意见领袖获得影响力的决定因素。在知乎这样的问答社区中，除非自爆为线下的名人或专家，否则用户的知识水平和专业性只有从其提问、回答或者专栏文章的数量和质量中得到体现，这也是其他知友选择是否关注该用户，或判定其为某一领域意见领袖的标准”①。

2. 准权威性

和 PGC 相比，比如在新闻生产领域，和专业的媒体相比，PUGC 的内容产出并不以权威性见长，但仍然具备一定的准权威性。这一方面是因为 PUGC 必须以过硬的内容赢得普通用户的信任，另一方面也是因为内容生产平台越来越多地介入 PUGC 的生产流程。

首先，严苛的用户评价机制使 PUGC 在内容生产上必须以真实性和权威性为标准。尽管 PUGC 的内容生产是自发的，但这不代表它不受内容权威性的审核。互联网上的内容权威性审核多由分散的用户以碎片化的方式完成，一旦有用户发现 PUGC 的内容并不真实、权威，就会通过用户评价机制对 PUGC 的内容生产提出批评，而这种批评性意见会直接影响到 PUGC 的生存。

其次，内容生产平台为了获得更大的发展前景和利润空间，也开始通过各具特色的 PUGC 培育模式来对 PUGC 的内容生产施加影响，这也对 PUGC 内容权威性的提升起到了正面的作用。在具体实践中，国外典型的 PUGC 媒体平台如 YouTube，会以广告分成的形式培育高质量的 PUGC，而国内典型的 PUGC 媒体平台如 B 站，会利用分区对 UP 主进行垂直细分，培育专业用户生产者。除 B 站外，知乎的“特邀 + 众测”模式、抖音快手的明星达人培养、喜马拉雅 FM 的草根播客品牌建设等，都能够帮助提升 PUGC 内容的质量和权威性。

（二）专业用户生产内容的传播影响力

PUGC 的传播影响，集合了 PGC 和 UGC 的特征。一方面，PUGC 在垂直细分领域的影响深远，拥有具备高黏性的粉丝社群；另一方面，PUGC 能够通过高度的互动，对更为广泛的普通互联网用户群体产生影响。

1. 在垂直细分领域的社群影响力

和传统的机构内容生产者相比，从普通用户成长起来的生产者具有更强的社群运营需求。因此，PUGC 能够通过社交媒体平台的推荐在垂直细分领域产生足够的影响，也能够通过社群以人际传播的形式产生链式反应，甚至直接产生经济效益。

“御儿（御之梦）”是快手百大品牌及快手音乐人，以制作精良的唯美古风微短剧为核心内容，受到了千万粉丝的喜爱。她的团队所制作的微短剧，每部在 10—20 集左右，每集时长约 3 分钟，剧情连贯紧凑、演员演技在线且服化道考究，能够带给用

① 王秀丽．网络社区意见领袖影响机制研究：以社会化问答社区“知乎”为例［J］．国际新闻界，2014（9）：47-57.

户较强的沉浸感。从御儿的个人主页作品数据可以看到，几乎每部剧的播放量都能达到上亿次，足见粉丝对创作者的认可。

而实际上，御儿最初的创作是源于对古风的兴趣，她的丈夫成为她的导演，两个人都并非专业人士。她的作品从一开始的古风 MV，到简单的段子模仿，再到精致的网络短剧，经历了一个漫长的过程。只网络微短剧一项，她便从 2018 年坚持拍摄至今，逐渐建立起了一套专业用户生产的模式。在内容质量过硬的支撑下，御儿创立了个人美妆品牌“御之梦”，与微短剧中精美的妆造相辅相成，有利于更好地将内容变现。

2. 通过高强度互动实现粉丝的高黏性

PUGC 的粉丝往往都具有高度的黏性，和内容生产者之间容易形成一种类亲密关系。粉丝对 PUGC 有着高度的信任感和忠诚度。

游戏圈其实是 PUGC 模式较为显著的一个领域。能够成为职业游戏选手的玩家寥寥无几，而光有游戏的开发者，生产内容也独木难支，但广大游戏玩家的客观市场需求又不容忽视，所以“游戏主播”这一类专业用户便有了存在的合理性。

“张大仙”作为王者荣耀的超人气主播，截至 2022 年年底，全网粉丝量已然破亿，也是游戏官方公认的“一哥”。他的主要内容生产方式为直播和短视频创作，实际上他和大多数游戏主播并无差异，他吸粉的“核心秘籍”在于幽默的风格、有创意的玩梗所带来的高互动性。

二、专业用户生产内容的创意管理

PUGC 在传播上的高互动性和准权威性，为品牌创造了兼具 UGC 特点和 PGC 特点的用户沟通环境。对于品牌来说，一方面要把握 PUGC 在垂直细分领域媲美 PGC 的高度影响力；另一方面把握 PUGC 在传播特征上保有的 UGC 本质，增强创意内容的互动性。

（一）把握 PUGC 在垂直细分领域的高度影响力

和一般 UGC 相比，PUGC 的专业性和高质量内容是其保有影响力的关键。PUGC 在垂直细分领域能够获得用户的信任和忠诚，意见领袖能够产生较为有效的影响力。在汽车、电子产品等消费领域，PUGC 的影响力更为显著。

沃尔沃 XC60 峡湾版上市的传播活动就对 PUGC 有着较多的运用。朗知传媒为 XC60 峡湾版设计了“回归北欧生活方式”的传播策略（图 6-3）。沃尔沃品牌的传播因此“以陪伴人们驰骋山海、自在探索为意图，与当前时代默契相合。行李架之上，除了必需的随行精品，更是一份平和的心态——别赶路，去感受路”[①]。在此次营

① 沃尔沃 XC60 峡湾版：慢慢来，把北欧理念搬进现实［EB/OL］.（2023-05-25）［2023-12-30］. https://www.digitaling.com/projects/252223.html.

销传播活动中，沃尔沃自身充当了一个 PGC 的角色，运用自驾的方式，通过 Vlog 对外传送信息。同时，该活动也在汽车之家、知乎等 PUGC 集中的平台进行传播，获得了良好的效果。

图 6–3 沃尔沃 XC60 峡湾版《北欧生活方式》show case

（二）充分运用 PUGC 的强互动特征

PUGC 自身的运营需要依靠大量互动来维持。因此，品牌在通过 PUGC 开展营销传播活动时，也需要充分开展互动，使创意能够成为用户真正产生观点、情感的媒介。在社交媒体技术的帮助下，企业自己的员工、品牌自身的用户都可能是 PUGC 主体，他们也被称为 KOE（key opinion employee，雇员意见领袖）和 KOC（key opinion consumer，消费者意见领袖）。

2022 年，新东方转型带货直播，其东方甄选直播间中的主播，就以特别的知识互动方式赢得了用户的认可。在“东方甄选直播间，主播自如地切换中英文，并赋予商品特定的文化和符号意义，完成特定的文化叙事……如卖一本，儿童读物，从成吉思汗扩张讲到十字军东征，再转而谈及苏轼惧内。卖大米，讲起苏轼的‘十年生死两茫茫，不思量，自难忘’。所以有粉丝在弹幕中表示，‘主播学识丰富，英语、历史、文学、哲学等知识信手拈来，其实不是在卖货，而是在讲课’”[①]。

本章小结

数字化时代，品牌对内容创意的管理远远超出了广告创意管理的范畴。品牌需要生产具有高度传播价值的原创内容，统筹 BGC、UGC、PGC、PUGC 等新兴的传播

① 李潇晓，刘林平．阶层偏好、文化资本与情感机器：东方甄选直播现象的数字民族志研究［J］．探索与争鸣，2023（1）：103-112，179.

渠道。BGC 生产内容更为契合品牌理念，也更具有灵活性；UGC 生产内容具有高度自发性、高度碎片化和高度创造性等特征；PGC 生产内容具有专业性和权威性以及个性化与细分化的特点；PUGC 生产内容具有高度的互动性和准权威性的特点。

思考题

1. 为什么品牌的内容生产，不能只聚焦于品牌自身的故事？
2. 品牌应如何管理用户生产内容？为什么？
3. 品牌应如何管理专业生产内容？为什么？
4. 品牌应如何管理专业用户生产内容？为什么？

第七章　搜索营销

学习大纲

- 搜索营销的概念及发展
- 搜索引擎优化的概念及方式
- 搜索引擎优化的重要方式：关键词营销
- “未来搜索”的突破和应用

学习目标

本章将解决下列问题：

1. 什么是搜索营销？
2. 搜索营销在近年来有哪些发展？
3. 什么是搜索引擎优化？
4. 搜索营销优化的主要方式是什么？
5. 未来的搜索会有什么创新之处？

学习讨论

搜索营销在过往、当下、将来分别都有什么主要方式和应用场景？

开篇案例

BMW——根据 IP 地址显示搜索结果，达成品牌的本地化细分覆盖

BMW 在美国的搜索营销采用激进的投放策略，即让旗下所有产品名称都置于搜

索结果的第一位，并在此基础上详细研究用户查询时可能出现的关键词组合方式，将有关产品名称的各种排列组合的关键词一并购买，并使之搜索结果排名也处于首位。

此外，BMW 与搜索运营商达成精诚合作，利用搜索引擎分 IP 显示关键词广告的功能，联合分散在全美各城市的经销商，进行当地市场的品牌精准传播。用户输入 BMW 产品的名称后，在结果列表首位展示的是 BMW 美国的官方网站，次位展示的是当地经销商的网站。如果用户的 IP 来自西雅图，第二位展示的结果则是西雅图的经销商网站。

BMW 的这一举措，首先实现了品牌的大面积覆盖，关于 BMW 的一切产品都排在搜索结果首位，在用户心目中树立了良好的品牌形象。其次，实现了品牌的细分覆盖，能够根据用户所属地区提供有针对性的搜索结果，为经销商的销售提供指导价值。最后，BMW 与经销商联合进行搜索营销，使得 BMW 的整体品牌形象得到高度统一，同时节省了各经销商各自为战带来的高额广告预算。

（案例来源：http://www.youpinhudong.com/wangluoyingxiao/20141022264.html）

第一节　搜索营销概述

一、搜索营销的概念及原理

在互联网飞速发展的数十年间，搜索引擎逐渐成为人们获取信息必不可少的工具之一，作为广告媒介的搜索引擎为品牌和产品提供了高效便捷的传播渠道，搜索营销也成为数字营销的重要组成部分。

莫兰、亨特认为，搜索营销是从用户在搜索引擎检索的结果页面入手，通过有选择性地呈现网站内容来推销产品的一种营销模式。[①] 冯英健认为，搜索营销是指用户在利用搜索引擎获取信息的过程中从信息源、信息索引数据库、检索行为和结果、用户判断检索结果、点击检索结果的各个环节中传递营销信息，以提升网站访问量、吸引潜在顾客关注。[②] 北京谷歌公司的李莎对搜索营销的定义是“利用搜索引擎营销网站以提高网站排名的一种营销技术”[③]。

在学界和业界对搜索营销的定义中，都将搜索营销视作吸引用户从搜索网站进入某个网站页面的方式，因而我们可将搜索营销定义为搜索引擎营销（search engine marketing，SEM），即根据用户使用搜索引擎的方式尽可能使营销信息触达目标用户

---

① 莫兰，亨特．搜索引擎营销：网站流量大提速：第3版［M］．宫鑫，等译．北京：电子工业出版社，2016：2-10.
② 冯英健．网络营销基础与实践［M］．4版．北京：清华大学出版社，2013：146-151.
③ 李莎．搜索引擎及搜索引擎广告现状研究［J］．广告大观（理论版），2006（3）：44-49.

的一种营销方式。这一概念最早由 GoTo 公司在 1998 年提出。① 在应用层面上，搜索引擎营销一般被视为网络营销的重要组成部分之一，用户会采取行动（如页面优化、投放广告等）来提升网站在搜索引擎结果页面中被关注的概率。

简单来说，搜索引擎营销就是用户通过改变自身在搜索结果页面出现的位置，利用搜索引擎来推广产品和服务的营销活动。

搜索引擎运行的全过程主要包括五个基本要素：资源、信息数据库、用户检索行为、检索结果和用户对结果的进一步行为，搜索引擎营销的核心逻辑就是通过干预前四个要素，最终提升用户在最后一步的动作实现率。在互联网上，常常用CTR（click-through-rate，点击通过率）来作为衡量这一动作实现的数据指标。

在实现目标的过程中，搜索引擎营销可以被概括性地分为四个层次：存在层、表现层、点击层和转化层。②

存在层的核心是用户在搜索引擎中的被收录率，其意义在于让尽可能多的网页在网站中被搜索引擎收录（而不仅仅是网站首页），也就是增加网页的搜索引擎可见性。进行搜索引擎登录使得信息被收录的方式包括免费登录、付费登录、搜索引擎关键词广告等。

表现层即在搜索结果中有良好的表现，具体表现为在被搜索引擎收录的基础上尽可能获得好的排名。由于用户的注意力有限，搜索结果中靠前的少量内容会获得更好的宣传和转化效果，所以广告主页也有必要利用关键词广告、竞价广告等搜索引擎优化手段在这一层面取得更好的效果。

点击层直接表现为搜索结果页带来的网站点击量 / 访问量增长。从实际场景来看，被搜索引擎收录并且排名靠前的广告，虽然可能吸引部分用户的注意力，但并不一定能增加用户的点击率，点击增长程度也与网站整体的优化设计、搜索关键词的关联度和关键词广告的投放设计等紧密相关。

转化层是指从点击基础上到企业收益的转化，具体可能表现为用户在该网站的消费、注册等。转化层是前三个层次的进一步提升，是各种搜索引擎方法所实现的效果的集中体现，但并不是搜索引擎营销的直接效果。从各种搜索引擎策略到产生收益，期间的中间效果表现为网站访问量的增加，网站的收益是由访问量转化所形成的，从访问量转化为收益则是由网站的功能、服务、产品等多种因素共同作用而决定的。因此，转化层在搜索引擎营销中属于战略层次的目标，其他三个层次则属于策略范畴，具有可操作性和可控性的特征，实现这些基本目标是搜索引擎营销的主要任务。

① EDELMAN B，OSTROVSKY M，SCHWARZ M. Internet advertising and the generalized second-price auction：Selling billions of dollars worth of keywords［J］. American economic review，2007，97（1）：242-259.

② 冯英健 . 网络营销基础与实践［M］.4 版 . 北京：清华大学出版社，2013：149-151.

二、搜索营销的现状与趋势

搜索营销是围绕着搜索引擎与搜索引擎用户运转的一种营销方式，搜索营销的发展趋势需要从搜索引擎及其运营变化说起。

搜索引擎的基础是被收录的网页，包括网页运营方主动录入的信息和搜索引擎方通过“爬虫”类工具抓取到的网页信息。[①]“爬虫”类工具就是模拟人上网的过程，向可以访问的页面发出请求并读取网页信息。随着互联网技术的不断发展，网站的架构逐渐复杂化，运营方式变得更多样化，对“爬虫”的运行要求也日益提高。比如相较于静态网页信息，获取动态网页时需要额外配合浏览器的渲染工具以达成更真实的模拟效果。同时，搜索引擎的“爬虫”要严格遵循网页的 robots 协议，即遵守网站的规定，爬取、搜集相关的内容和信息，不经过站点同意的操作将可能引发法律纠纷。

随着互联网的不断发展，用户注意力已成为被各方争抢的“稀缺资源”，搜索引擎的运营方式和商业逻辑也发生了改变。一些网页设置“拒绝爬取”的机制来保护自身的信息安全，即在网页的 robots 协议中规定“爬虫”不可收集，并只向指定的搜索引擎网站公开采集权限。例如，微信公众号的 robots 协议就只向腾讯收购的搜索引擎“搜狗”开放，拒绝了其他几乎所有网站的“爬虫”访问。因此，在百度或谷歌等搜索引擎中无法通过搜索获取微信公众号的相关内容。相似地，如淘宝、抖音等内容大节点也做出了类似的处理，只允许站内搜索而拒绝百度等的外部搜索引擎。

但拒绝外部搜索引擎并不意味着这些站点放弃了搜索引擎营销，恰恰相反，这些站点正是意识到搜索引擎营销的重要性，从而开始着手建立自身专属的搜索引擎营销。当一个平台自身的用户量和信息量都达到较大量级时，其拥有的数据价值就会十分可观，倘若允许第三方搜索引擎轻易地抓取信息，平台就失去了数据资源上的优势。平台可以借助已有数据和技术手段归纳出用户的浏览习惯，并有针对性地进行信息推送，数据算法能够创造的价值已经超出了以往仅靠信息展示而获得的利润。随着流量本身的利益属性越发显著，曾经作为品牌广告主的内容大节点也孵化出自身站内的搜索引擎，并复制搜索引擎营销的营利方式，将结果列表的位置优先权出售给内容提供方。

从国内网站的总体生态来看，随着内容大节点平台的发展，以百度为代表的传统搜索模式正遭遇挑战。在平台方各自为营的生态下，虽然互联网的封闭性被加剧，但其精准化却得到加强，各平台的功能定位也越发清晰。搜索引擎营销本身并没有衰弱，反而变得更加强势，并呈现出定义宽泛化、方式重数据的特征，平台方的站内搜索也成为搜索引擎营销的重要阵地。

① 孙宏，李戴维，董旭阳，等．搜索引擎技术与发展综述［J］．计算机光盘软件与应用，2012（14）：24-26.

第二节 搜索引擎优化

一、搜索引擎优化概念

搜索引擎优化（search engine optimization，SEO），是搜索营销的一种基本模式，指利用搜索引擎规则提高网站在自然搜索结果中的排名位次。

通常，网页广告主可以通过修改其网页代码，如修改标题标签、元标记、链接或页面的其他区域，以使得搜索引擎算法识别该网站时会给予其更高的分数，并使其能被多种搜索引擎规则检索到，从而提高其在搜索结果网页中的排名。搜索引擎优化又被细分为网站内容优化、关键词优化、外部链接优化、内部链接优化、代码优化、图片优化、搜索引擎登录等。通过这些方法，企业不需要向搜索引擎供应商支付额外费用，就能使自身的网站链接被收录在目标搜索结果页靠前的位置。

网站内容充实在某种程度上可以说是搜索引擎优化的基础。一方面，搜索引擎自身的抓取技术会将网页内容、丰富度等作为判断网页质量的辅助标准，且子网页数也无形中增加了搜索引擎对广告主网页的收录；另一方面，增加网站内容也可以满足用户的信息需求，提升新用户的转化率。

二、搜索引擎优化方式

关键词优化是一种较为常见的搜索引擎优化方式，这种方式主要是为了提升用户在搜索时命中广告主内容的概率。一般来说，选取关键词的策略主要有以下几个标准：第一，关键词内容需要和广告主自身产品或网页内容有一定的相关性。第二，把握关键词的热度和属性，关注内容相关词在搜索引擎近期被搜索的热度，作比较后选定。第三，合理排布关键词，关键词在内容中的位置、密度等对搜索引擎的计算方式也会有所影响。举个例子，当某位广告主在搜索引擎中投放“帐篷”相关的广告时，在标题中选取“露营”这一当下时效性和讨论热度都较高的关键词可能就会比“户外”这样的词获得更好的搜索效果，但“防潮”这样功能性的关键词可能也会给商品带来一定的搜索转化流量，多个词的选择应当兼具热度和属性多样化。值得注意的是，过度优化关键词也可能会带来一定的风险，比如当广告主在发微博时为了得到更高的曝光量，会带上与其内容相关度较小但却是当时的热门话题的内容，这一行为可能会引发用户的反感，从而导致无效曝光甚至降低其品牌口碑。就关键词优化来说，挖掘长尾词已经成为搜索引擎优化营销中非常重要的长期工作任务，可以借助搜索引擎和诸多聚集社交舆论的平台来寻找热点或目标群体关注的话题和关键词。许多第三方工具也会提供相关的搜集功能和运营策略。

外部链接优化是面向以链接指向为评分标准的搜索引擎算法的一个针对性方式，搜索引擎一般会认为外部链接较多的网站其重要性也相对较高。但是，不是所有链接都是绝对公平且有正面效应的，如果导向了垃圾网站很可能会触发反作弊机制，带来负面效果。提高网站排名对于外部链接也有一定要求：一是链接文字和自身关键词具有一致性，二是外部链接指向网站的水平质量要有所保证。

内部链接优化有助于搜索引擎找到更多站内关键词并迅速呈现网站结构，使用户更容易找到所需的确切信息，避免出现流失现象。内部链接优化还能用适当的引导性词语让意向用户点击并进行咨询沟通。

代码优化即内部结构优化，主要是针对搜索引擎抓取算法而言的。早期搜索引擎对于动态网页和框架结构网页的抓取能力还不够“及时化”，越扁平的结构越容易被搜索引擎收录并加入排名，比如可以将其放在二级目录，并将受到广泛关注的链接放在容易被找到的位置以增强权重的积累。但是随着技术的发展，这一现象基本已经得到了改善，现今的优化主要是为了网页结构的合理性及运行的流畅性而服务的。

搜索引擎登录一般是针对新发布网站的优化方式，主要实现逻辑就是在网站新发布后或访问量较低的网站进行内容更新后，主动提交内容到搜索引擎的信息数据库中。不同的搜索引擎有不同的开放模式及登录地址，有一些搜索引擎可能会对登录行为进行收费，用户可以根据需求进行选择。

一方面，搜索引擎优化技术可以通过提升用户触达率来帮助广告主更高效地吸引和转化潜在用户；但另一方面，搜索引擎优化技术也是在通过人工干预来操纵和修改网页的自然排名，甚至会有被识别为“作弊”的风险。总体而言，搜索引擎优化要求实施者在操作的同时坚守真实性和搜索引擎本身的规范性，这一技术在给互联网市场带来新机遇的同时也带来了一定的挑战。

每个搜索引擎都有自己的算法与要求。也就是说，互联网网站针对某一搜索引擎所做的优化可能并不适用于其他引擎。例如，要想在谷歌搜索结果页中取得较好的排名，网站应清晰、准确地描述内容，不能涉及交叉链接；而要想在雅虎搜索结果页中取得较好的排名，网站应包含交叉链接设计。这些都导致广告主在进行搜索引擎优化时比较复杂并且花费巨大。另外，搜索引擎排名并不是静态的，也就是说，搜索引擎优化是一项持续性的工作，在进行优化时需要根据市场动态作出及时的反应与调整，才能保持自身在搜索结果中的排名。

第三节　关键词营销

与增加自然搜索结果的搜索引擎优化相对的是关键词营销。关键词营销又被称为付费搜索营销，是一种通过各种手段增加网站付费搜索结果的技术。[①]

顾名思义，关键词是这一营销方式的核心元素，广告主希望用尽量低的价格获得最好的位置，这就涉及对拍卖机制和出价策略的研究。在这一模式下，作为广告主的企业根据自身产品和服务的特点向搜索引擎提供商购买关键词。当用户输入已经被企业购买的关键词后，搜索结果页的推广区域（一般是列表前几位中的某些位置）就会出现广告主提供的网页链接。

关键词广告根据收费机制分为定价排名和竞价排名两种。

定价排名是指以一定价格将广告主链接放置在固定位置的一种方式，根据时间段固定收费，在合同期内保持不变，一般前三个位置固定价格较高，后面位置上的企业链接会依次轮换显示。有学者指出，根据追踪用户浏览搜索结果页面时的眼球运动，无论是在推广链接区域还是在自然排名结果中，最靠前的三个链接获得的点击率都是最高的，并据此提出了“金三角区域”概念。也就是说，对于付费搜索广告而言，较前的位置才有可能带来较好的转化效果。但考虑到较前广告位的费用也相对更高，所以从性价比而言，第一位虽然可能具备最高的点击率，却不一定能获得最高的利润。

竞价排名是指广告主通过关键词拍卖来竞争网页链接的出现位置。比如说当多个竞品广告主都想为同一个关键词付费时，则按照付费最高者排名靠前的原则进行收费。目前，竞价收费也出现了按点击效果收费的方式，即按照广告价格和带来的实际点击率两个因素共同决定最终的费用，这一方式避免了恶性竞争或搜索引擎方恶意抬价的问题。比如，百度竞价排名是百度在国内首创的一种按效果付费的网络推广方式，用少量的投入就可以给企业带来大量潜在用户，有效提升企业销售额。每天有超过 1 亿人次在百度查找信息，企业在百度注册与产品相关的关键词后，就会被主动查找这些产品的潜在用户找到。竞价排名按照给企业带来的潜在客户访问数量计费，企业可以灵活控制网络推广投入以获得最大回报。目前，竞价排名已成为常用的收费机制。

现有的一些工具已经开始使用机器学习算法协助广告主进行关键词竞价预测，这让广告主更有效地对关键词组合进行管理并且避免出价过高而造成损失。还有一些营销工具也协助广告主进行投放，比如百度推出的搜索引擎营销工具中就有自动竞价功能，即根据广告主设定的最高价自动挑选关键字的最佳位置；同时还建立产品分类，实现不同关键词分组管理，当广告主购买的关键词排名下降时，搜索引擎营销工具会适时进行提醒。

随着关键词营销的发展，如百度搜索引擎在为大品牌企业的服务过程中，形成了特有的广告展示方式，即“品牌专区”模式。按照大品牌企业的要求，将近期要发布

① 莫兰，亨特.搜索引擎营销：网站流量大提速：第3版［M］.宫鑫，等译.北京：电子工业出版社，2016：2-10.

的详细信息展示在左侧结果列表首位，并在右侧赞助商链接的位置展示与其一致的品牌图形广告。这一模式对大品牌企业而言，一方面能够满足其付费搜索广告的精准信息传播需求，另一方面也能够满足通过图形广告树立品牌形象的需求。如，当用户在百度搜索引擎中搜索“兰蔻”时，搜索结果页最上方就是图文并茂的兰蔻商城产品卡片，广告主拥有这一栏目内容的编辑权限，对应不同时期的主打产品对展示内容作出适配化的自主调整。

值得注意的是，搜索引擎在提供关键词营销服务的同时也不应完全忽视广告主网站的质量及性质，如百度“魏则西事件”就是活生生的反面案例，过分干预搜索结果，疏忽辨别网站信息真伪，都会给广告主和用户带来负面的结果。

第四节　未来搜索

一、未来搜索的产生背景

2022 年 11 月 30 日，美国 OpenAI 公司发布人工智能聊天机器人 ChatGPT，引发社会各界广泛关注。同以往被用作商品定价、组装产品、医疗诊断、信息推荐、人脸识别或绘图等单一功能且多面向特定用户的人工智能系统不同，以 ChatGPT 为代表的内容生成式人工智能（artificial intelligence genereted content，AIGC）在通过程序创造新内容方面实现了突破。普通用户可通过 ChatGPT 输入指令（prompt），生成用户所需的内容，包括文字、图片、代码、音乐或视频等。ChatGPT 是基于自然语言处理的聊天机器人技术，可以根据用户输入的提问，通过自然语言进行回复，使用深度学习技术模拟人类聊天行为，与用户对话。内容生成式人工智能将显著改变人类的工作方式与交互方式，激发创造力，甚至可能实现以往无法想象的壮举。ChatGPT 上线第一周即拥有 100 万用户，两个月的时间吸引活跃用户数量破亿，在全球掀起讨论热潮。

作为一种新兴的人工智能技术，ChatGPT 已经在各个领域中得到了广泛应用。在搜索引擎领域，ChatGPT 也有着很大的潜力，甚至有望颠覆未来搜索市场。2023 年 2 月 8 日，微软宣布推出 new Bing，开启 ChatGPT+ 搜索模式，谷歌、百度、Opera 等纷纷跟进。该模式相对于传统搜索，主要优势在于通过整合文章、抓取网络信息，为用户提供实时性的答案而非简单罗列结果，极大提升了用户的使用效率，改善了用户的搜索体验。

二、未来搜索相较传统搜索的优势

（一）个性化搜索

ChatGPT 可以根据用户的搜索历史、浏览记录和其他行为数据生成个性化的搜索结果。这意味着未来的搜索引擎可以更好地理解用户的需求，并为他们提供更准确的结果。例如，如果用户搜索“最好的旅游目的地”，ChatGPT 可以分析用户的地理位置、旅游偏好和预算，为他们提供具体的建议。

（二）自然语言搜索

传统搜索引擎通常需要用户输入关键词来获取结果，但随着 ChatGPT 的出现，未来的搜索引擎可以接受自然语言输入，并以自然语言方式回答用户的问题。这将使搜索更加智能和人性化，使用户能够更轻松地获取所需信息。

（三）搜索引擎优化

ChatGPT 可以通过分析大量文本数据来了解用户的搜索行为和偏好，这为搜索引擎优化提供了更多机会。未来的 SEO 策略将更注重语言处理和内容优化，以更好地适应 ChatGPT 的算法。

（四）搜索结果的可信度和可靠性

ChatGPT 可以用于自动化生成和编辑文本内容，这可能导致未来搜索引擎中存在虚假信息和误导性内容的风险。因此，搜索引擎的开发者需要采取一系列措施来确保搜索结果的可靠性，如人工审核和限制自动生成内容的使用。

三、未来搜索 new Bing 应用初探

（一）核心功能升级

与之前的版本相比，微软 new Bing 的核心升级点包括：完善 search 功能，new Bing 在页面右侧能够直接回答用户输入的问题；新增 AI 聊天助手 chat 功能，new Bing 能够自创原本不存在的内容；将 new Bing 的 AI 功能整合至 Edge 浏览器。

1. 升级 1：search

微软优化后的 search 功能可以直接回答用户的问题。由于 new Bing 需要根据自然语言显示结果，因此其搜索框接受上限扩展至 1 000 个字符，在一个典型的场景中，用户输入“compare the most influential Mexican artists and their top paintings”后，在搜索框的下方会显示正常搜索的结果，而在右侧 new Bing 则会开始编译答案，并提供资料链接。与传统的搜索结果相比，new Bing 能够为用户直接提供整理好的精简结果。此外，微软表示，虽然 new Bing 不能每次都能精确完成问题的回答，但是仍然能够为用户提供有用的信息。微软在右侧生成答案的上方添加了一个快速反馈的按钮，从而能够根据用户的反馈持续学习。见图 7-1。

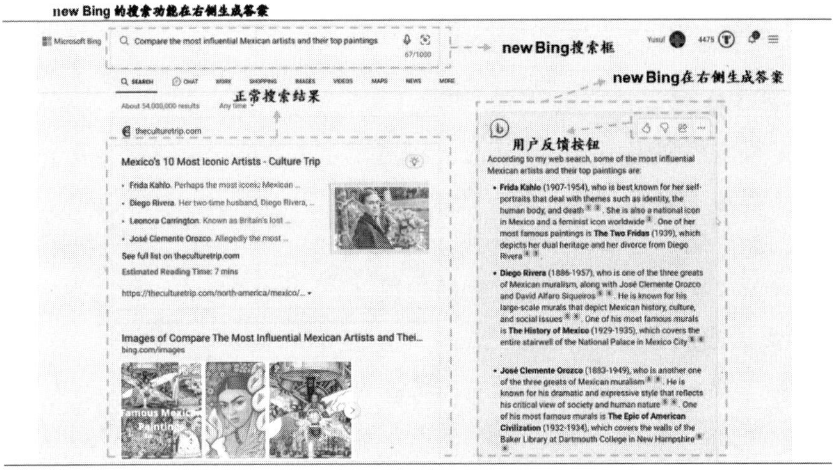

图 7–1　new Bing 右侧生成答案界面

2. **升级 2：chat**

除了搜索功能外，用户还能使用 chat 功能修改优化查询的结果。在一个典型的场景中，用户在搜索框中输入“top selling 65-inch TVs”，则搜索框下方会出现网络搜索结果，右侧为 new Bing 编译好的答案。而后用户再点击 chat 功能，便能够进入一个全新的页面。chat 功能类似于 AI 助手，在 chat 页面的搜索框中最多能够输入 2 000 个字符，便于用户能够更好地描述问题。同时，chat 能够记住交流的所有背景，即具有上下文理解的能力，这时用户只需要输入“which of these best for gaming”，chat 便能够理解用户在寻找最适合打游戏的 65 英寸电视，从而通过持续提供答案来满足用户的需求。见图 7–2。

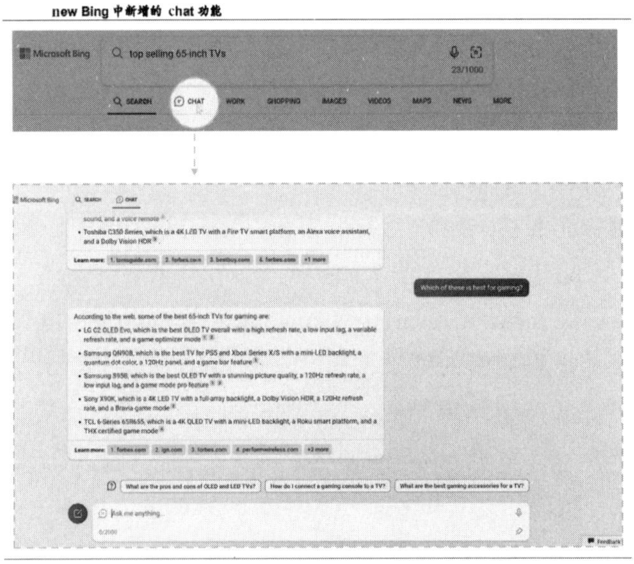

图 7–2　new Bing 的 chat 功能界面

3. 升级 3：create

当用户搜索的内容不存在时，new Bing 也能创造灵感。create 能力内嵌在 search 与 chat 功能下，创造出原本不存在的内容。比如 new Bing 能够生成去墨西哥的旅游计划，并将该计划翻译成不同的语言，并以电子邮件的形式呈现出来，方便用户将其寄送给家人。如果用户正在计划家庭活动，new Bing 还能够为用户生成一些小游戏，比如关于 20 世纪 90 年代的音乐问答。此外，new Bing 还能够根据用户的喜好（是否是素食主义者，是否坚果过敏等）生成饮食计划。见图 7-3。

new Bing 能够创造原本不存在的内容

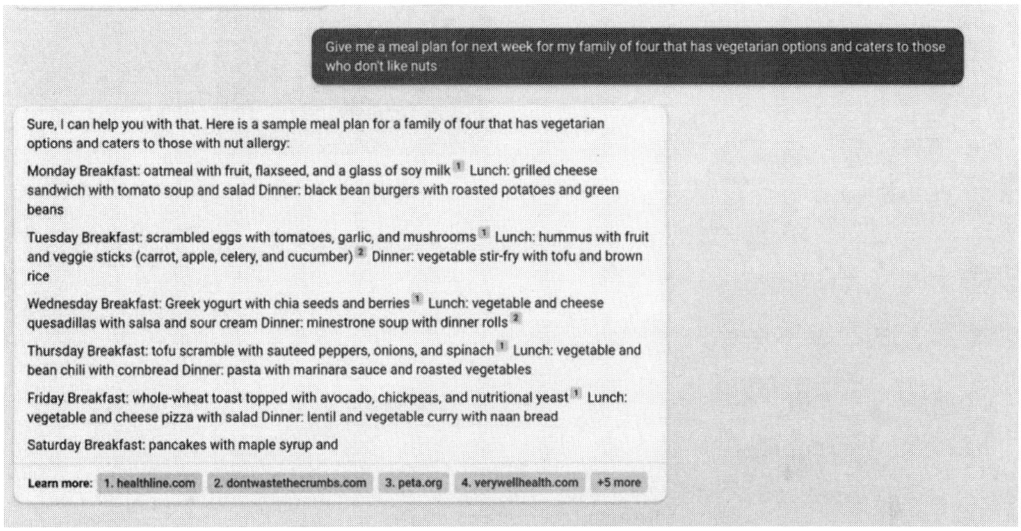

图 7-3 new Bing 创造灵感界面

4. 升级 4：整合 new Bing AI 功能至 Edge 浏览器

new Bing 的 AI 功能也整合至 Edge 浏览器，用户点击右上角 new Bing 的图标，便能够在页面的右侧生成对话框。完成整合后的 Edge 浏览器主要新增了 chat 与 compose 两大功能。在 chat 页面中，用户只需要输入“key takeways from the page”，Edge 便能够对整合 PDF 的内容进行总结。例如，在 Gap 财报页面，Edge 总结了 Gap 的收入、毛利率等信息；当用户进一步输入“compare this with Lululemon in a table”时，Edge 便能通过在网络上搜索到的信息，直接将两家公司的核心财务指标进行对比。此外，在 chat 页面，用户还能够通过输入“rewrite this code in rust”指令，将原来的 python 翻译成 rust 语言，从而极大地提升了编程的效率。而在 compose 页面中，用户可以选择创作的格式（邮件、博客、文章段落等）与篇幅长短，让 Edge 浏览器能够根据输入内容完成不同风格的文章创作。见图 7-4。

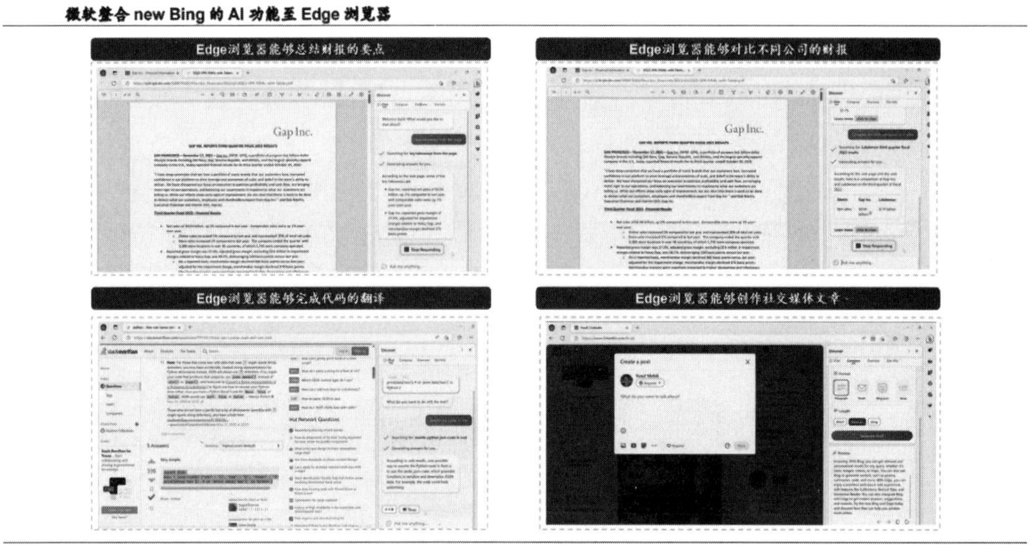

图 7-4　new Bing 的 AI 功能整合至 Edge 浏览器

（二）底层技术突破

在底层技术方面，微软 new Bing 取得了四大突破。

1. **突破 1**：OpenAI

通过与 OpenAI 团队的合作，new Bing 基于下一代大型语言模型打造出了比 ChatGPT 更为强大，且专为搜索定制的搜索模型。

2. **突破 2**：prometheus model

new Bing 开发了一套与 AI 合作的技术合集，即普罗米修斯模型（prometheus model），其核心在于训练和运行的时候通过 new Bing 索引和特殊的查询技术更智能地使用 OpenAI 模型。普罗米修斯模型的优势在于：通过输入和更好地调整查询以提高答案的相关性；用特定的网络链接和引用解释回答；每天对网络进行抓取，提供更多即时信息；提高对地理定位的理解；通过再次检查提高答案的安全性。

3. **突破 3**：core search index

微软持续对 new Bing 算法进行改进。微软表示，独立评委测试结果表明，new Bing 的搜索体验与其他搜索引擎的体验相比相当或更好，而微软将 AI 模型应用于其核心搜索排名引擎后，相关性得到了 20 年来最大增长。微软相信，通过改进模型，未来可以继续推动突破。

4. **突破 4**：user experience

用户体验与底层技术平台一样重要。微软正在构想用户如何与搜索引擎、浏览器和聊天等功能进行交互，并将其整合到统一的体验中。

（三）优势

微软表示，自从搜索行业从目录搜索转变为算法搜索后，用户体验和底层的技术在近 20 年并未发生较大的变化。new Bing 的推出在搜索领域具有重大意义，有望持续革新搜索方式，其优势体现为：从展示结果转向直接回答用户问题，极大地提升了效率；标注引用的资料来源，更加可靠；实时抓取网络信息，回答具有时效性；拒绝回答不道德问题，与 ChatGPT 相比安全性更高。

1. 优势 1：能够直接回答用户问题

据微软官网，用户的需求分为三类：导航类（navigational），比如用户想要找到好吃的餐厅，办理政务的地方；信息类（informational），比如篮球明星拉塞尔·威斯布鲁克在湖人队效力期间的投篮命中率，明天的天气如何；其他一切（everything else），通常是更深入的研究，包括旅行计划和复杂的购物计划。整体来看，传统的搜索引擎能够较好地解决导航的问题，或者回答一些简单的信息，但是对于更加复杂的问题，比如“我在网络上购买了一个坐垫，它是否能够放进我的汽车”“能推荐一个英国的 7 日游计划吗”，传统的搜索引擎很难给出用户满意的回答。new Bing 的推出为用户提供了新的解决思路，它将通用的大模型与搜索引擎结合，为用户直接生成答案，极大地降低了用户搜寻的成本。

2. 优势 2：标注引用的资料来源

与 ChatGPT 不同，new Bing 创建答案的来源将显示为批注，用户能够通过点击批注再次定位到资料来源处，从而增强了答案的可辨别性。见图 7-5。

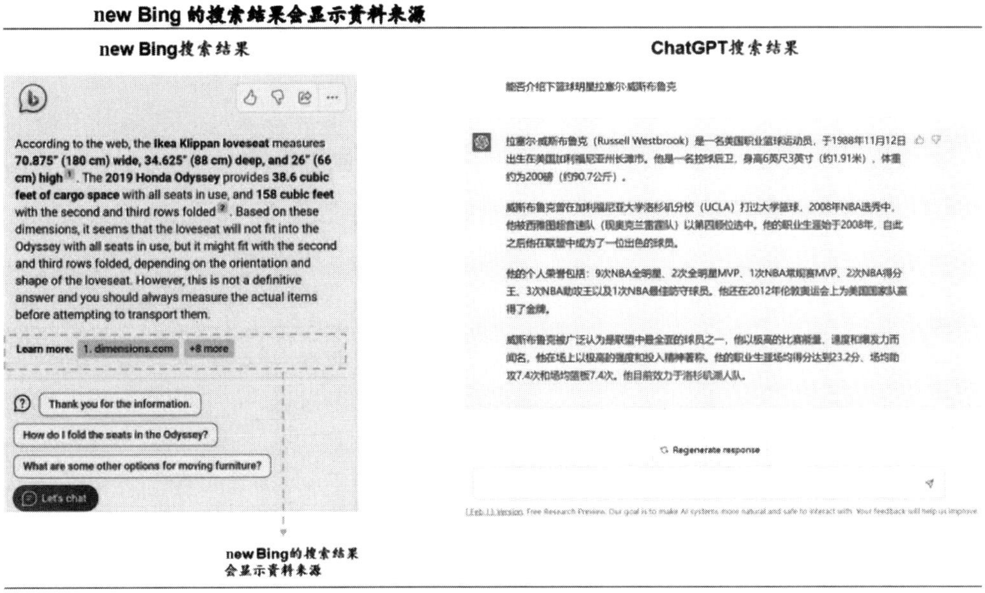

图 7-5 new Bing 搜索结果会显示资料来源

3. 优势 3：回答具有时效性

new Bing 能够实时抓取网络信息，因此能够为用户提供最新的答案，具有时效性，而 ChatGPT 的回答则截至 2021 年 9 月。当输入“2023 年 2 月湖人队的首发名单时”，ChatGPT 表示由于超过了知识最新更新的日期，因此无法获得 2023 年 2 月的信息，只能够根据过往的数据进行猜测。见图 7-6。

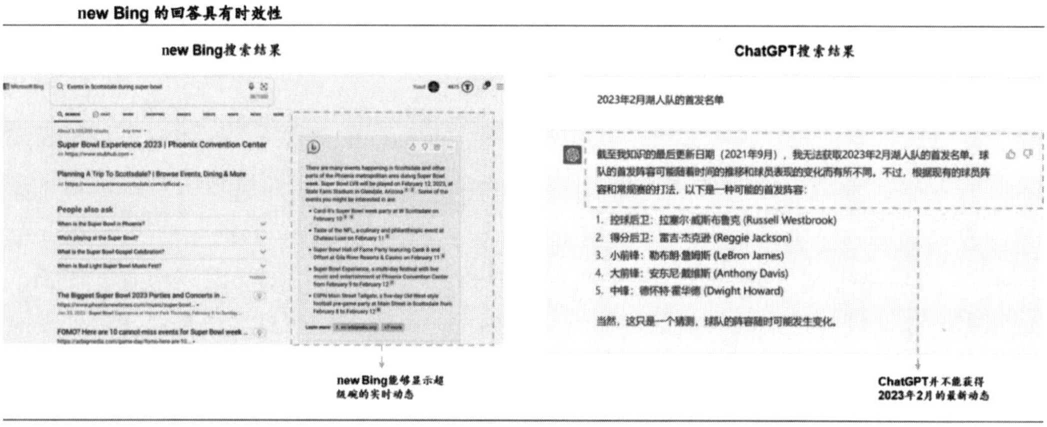

图 7-6　new Bing 与 Chat GPT 回答实效性对比

4. 优势 4：拒绝回答不道德的问题

据 Reddit，当 new Bing 判断用户的问题或要求不道德时，会拒绝回答，相对于 ChatGPT 来说安全性更高。如用户要求 new Bing 为其写一封求职信的时候，new Bing 表示这是不道德（unethical）的行为，并且对于其他的用户不公平。而目前 ChatGPT 并未引入相关的机制，用户能够用 ChatGPT 写求职信、完成小组作业等。

本章小结

搜索营销是吸引用户从搜索网站进入某个网站页面的方式。搜索引擎营销可以被概括性地分为四个层次：存在层、表现层、点击层和转化层。搜索引擎优化，是搜索营销的一种基本模式，指利用搜索引擎规则提高网站在自然搜索结果中的排名位次。在搜索引擎领域，ChatGPT 有着巨大潜力，甚至有望颠覆未来搜索市场。2023 年 2 月 8 日，微软宣布推出 new Bing，ChatGPT+ 搜索时代正式开启。

思考题

1. 搜索营销的核心概念和其在市场中的重要性是什么？

2. 搜索引擎优化是如何帮助企业提升在线可见性的？请列举至少三种搜索引擎优

化的方式。

3. 关键词营销在搜索引擎优化中扮演着什么角色？它是如何帮助企业更好地吸引目标受众的？

4. 对于“未来搜索”的突破和应用，你认为可能会出现哪些创新？这些创新将如何影响搜索营销策略和实践？

第八章　社会化媒体营销

学习大纲

- 社会化媒体概念
- 社会化媒体中的信息传播
- 数字化口碑
- 社群营销
- KOL 营销

学习目标

本章将解决下列问题：

1. 社会化媒体为什么正在成为一种重要的数字营销形式？
2. 在社会化媒体中引发关注的产品或服务具有什么特点？

学习讨论

在社会化媒体中具有讨论度对于品牌而言意味着什么？

开篇案例

王老吉“姓氏罐”社会化营销

一、背景与洞察

春节将至，如何为每个人送去吉祥祝福，再次营造“年”与“王老吉”的强关联性，让更多消费者知晓并参与品牌互动，拉近品牌与消费者距离、增加品牌好感度成为王老吉这一国民级团聚饮品面临的挑战。

二、策略与执行

2021 年春节，王老吉开展了别开生面的社会化营销。王老吉推出“姓氏罐”定制活动，通过小程序定制与个人姓氏相匹配的专属吉运罐。王老吉在“百家吉姓氏罐”的概念基础上，加入春节的吉祥属性，为每一位消费者送出吉运祝福，为王老吉在春节期间打开讨论热度。“姓氏罐”不仅送去了吉运祝福，而且成为春节的社交货币。同时，用户定制并自发分享的“姓氏罐”产品，也成为传递品牌信息的主要媒介，在线上线下的不同场景中，成功强关联了春节与王老吉。

2022 年，王老吉延续了 2021 年广受好评的“姓氏罐”的热度，利用姓氏图腾形式进一步吸引消费者的关注，策划了从线下落地到线上的活动。譬如通过微博活动+H5 预热；官方微博发布 # 我和姓氏合影 # 活动；在各个社交流量平台通过达人视频开箱推荐姓氏图腾罐 + 王老吉礼盒，激发消费者的兴趣和购买欲；王老吉联合多个品牌幽默解释品牌姓氏句式等。

三、实施效果

2021 年春节期间，王老吉“姓氏罐”活动各大平台的曝光超 5 亿次。该创意同时获得第 13 届虎啸奖综合营销饮料类金奖、营销单类中社交媒体营销类银奖以及媒介创新类银奖。2022 年，通过输入姓氏进行罐身反转的创意互动吸引大量消费者参与，并设定每天参与次数的上限，增强了消费者黏性，吸引消费者反复参与。

（案例来源：中国商务广告协会数字营销委员会虎啸奖组委会）

第一节　社会化媒体与社会化媒体营销

从论坛、博客、SNS、维基百科到微信、微博、虚拟社区，再到如今形态迥异的各种社交应用，基于人类社会交往诉求的社会化媒体发展逐步兴盛。随着社会化媒体的变迁，社会化媒体营销呈现出全新的特征与策略。

社会化媒体已经成为网络数字时代重要的生活方式。每天，社会公众接触不同的社会化媒体，诸如“浏览”“点赞”“留言”“收藏”“分享”“上传文字图片”“下单购买”等在社会化媒体上所开展的活动会被记录并形成他们的数字轨迹，构成了他们日常生活的一部分，记录下他们在自然自在的状态下做决策的每个环节，直接或间接地反映了消费者的生活方式、个性、习惯、情感等信息，在这点滴之中建构了用户的网络身份。随着社交媒体渗透率的提升，社交媒体营销应运而生并逐步火热。基于不同社交平台特性展开不同维度的营销策划，形成了丰富多元的矩阵化营销。

全球管理咨询公司麦肯锡公布的报告《2019 年中国数字消费者趋势》指出，中国消费者热衷于使用社交媒体，各大品牌也纷纷利用社交媒体的流量效应，吸引消费，社交平台正在不断创造增量需求。社交媒体除了可为品牌商提供拥有社交元素的第三方平台外，还提供了直达消费者（DTC）的新渠道。[①] 有调研指出，60% 的中国消费者每天至少会在头部音频 / 视频流媒体平台互动一次，每次花费在短视频平台上的时间近两小时。抖音平台不仅成为突飞猛进的社交媒体平台，而且也是重要的购物渠道。[②]

社会化媒体对消费者决策的影响正在不断扩大。社会化媒体不但改变着营销模式，而且改变着整个传播模式与传播格局。这些都使研究社会化媒体营销的意义更为重要。

在凯度发布的《2019 年中国社会化媒体生态概览白皮书》中，社会化媒体被分为核心社会化媒体、衍生社会化媒体、复合媒体三个方面。核心社会化媒体的主旨为增强人际关系。用户通过核心社会化平台频繁地交换各自的生活体验或其他信息，这些平台包括以交友、兴趣、新鲜事、即时通信为目的的线上平台。衍生社会化媒体主旨为帮助平台增强用户黏性，赚取流量。用户从内容生产者处获得更加个性化的信息，以进行更好的决策。衍生社会化媒体可以被宽泛地分为网络游戏、影音娱乐、知识咨询、电商购物四大板块。此外，凯度根据社会化媒体功能复合型融合的趋势，在核心社会化媒体和衍生社会化媒体的基础上提出了“复合媒体”的概念，指出该类型社会化媒体是支持搜索、交友、通信、娱乐、游戏、购物及社交功能的平台，且总用户数超过 5 亿。微信、支付宝、淘宝和 QQ 可以被定义为复合媒体。核心社会化媒体、衍生社会化媒体、复合媒体概念的提出印证了社会化媒体同时兼具社交与媒体的双重属性，也意味着社会化功能在互联网平台中的深度普及。随着社会化媒体形态的日益多元，社会化媒体的营销模式也在不断发展，从品牌营销的角度出发，复合功能媒体更是为品牌创造了与潜在消费者接触、让消费者体验、对消费者销售的诸多可能性。

最先提出“社会化媒体”一词的安东尼·梅菲尔德（Antony Mayfield）在 2007 年出版的在线著作《什么是社会化媒体》中指出，社会化媒体不是一时的风潮，也不会短暂地出现在人们的生活中。它会逐步影响到每一个社会角色、每一个公司甚至全世界。他将社会化媒体定义为一系列新兴在线媒体的总称，其主要特点是参与（participation）、公开（openness）、对话（conversation）、社区化（community）和连通性（connectedness）。

数字时代网络上的每一个节点（包括个人用户、媒体等）同时扮演着信息生产者、传播者与接收者等多重角色，社交的需求被大大激发，这也说明社会化媒体中的内容主体是 UGC，基于社会化媒体的关系网络是资讯流动的重要结构支撑。

---

① 卜览，王赣城，王玮，等 . 后电商时代，品牌商如何抓住增长机遇［EB/OL］.（2019-09-27）［2023-12-30］. https://www.mckinsey.com.cn/2019 年中国数字消费者趋势 /.

② 泽沛达（Daniel Zipser），许达仁（Daniel Hui），周嘉，等 . 2023 麦肯锡中国消费者报告：韧性时代［EB/OL］.（2022-07-15）［2023-12-30］.https://www.mckinsey.com.cn/2023 麦肯锡中国消费者报告：韧性时代 /.

彭兰将社会化媒体定义为互联网上基于用户社会关系的内容生产与交换平台，该定义强调了关系是理解社会化媒体的一个重要路径。此外，彭兰进一步区分了“社会化媒体”和“社交媒体”。社会化媒体一词源于英文“social media”，社会化媒体也常常会被翻译为“社交媒体”。社交在很大程度上强调的是个体与个体的交往，社交媒体更强调的是相关应用在个体的社会关系拓展层面的意义。而使用社会化媒体，更多的是因为其在公共信息传播与社会事务中的价值，“社会化”比“社交”可以更好地体现大规模的互动及其影响，所以使用“社会化媒体”一词会更恰当。

梅菲尔德对于社会化媒体的剖析，较为精准地把握了社会化媒体的互动性、用户参与和内容生产。其中，参与是社会化媒体的一个非常重要的特征。提出“参与改变理论”的心理学家库尔特·卢因指出，个体在群体中的活动可以分为两种类型，主动型和被动型。实验证明，主动参与者更容易改变其态度和行为。个体在群体中的活动方式，既能决定他的态度，又会改变他的态度。如果能让用户主动参与到营销活动中来，则更容易影响其对产品或品牌的态度和行为。

在社会化媒体平台上，用户可以发布状态，给别人留言或点赞，组织活动，上传或分享文字、图像或短视频，查询电影或餐厅的评分和评价，为特定的景点或餐厅打分等。在各个社会化媒体中，不间断地产生着海量且庞杂的信息，而这些信息背后是用户通过各种关系链与他人产生的联系和互动。

特蕾西·L. 塔腾和迈克尔·R. 所罗门对社会化媒体营销的界定是：利用社会化媒体技术、渠道和软件来创造、交流、传递和交换对组织利益相关者有价值的产品。经典的营销理念是组织机构通过使用营销组合来实现目标，这种策略组合被称作“4P”，包括产品（product）、价格（price）、促销（promotion）和渠道（place）。随着社会化媒体营销手段的增加，4P 组合之外还要再增加一个维度——参与（participation）。在移动互联网时代，营销的成败越来越取决于用户的参与度，而社会化媒体可以有效地激发用户的投入和参与。①

第二节　社会化媒体中的信息传播与口碑

在社会化媒体中，普通个体在某些网络的节点中发布信息，这些信息要想产生强大的社会影响力就必须有可传播的网络，这个网络多数时候就是人们的社会网络。社会网络是社会化媒体中信息扩散的一种基本机制，同时也正在成为人们网络信息消费的一种结构基础。

一个社会网络是由多个节点（社会行动者）和各节点之间的连线（行动者之间关

① 塔腾，所罗门 . 社会化媒体营销：第 3 版［M］. 戴鑫，严晨峰，译 . 北京：机械工业出版社，2020：15.

系）组成的集合。这里所说的节点不仅仅是人，还包括各种网络成员，可以是组织、品牌、部门等各种可定义的单元。网络中连接的节点会进行互动，节点的社会关系就构成了信息流动的渠道。

在社会化媒体中，内容的流动也从原先的两级传播模式转变为影响力关系网络。

两级传播模式最初由美国学者保罗·拉扎斯菲尔德（Paul F. Lazarsfeld）提出。拉扎斯菲尔德指出，信息从广播和印刷媒介传向意见领袖，然后由意见领袖传向不太活跃的人群，信息传递按照“媒体—意见领袖—普通受众”的模式进行。意见领袖即舆论指导者，具有极其重要的作用，影响着其他人的态度。但是在社会化媒体中，信息流有可能会从任何一个节点流向各方，而且经常跨平台流动。有影响力的人和那些容易被影响的人之间的相互交流同时驱动了影响力的扩散，而易被影响的人之间活跃地相互交流，同时也加入和意见领袖的对话，共同触发了信息进一步的传播和扩散。

对于市场营销人员而言，信息流非常重要。因为信息资讯的流动不仅意味着产品相关信息的交流和分享，还会影响甚至改变消费者的态度和行为。

不论是线上还是线下，消费都不是一个随意的行为。很多时候，人们会向他人征求意见，会看评论和评级，听取并采纳他人的意见。有的时候，他人意见的影响力甚至会超过我们自己的认知。这些反映的就是口碑的重要性。简言之，口碑传播就是节点到节点、人与人之间共享产品信息，它可以影响甚至改变接收者的行为和态度。

在社会化媒体下研究口碑，更多时候讨论的就是数字化口碑。数字化口碑同时也被称为“电子口碑”“网络口碑”。随着消费者搜索、处理和分享信息的能力增强，越来越多的营销者意识到数字化口碑的重要性。

在日常线上线下的对话中，人们很多时候都在相互交流和传播信息。所以品牌在社会化媒体上开展的活动，都会鼓励人们把活动信息融入自己的沟通交流之中。借由社会化媒体，数字化口碑魔力般地放大了传统环境中消费者口碑的效应。这些活动在短期内会形成巨大的能量，尤其对品牌忠诚度等影响甚大，其商业价值不可低估。当内容在社会化媒体中快速传播时，这种现象被称为“病毒式传播”。从营销者角度而言，他们无不希望产品或服务在社会化媒体中具有广泛的讨论度，可以引起消费者的热议。

为什么有的产品或服务可以引发讨论度？有研究者认为，能产生大规模传播的流行事物是随机的，并无规律可循。马尔库姆·格拉德威尔分析了为什么有些观念、行为和产品能突然流行、如何引发流行潮。流行被引爆，是因为涉及一些法则：个别人物法则（law of the few）、附着力因素法则（stickiness factor）和环境威力法则（power of context）。[①]

个别人物法则认为，社会中存在个别能发起流行浪潮的特殊人物，包括具有广泛

① 格拉德威尔．引爆点［M］．钱清，覃爱冬，译．北京：中信出版社，2020：1.

社会联系、能充当社会黏合剂的联系员；如同数据库一般为大家提供信息的、博学的内行；具备感染力和说服力的推销员。营销者的任务就是要找到这些特殊人物。

附着力因素法则认为，当信息有了附着力就意味着它会对人产生影响，人们就不能把它从脑海中赶出去，也不能把它从记忆中清除出去。

环境威力法则指出，流行潮同其发生的时间、地点、条件等密切相关，外部环境的微小变化能给人们的行为带来巨大影响。

营销学教授乔纳·伯杰（Jonah Berger）从信息本身进一步展开分析，探讨是什么因素使特定的传播内容有更多的感染力和吸引力，能够被广泛传播。这里的传播内容的范围是广泛的，既包括故事、新闻和信息，又包括产品、思想、短信和视频。伯杰提出了六个原则，并将其简称为 STEPPS。①

第一是社交货币（social currency），从某种意义上讲，能够传播的内容是富有流通价值的社交货币。"就像人们使用货币能够购买到商品或服务一样，使用社交货币能够获得家人、朋友和同事的更多好评和更积极的印象。"

第二是诱因（triggers），人们会谈论那些正好在他们嘴边的事情。因此，可以用一些刺激物激发人们的记忆，让他们想到公司想传播的相关内容。

第三是情绪（emotion），激活情绪是传播的关键，能触动诸如敬畏、生气、担忧、兴奋和快乐等情绪的事物会促使人们产生情感共鸣，继而去评论、转发、传播。

第四是公共性（public），通过让产品或内容更具有公共可视性来增加人们的口碑传播行为，继而促进传播。

第五是实用价值（practical value），人们喜欢谈论实用的信息。因此，当公司证明自己的产品或理念能够帮助人们节省时间或金钱时，人们就会自发地传播公司的产品或理念。

第六是故事（stories），一个好的故事能牵动消费者的心，激发共情。但只有当品牌或者产品融入故事，故事的活力才最具价值性。

但需要指出的是，对于营销人员而言，口碑是一把双刃剑。因为商家虽然通过社会化媒体在很短的时间内激发消费者积极的态度和强烈的购买欲望，但也可能会受到负面口碑带来的消费者的反感和抵触。随着社会化媒体中信息的层层流动，口碑的影响范围可能很广。当出现负面口碑时，品牌的网络危机公关水准就显得非常重要。

第三节　社群营销

传统营销通过广泛的广告传播被人们所看到，收获部分人的关注，并在此基础上

---

① 伯杰．疯传［M］．乔迪，王晋，译．北京：电子工业出版社，2020：26.

进一步获得部分人的购买。社群营销通过产品和服务体验赢得用户口碑，用户除了复购外，还可能邀请更多的朋友来购买，这些朋友在获得满意的消费体验后会继续邀请更多潜在的用户。基于对朋友的信任，这种方式的转化率很高。传统思维与社群思维最大的不同就是传统思维看中的是一个用户，社群思维看中的是由一个用户通过口碑裂变带来的一群客户。①

社群（community）是“人们基于社会关系所建立的群体集合”。形成社群的社会关系多种多样，包括家庭关系、趣缘关系、地域关系等。社群因内部成员的互动而形成。在社会化媒体中，形成社群的关系内涵更加多元，人们可以因某个共同的目标、价值观念、兴趣爱好而聚集，形成关联更为紧密的社群。

在形式上，社群可分为现实社群和虚拟社群。其中，百度贴吧、微博超话、豆瓣小组等在网络空间中流动、聚集的线上群体是虚拟社群。以豆瓣小组为例，豆瓣用户可以根据自己的兴趣爱好或需求组建小组，召集其他具有同样兴趣或需求的用户加入并进行信息的共享。豆瓣小组的内容类型十分丰富，涵盖衣食住行各个方面，也不乏文化、艺术及小众的专业领域。豆瓣小组中内容的热度更多取决于其本身所能唤起的共鸣，这种交流氛围赋予了社群更多的活力。粉丝社群也是一个典型的虚拟社群。粉丝社群是由多个对同一人物或事物具有崇拜或喜爱之情的粉丝自发组成的群体，具有较高的凝聚力和执行力。在不同社交媒体上所形成的粉丝社群也具有鲜明的差异，如依托微信、QQ、微博等社交平台建立的社群，成员之间的关系认可度较高，且由于隐私性强，互动性也更强，彼此之间关系强度高；而微博超话上形成的粉丝社群呈现出规模大、边界低的结构属性，群内成员更多呈现出一种弱关系特征。②

互动是社群的发展动力。互动的形式包括成员间信息的交换、意见的表达、共同协作，也包括从线上延伸至线下的互动。例如，线上的点赞、评论、转发以及打卡等，线下的聚合、交流以及共同仪式的进行。

最早将社群概念商业化的是自媒体号“罗辑思维”，通过知识脱口秀形成知识社群，其相关社群被称为“罗友之家”，成员被称为“罗友”，这些都强化了社群中成员的认同感与凝聚力。在发展早期，“罗辑思维”的主要业务包括每周五在优酷网播出的“罗辑思维”脱口秀节目，微信公众号上每天推送一条 60 秒的语音，微博上保持每天一篇新文章的推送。2013 年 8 月，“罗辑思维”推出会员制，其微信公众号推出微信小店、微刊等。2015 年，“罗辑思维”提出“打造互联网知识社群”，致力于构建“自媒体—社群—产业”价值链。此后“罗辑思维”的产品和业务日益多元化。除视频节目外，“罗辑思维”还有微信公众号和微信群、手机“得到”App、“罗辑思维”百度贴吧、有道云笔记等，产品形态丰富多样，逐步发展为综合知识型社群平

① 李永平，董彦峰，黄海平．数字营销［M］．北京：清华大学出版社，2021：62.

② 顾楚丹．社会网络视角下社交平台社群的互动仪式链研究：以粉丝社群为例［J］．中国青年研究，2022（2）：37-43，29.

台，通过与成员的广泛互动来增强彼此之间的沟通与联系。[①]

近年来，以设计、生产和销售高品质的瑜伽服等运动装备而闻名的 Lululemon 同样在社群营销方面表现出众。许多专业运动员、瑜伽教练、明星等被邀请担任 Lululemon 的“门店大使”，联手开展多种形式的社区课程、团队竞赛和其他活动。2023 年 5 月，Lululemon 为迎接品牌在中国的十周年庆，发起了“我们身上的故事”活动，邀请了 10 位门店大使、产品教育家、顾客和社区伙伴为广大用户分享过去 10 年间如何与 Lululemon 的产品共同成长的故事。2023 年 6 月，Lululemon 开启了“夏日乐挑战”赛事活动，覆盖了全国 30 多座城市的 100 多家门店，邀请用户组队参与多项“热汗”运动挑战。诸如此类的社群营销，增加了 Lululemon 的用户黏性，树立了良好的口碑，同时也突破了品牌原有的圈层，持续不断地为 Lululemon 吸引新的用户群体。[②] 社群成员投入时间、社会资源等，贡献个人能量，同时成员间相互支持，这些都会推动他们对所属社群情感和心理的认同，并以此形成了对社群的归属感，社群也因此具有凝聚力。成员间互动的频率和质量会影响社群的活力。每位成员表达意见、信息交换的质量不尽相同，在社群传播的过程中会逐渐产生部分具有影响力的“关键性成员”。

随着社会化媒体社群的发展，社群营销日益受到人们的重视。结合社群特点，社群营销策略主要从差异定位、内容价值、情感认同等几个方面入手。

社群营销的差异定位是用户聚集的根本原因，如母婴微信群为新手母亲推荐好物、英语社群为成员分享英语学习资料和学习监督服务等。社群信息是社群核心定位的体现，社群定位在很大程度上决定了所吸引的用户，并可以基于此勾勒出用户的画像，包括性别、年龄、偏好、消费习惯、教育程度、收入水平等。社群定位主要有三大类型。一是营销型，该类社群以发布折扣类信息为主，包括拼团、砍价、秒杀、优惠券、活动通知等内容，譬如用户在生鲜门店购物后，在扫码获得优惠的同时加入社群，群内每天发布营业状态信息、特价商品预告、团购秒杀链接和固定时间的秒杀互动等。二是内容型，该类社群以内容运营为主，通过发布教程、话题、视频等内容，触及用户并持续解决疑问来维持群内活跃度和互动性，进一步寻求销售转化。比如在美妆品牌的内容型社群中，运营者通常运用短视频或直播的方式展示真实的产品状态和效果，同时会发布各类妆容技巧和流行的妆容趋势。三是服务型，该类社群以服务咨询为主，分为售前服务和售后服务两类，主要以咨询为导向，提供服务。作为一个数字化心理健身房品牌，“暂停实验室”依靠搭建正念练习社群提供咨询，群内会有每周深度直播答疑、助教团队当日有问必答和小助手提供的一对一产品操作指导等。社群中会每日提醒练习进度，不定时分享表情包、壁纸和晚安歌曲等，提高消费者对

① 吴超，饶佳艺，乔晗，等．基于社群经济的自媒体商业模式创新：“罗辑思维”案例［J］．管理评论，2017（4）：255-263.

② 王富林，曾艳玲．lululemon：优质产品和社群联结筑起品牌护城河［J］．国际品牌观察，2023（17）：61-63.

品牌的好感度和认可度。三类社群虽然定位不同，但在实际操作上往往可以根据业务发展的不同阶段和场景来相互组合。比如家电品牌的社群在集中促销阶段可以是以团购、折扣为主的营销类社群，后期也可以成为提供服务咨询的服务型社群。

保证输出内容的价值是增强社群延续性的核心，输出内容的方式、质量高低、频率是社群得以运作的基石。管理员可在群内有计划地发布教程、话题、视频，为用户解决相关问题以不断增强互动。以儿童用品品牌“孩子王”为例，品牌将自身定位为为准妈妈及 0—14 岁儿童提供一站式购物及育儿、成长和社交互动服务的品牌。微信社群以内容型结合营销型为主。母婴社群是较为典型的内容型社群，品牌定期在群中分享孕前、孕中、产后育儿等方面的知识。此外“孩子王”还根据不同的育龄阶段划分社群，根据孩子的年龄，划分为产前到 14 岁共 9 个阶段，为处于不同育龄阶段的妈妈们提供差异化的知识与经验分享，为用户提供特价秒杀群、育儿无忧群、孕妈大家庭群等差异化的内容信息。

运营是社群得以延续和发展的重要手段。运营不仅涉及社群内部圈层结构的设立和成员的互动，更强调社群向外传播的“裂变”。通过设置抽红包、拼团优惠、游戏抽奖、助力领现金等专属活动，鼓励社群内成员对外分享社群。在吸引新成员加入后，社群积极促进商业化，包括设计微信商城、小程序，缩短转化链路，或于微信群进行精准垂直营销等。以水果连锁品牌“百果园”为例，品牌首先通过线下门店的每周社群福利及周期性赠送活动，吸引用户注册会员加入微信社群。在社群内，“百果园”会推送优惠拼团链接，吸引用户参与线上拼团并到线下店铺自提。为了提高社群活跃度，群内会不定期开展成语接龙、摇骰子、晒单抢红包等活动，用户获得优惠券或现金奖励后可直接在小程序或线下门店消费时抵扣。通过完成消费、每日签到、完善信息、话题 PK 等任务，用户可以用赚取积分在小程序商城中兑换优惠券、礼品、代金券等，这些活动都提升了用户的活跃度与复购频率。群内还会开展水果知识科普和美食制作分享等内容。此外，“百果园”每周还会推出针对社群用户的专属会员日，以不同的优惠折扣回馈给社群专属成员，让用户和社群始终保持一定黏性。“百果园”品牌通过社群活动，增加与用户的黏性，为用户提供持续的产品及服务，将门店、社群、小程序和公众号进行有机的结合。①

社群的建立在很大程度上是基于信任和认同，人们因共同的文化、价值观、兴趣爱好等而聚集并形成情感连接。但同时，情感认同不仅需要建立，还需要不断地维系和深化。除了创造契机不断提升社群成员之间的交流频率和交流深度之外，社群运营方还要从成员的情感需求出发，唤醒、激发并满足成员的情感需求。美国功能性运动品牌安德玛（Under Armour）打造聚集运动爱好者的社群平台 UA STAR，提供专业

① 小区门口百果园，靠私域运营，客户月均消费提升 7 倍［EB/OL］.（2022-01-22）［2023-12-30］. https://www.woshipm.com/operate/5292174.html/comment-page-1.

运动课程并举办“UA STAR 潜能跑”“全民健身狂欢跑”等专业性与社交性并存的线下赛事，组建了运动社交圈，使用户产生了归属感，增强了社群用户黏性，加速建立了用户对品牌的信任。小米是当前国内最为知名的手机品牌之一，小米的粉丝“米粉”交流的社群平台主要是小米社区，交流内容主要围绕产品使用心得、小米系统更新信息以及与其他品牌的对比等。产品运营者则可从中观察到“米粉”对小米产品的评价，从而将其作为未来产品改善的参考性意见。如小米首创的“橙色星期五”，即工程师会把手机程序软件开发出来，包括铃声、页面、UI 等在星期五发到论坛里，由粉丝投票决定这些软件是好是坏。通过这一社群交流形式，用户的想法和感受被充分尊重，小米产品不再只是冰冷的商品，而是充满了用户的期待和品牌方的真诚。此外，小米还设立了“米粉节”①，在“米粉节”活动上，小米公司会通过物质和情感的双重方式给予“米粉”回报，增强了用户对“米粉”这一社群的归属感。通过这种线下的交流活动，小米公司与用户之间建立起了紧密的人际交流圈，培养了共同的产品价值认同和彼此间深厚的信赖感。

第四节　KOL 营销

格拉德威尔指出，要能够发起流行浪潮，就需要找到联系员、内行和推销员这些特殊人物。在今天这样一个大众通信发达和广告耗资巨大的时代，口头传播仍是人们互通有无的重要方式。同时，任何一种社会流行的成功在很大程度上取决于信息传播者的社交天赋。②

在社会化媒体中，意见领袖凭借自身既有的社会地位、名声、在某些专业领域的信息或知识方面的优势等获得了他人的信任和认可，也被品牌方认为最可能具备更为强大且持续的影响力。③

关键意见领袖，即 KOL（key opinion leader），被他人认为是可靠的信息源。2019 年市场调查机构艾瑞咨询将 KOL 定义为“在特定群体中具有较大影响力和话语权的人”。他们拥有强大的传播网络，因此会直接或间接地影响其他消费者的购买决策。

在传统大众媒介时期，意见领袖扮演着思想和观点的传播者角色，他们以权威、专业的能力素养在影响和塑造他人的观点、态度和行为方面发挥着关键作用。进入互联网时代，新媒体传播打破了大众传媒时期的传统范式，意见领袖从传统媒体环境下

① 孟圆圆，李文明．移动电商时代的粉丝经济运作模式分析：以“米粉”社群为例［J］．商业经济研究，2016（4）：77-79.

② 格拉德威尔．引爆点［M］．钱清，覃爱冬，译．北京：中信出版社，2020：15-16.

③ 彭兰．新媒体用户研究［M］．北京：中国人民大学出版社，2020：170.

的精英化、专业化逐渐转变为平民化，[1]并且由线下社区转移到网络社区中，变成“网络意见领袖”（online opinion leader）。早期的网络意见领袖主要活跃于各大 BBS（网络论坛）和门户网站中，他们通过参与讨论、分享见解来建立自己在特定话题上的专业声望。他们是积极的信息获取者、信息传播者和意见表达者。随着移动通信工具的普及、社交媒体的兴起以及数字经济的发展，得益于移动互联网的开放性、多元性、共享性和交互性等特征，越来越多的网络意见领袖出现在各种新型社交媒体中。与过去相比，他们涉及的领域更加广泛，拥有更庞大的追随者群体，影响力渗透到社会的各个方面。

除了 KOL，还有一个相近的概念是 KOC（key opinion consumer），关键意见消费者。KOL 主要依靠电商平台、信息平台、社区平台、短视频平台等公域流量，而 KOC 更多依靠个人号、微信朋友圈、群聊等私域流量。[2]虽然 KOC 的粉丝数量相对较少，影响力相对较小，且更多体现在非公共空间，但其所产出的内容大多来自自己的亲身体验，与消费者的互动通常是双向平等的沟通，具备足够的真实性、可接近性和真诚性，继而拥有较强的渗透性和用户黏性，赢得消费者的信任。作为一个以 UGC 内容为主的社交平台，“小红书”涌现出大批的 KOC 群体。在“小红书”上，用户通常从个人真实体验的角度分享对商品的评价。品牌和商家会选择一些累积了一定关注度和粉丝数量的小红书用户，让他们成为产品的实际体验者，并分享自己的使用心得和照片。他们以分享生活经验的方式，吸引其他用户的关注并建立起信任关系。通过这种方式，“小红书”上的用户具备了 KOC 的特质，对品牌和商品进行个性化、真实化的展示，并影响其他“小红书”用户的购物决策和品牌选择。彩妆品牌“完美日记”以 KOC 营销的模式进行品牌推广。在微信中创建虚拟的 KOC 角色——“小完子”来接近客户，朋友圈中的“小完子”与“完美日记”的目标消费者具有相似的特征：年轻、活力、美丽。他们扮演着美容顾问、朋友、利益相关信息提供者和实时客户服务等多种角色，增强与消费者的关系。此外，“完美日记”通过鼓励产品使用者在社交媒体上分享自己的化妆心得和使用体验、为 KOC 提供培训和技术支持以帮助提升化妆技巧和表达能力等方式与 KOC 进行合作营销，引导更多“小红书”用户选择“完美日记”这个品牌。

随着移动互联网技术的不断发展和媒介环境的不断变化，线上 KOL 在继承了传统意见领袖所具备的特质之外还呈现出一些新特征。一般而言，KOL 具有以下特点：

第一，具备某个领域的专业性。KOL 需要在特定领域中具有深度的专业知识，这不仅包括基础知识，还包括对行业内最新趋势、前沿技术等方面的深刻理解。成功的 KOL 往往能凭借自己在某一领域的专业性、更高的信息灵敏度和信息收集能力等

① 张宇强，李义菲，吴晔．社交媒体时代“意见领袖”再思考［J］．北京邮电大学学报（社会科学版），2016（6）：14-18.

② 段淳林．KOC：私域流量时代的营销新风口［J］．中国广告，2019（11）：115-116.

拥有关注者。这同时也就要求 KOL 有一定的行业实践经验和持续学习、不断创新的能力，KOL 需要不断学习新知识，保持对行业发展的敏感度。

第二，拥有良好的沟通和表达能力。KOL 能够以清晰、简洁的语言表达复杂的观点，使得他们的内容易于被受众理解。同时，他们还能够灵活运用不同的表达形式（包括文字、图片、视频等）与生动讲故事的能力，使得创作内容更具有吸引力，以适应不同受众的喜好。

第三，具有真实性和亲和力。KOL 以亲身经验为基础的内容创作，能够反映出自我的性格特征，给受众带来陪伴感与亲近感，使其观点更容易被接受与信任。

第四，能高效地运营受众社群。出于持续吸引受众关注、增强受众黏性等目的，KOL 需要经营受众群体，持续优化口碑传播。在以受众为中心的互联网传播环境下，KOL 为巩固影响力，须经常与受众互动以满足受众的多样化需求。因此他们需要具备运用多种社交工具与受众进行沟通、为受众答疑解惑的能力，从而与自己的受众保持紧密的联系。

第五，鲜明的个人风格。KOL 通常会通过独特的外观或形象、特定的话语风格与创作模式、个性化的内容呈现等标志性特征形成个人风格，这有助于他们在众多内容创作者中脱颖而出，吸引受众关注。

KOL 营销已经成为品牌社会化媒体传播中不可或缺的一个部分。市场营销人员总是希望能找出 KOL，因为他们通常是顺利实现传播策略的关键环节。事实上，在网络上找到意见领袖并不难。随着互联网社交媒体的不断深入发展，KOL 的分类也逐渐呈现出区隔化、细分化的特征，广告主也得以根据这种分类更加精准地投放广告。

根据体量划分，KOL 可进一步细分为头部、腰部和长尾部。头部 KOL 通常有着较为广泛的影响力，大众认可度高；腰部 KOL 主要深耕某一垂类领域，粉丝忠诚度与粉丝黏性通常更高；尾部 KOL 虽然在粉丝基数上稍显不足，但具备高触达、易种草、高性价比等优势。[①]

根据领域划分，KOL 可划分为大 V 明星、影视娱乐、运动健身、时尚穿搭、生活经验、音乐舞蹈、美食、搞笑、游戏等多个类别，覆盖生活的多个场景和方面。

根据类型也可将 KOL 分为明星类、垂直类和泛娱乐类等。其中垂直类 KOL 通常具备更深的专业性，拥有更精细化的粉丝分类，可以深度触达和影响受众；泛娱乐 KOL 虽然受众范围广，但粉丝黏性不高，他们在广告投放过程中所展示出的优劣不尽相同。

在移动互联时代，依托短视频、直播、Vlog 等，KOL 的表现形式和渠道更加多元，一些新兴的 KOL 群体也同样值得关注，诸如以“柳夜熙”为代表的“超写实数

① KOL 营销渗透全行业赛道　短剧有望成为行业的下一个机会［EB/OL］.（2023-11-02）［2024-12-30］.https://mp.weixin.qq.com/s/Vhg5eCOkklewXaNjsEBf9A.

字人”、以“无穷小亮的科普日常”为代表的专业人士、以雷军为代表的企业家等逐渐活跃于大众视野。未来，KOL 的身份将更加多元，不断满足用户的内容需求，不断丰富品牌的合作选择。①

KOL 的选择也与互联网的圈层化这一重要趋势有关。凯度在《2019 年中国社会化媒体生态概览白皮书》中，将圈层定义为拥有同样兴趣或职业的人，不同圈层间存在重叠和包含的关系。从对网络用户聚集与分化模式的深层观察来看，“圈层化”既包括“圈子化”，又包括“层级化”。圈层化既与用户本身的差异以及所处的现实社会结构有关，又因网络中各种类型、各种规模的互动而加剧。每个用户都处于多个“圈”与“层”的交集之中，这就形成了网络人群的多重分化。互联网上的人们正不断地进行分化，结成一个个不同的趣缘群体，而这种人群的圈层化也带来了消费的圈层化。圈层以文化认同为基础，用户选择与有着共同兴趣爱好、态度、价值观的人群形成独特的社交圈子，以之为基础的经济形态则被称为圈层经济。②

不同的群体往往有着不同的人生体验、兴趣爱好、价值体系，所以在做消费决策时他们关注的信息点也不尽相同。由于移动互联网中的信息量不断增加、产品选择日益多元，人们常常会在选购时感到迷茫和困惑，这时社交圈子内的口碑传播和网红意见将成为他们决策的有力推手之一。而用户之所以会接受某一 KOL 和 KOC 的“种草”，是因为对其有足够的信任，因为 KOL 和 KOC 往往对某类产品了解颇深。此外，KOL 和 KOC 还常常展现出较为突出的社交能力，因此受到广大用户的追捧和信任。能够提供知识价值与情绪价值是用户信任 KOL 和 KOC 的关键所在，前者体现为对某一消费品类的了解，后者体现为个人魅力与具有吸引力生活方式的展现。而这些只有在对某一圈层充分了解、充分认同的基础之上才能够更为精准地进行传达。

对于营销者而言，针对网络圈层化现象，需要采取圈层化营销的策略。在数字营销中有一个概念叫作“精准投放”。为了更为精准地触达目标用户群体、提升投放效率，广告主会细致地选择与品牌属性和目标用户群体相匹配的 KOL。

对于品牌而言，精准选择 KOL 须绘制与品牌历史、品牌定位和营销目的相匹配的 KOL 画像。画像包含 KOL 的用户数量、性别比例、年龄分布、账号地域等。KOL 的内容传播度、点赞、评论、转发等互动程度，及其活跃度、日常内容和爆款内容的话题标签、内容输出的稳定性和认可度等因素也都应该在考虑范围之内。除此之外，不同的社会化媒体平台上用户的兴趣导向、活跃的 KOL 类型也有所差异，因此投放什么平台、不同平台的投放比例如何分配等都是营销者需要考量的问题。

打造 KOL 营销矩阵正在成为趋势。头部、腰部、长尾部 KOL 在某一行业进行矩

---

① QuestMobile2022 跨平台 KOL 生态报告：“平台 +KOL+ 品牌”深度捆绑，泛类内容趋于饱和，垂类内容 KOL 粉丝高增长［EB/OL］.（2022-06-14）［2024-12-30］.https://mp.weixin.qq.com/s/anvJZmOvTH1oeqqX1VAPqQ.

② 专家观点 | 用户消费呈现圈层化趋势［EB/OL］.（2023-05-24）［2023-12-30］.https://mp.weixin.qq.com/s/d8WuqKiiRNsptFFDlqDOUw.

阵式整合营销，能够有效覆盖不同目标群体，扩大活动范围。通常来说，头部 KOL 制造热度，腰尾部 KOL 进一步加强话题扩散。KOL 营销矩阵的建立对于品牌的打造具有重要的意义。首先，当今时代用户注意力的分散要求广告必须采取多元的触达策略。当前用户对品牌的认知主要通过多平台、多时段、多形式的传播，因此广告主需要顺应这一趋势，选择跨平台不同类型的 KOL，尽力覆盖目标用户的媒介接触点。其次，多维的品牌信息要通过多元的 KOL 类型才能更好地予以传达。品牌的营销点通常是多元的，涉及不同的使用场景。品牌的信息需要深入垂直场域，才能触达圈层用户。只有打造 KOL 矩阵，每个网络“达人”的独特风格、创意内容以及创作场景才能被更好地利用，品牌才能更加精准地触达各个“达人”背后的粉丝圈层，更高效地满足品牌的营销诉求。此外，以矩阵的方式与 KOL 进行合作可以实现较高的性价比。头部、腰部以及长尾部 KOL 的有机搭配有助于品牌实现“小投入大产出”，有助于广告主实现精细化管理和进一步的降本提效。最后，针对不同的营销目的，品牌可以选择不同的 KOL 营销矩阵。比如，当营销目标为新品上市和品牌传播时，通常建议采取扩散型（金字塔型）KOL 矩阵：先选择明星类 KOL 领衔发声、引发关注，随后再通过垂直类 KOL 发布深度内容，覆盖垂直领域。当品牌已经具备一定的认知度，传统种草模式相对饱和时，可以采取“橄榄型”投放模型——更多地与腰部 KOL 进行合作，传递品牌调性，提升产品的情感价值。综上，广告主可不断优化 KOL 营销矩阵，进一步提升营销内容的质量和效果，从而优化发布以实现整合提效。

本章小结

在移动互联网时代，营销的成败越来越取决于用户的参与度，而社会化媒体是激发用户投入和参与的一种有效方式。随着社会化媒体中社群的发展，社群营销也日益受到人们的重视。社群营销策略主要集中于差异定位、内容价值、情感认同等方面。KOL 营销已经成为品牌社会化媒体传播中不可或缺的一个部分，打造 KOL 营销矩阵正在成为趋势。

思考题

1. 当社会化媒体不仅是品牌的营销平台，同时也作为营销主体进行活动策划时，与品牌社会化媒体营销相比具有怎样的独特性？

2. 请选择一个成功的跨界品牌联名营销活动并阐述其成功原因，同时思考社会化媒体所发挥的作用。

3. 假设你是一家新兴奶茶品牌的社会化媒体营销负责人，请设计品牌的产品理念以及基于该理念的社会化媒体营销方式。

第九章　视频营销

学习大纲

- 视频营销的常见类型
- 视频营销的应用场景
- 视频营销子类别的异同点

学习目标

本章将解决下列问题：

1. 什么是视频营销？
2. 视频营销与内容营销相比有什么特征？
3. 视频营销有哪些类型？
4. 视频营销在实践中的经典案例主要有哪些？

学习讨论

受众何以在观看视频过程中建立起与品牌的情感连接？

开篇案例

B 站跨年晚会“最美的夜”视频营销

一、背景与目标

B 站整体以年轻人为主要受众群体，对于时代的敏感性较强；同时 B 站的辐射圈层也非常丰富，平台的包容性非常强。回顾充满变化的 2021 年，这一年发生了较多的社会事件，B站希望在2021年的最后一天，可以用大家熟悉的方式抚慰大家，给年轻人带来温暖、积极的力量。当时，B站跨年晚会也迎来第三年，期待对主题为“最美的夜”的跨年晚会，进行进一步的独特诠释。

二、洞察与策略

在前两年的口碑积累下，2021年B站跨年晚会“最美的夜”成为国家广播电视总局网络视听精品工程项目，收获众多期待和关注。回顾充满变化的2021年，在全球大流行的背景下，每个人的生活都经历了太多跌宕起伏的变化。但无论过去如何，人们终将迎来新的一年，而对于未知，大家都充满迷茫。B站基于年度IP跨年晚会“最美的夜”这一现象级事件，策划了《放焰火》这条先导片，抓住用户普遍性的迷茫情绪，通过影像与文字相结合的方式，突出人本身的力量感，不打鸡血、不做价值输出，反而更激发用户情绪、引发共鸣，“灿烂奔赴新一年”的口号，快速吸引用户的自然关注。

三、创意阐述

“放焰火”是庆祝跨年的传统形式，但这一次，B站邀请所有人，将一年来的所有经历，都化作一把焰火，“凡是过往，皆为序章”。影片中“焰火”的这个手势，是一年中所有情绪的外化，无论得与失、成与败、庆幸或遗憾，B站相信每一种人生经历都值得赞美，也相信过往的一切如同焰火一般，会照亮人们要去往的未来。

视频使用黑白的影像，简化背景与颜色，突出人本身的情绪力量感，表达影片在情绪上的张力。那些动作不光代表夜空中的焰火，更是每个人心中的焰火，是大众心里共同的跨年情绪，是一种能量感的释放。

在歌曲的选择上，B站使用了经典曲目 *Time to Say Goodbye* 的民谣版。从“挥别说再见”，再到“远航去向未知的海洋”，都充满了面对人生的脆弱与坚强。虽是告别，亦充满温柔的坚定。在传播层面，《放焰火》作为B站的跨年晚会先导片，依然被保留在跨年晚会直播和回放的片头里。

四、实施效果

作为B站的跨年晚会先导片，《放焰火》在B站内播放量超300万次，跨年晚会总播放量达1.3亿次。

案例思考：排除跨年晚会这一特殊语境因素，《放焰火》短片能获得高度关注的主要原因是什么？

（案例来源：中国商务广告协会数字营销委员会虎啸奖组委会）

视频营销是利用视频媒介，通过各种平台（如社交媒体、视频平台、公司网站等）进行品牌推广、市场营销和客户沟通的一种策略。它不仅包括视频的制作，还包括视频内容的策划、发布、推广和效果分析。视频营销主要包括短视频营销、长视频营销、微电影营销和直播营销。

第一节　短视频营销

短视频营销是使用较短时长的视频内容来推广品牌、产品或服务的营销策略。这种营销方式特别适用于快节奏的社交媒体环境和现代消费者的浏览习惯。短视频营销涉及创建和分发时长较短（通常在几秒到几分钟之内）的视频内容，旨在快速吸引消费者的注意力，有效传递信息，并促进消费者的参与和分享。这种形式的视频通常流行于社交媒体平台（如微博、抖音、小红书等）。

短视频营销在当前的数字营销领域中发挥着越来越重要的作用。它不但适应了现代消费者快速消费信息的习惯，而且能有效地在各种社交媒体平台上扩大品牌的影响力。然而，由于时间限制，创造引人入胜且信息丰富的短视频内容是一项挑战，需要用创意思维去精心策划。

一、短视频营销的主要特点

快速吸引注意力。短视频需要在很短的时间内抓住消费者的注意力，因此通常一开始就非常吸引人。

精简的内容。信息需要被高效、精简地传递，避免冗余。

高度适应性。短视频非常适合快节奏的社交媒体环境和拥有短暂注意力的消费者。

易于分享。这种形式的视频更容易在社交媒体上被分享，有助于增加品牌曝光度。

创意与创新。由于时间限制，短视频营销通常需要内容十分有创意。

二、短视频营销的应用场景

（一）品牌宣传：简短地介绍品牌的核心信息或价值观

知乎作为中文互联网高质量的问答社区和创作者聚集的原创内容平台，在 2021 年推出了十周年品牌短视频宣传片《有问题，就会有答案》。知乎自 2011 年上线，就在人们心中形成了工具化和精英化问答社区的形象，用户黏性降低。面对该挑战，知乎需要成为面向主流社会的中心化内容平台，让人们围绕公共议题去交流知识、经验和见解，在保持知识问答社区初心的同时，拓展知识的边界，让知识成为主流人群的强需求，并成为像自来水般的普惠资源。2018 年，知乎提出“有问题，上知乎”的品牌主张，产品的工具化属性增强，但社区品牌价值却越来越弱。同时，这几年由于抖音、快手等短视频平台的兴起，知乎品牌与目标用户存在一定的距离感，与竞品相比不够轻松、有趣。2021 年是知乎成立十周年的节点，因此需要进行品牌焕新，对品牌使命和品牌主张进行全新诠释，以一个更清晰、更坚定、更年轻的姿态面对知乎的用户和创作者，巩固和吸引更多知乎的目标受众。

知乎十周年的品牌宣传视频，创作团队选取了相当宏大的切入视角。视频并没有从知识分享社区——“知乎”入手，而是引入了“无人区”概念。在视频的开头，用4个当代中国人耳熟能详的问题与答案，引出新的品牌主张：“有问题，就会有答案”。文案的相关呈现为：“有人举手发问，谁能帮中国拿一个诺贝尔文学奖？莫言举手，作了回答。有人举手发问，盐碱地里能不能种出水稻？袁隆平举手，作了回答。很多人举手发问，除了京剧、功夫和中餐，我们还有什么东西可以分享给全世界？刘慈欣举手，作了回答。全世界举手发问，一个国家最宝贵的财富是什么？钟南山、张文宏们举手，代表无数中国人作了回答……”视频特意放大“举手”这个参与感和表现欲很强的动作，呈现一问一答的互动关系，强调敢于提问作答的勇气，既鼓励人们直面问题、提出问题和寻找答案，也号召大家举手分享自己的知识、经验和见解。

（二）产品推广：展示产品的关键特性或使用场景

2023年春季，美团买药推出了《过敏社交礼仪》的系列短视频广告片。美团买药的核心诉求是：在过敏季，希望通过“科普病症”的方式，强化除24小时买药之外，还有三甲医院医生“在线问诊”这个利益点。

广告策划组将该项目诉求分解为3个需要解决的问题，分别是：“科普病症”如何从一件原本无趣的事，做成有传播度的内容？“科普病症”如何从针对患者，变成所有人都可观看愿分享的内容？“科普病症”如何不只是为了科普而科普，而是有科普的理由和意义？

结合2023年春季的背景——春暖花开，人们本可以毫无顾忌地和亲朋好友结伴出游，但过敏患者在各种社交场合遇见不同的困扰和烦恼，这涉及衣食住行各个层面，且过敏患者由此养成的特殊习惯也难以向不过敏的人解释，所以广告策划组将视角聚焦在过敏患者的“社交困扰”上，推出本次过敏季的传播主题——过敏社交礼仪。根据不同人群、不同症状、不同场合下的过敏症状，通过解构传统的社交礼仪，例如饮酒、送花、自我介绍等，构建了全新的“过敏社交礼仪”。广告用8个极为单纯和轻松的视频小故事，将“过敏社交礼仪”分章节呈现。在每个趣味章节的最后，都会强化美团买药三甲医院医生“在线问诊”的核心利益点，树立了美团买药专业和负责的品牌形象。

（三）故事讲述：通过紧凑的故事叙述建立情感联系

美团优选，作为美团旗下的社区电商业务子品牌，在全国范围内建立起了品牌专属大仓，形成了一套完整的作业流程。为了传递品牌“明日达超市”的新定位，提升大众对美团优选的好感度，同时为了引起下沉市场人群和在一二线城市的打拼者的共鸣，美团优选在2022年推出了品牌片《明天一定到》。短片用一个妈妈“明天一定到”的使命来喻示美团优选对于“明日达”的承诺。短片根据美团优选的真实用户故事改编，讲述了农村妈妈孤勇奔赴城市只为照顾术后女儿，最终妈妈和美团优选都在第二天成功抵达，各自实现“明天一定到”的承诺的故事。

（四）用户参与：通过互动性强的内容鼓励用户参与和反馈

杜蕾斯作为全球知名的安全套品牌，给营销界留下“擦边”的印象。在 2019 年品牌 90 周年之际，杜蕾斯推出了《再向前一步》的广告短片，彻底颠覆了此前的形象。这支广告片回顾了杜蕾斯 90 年的历史，讲述了 4 段深刻而典型的爱情故事，这些故事都呈现了不同的历史经典：黑人青年马丁和白人少女莉莉安相恋，这是对种族肤色的对抗；而在西欧战场，士兵亨利和护士艾米在战地医院的相恋则是对战争和生死的对抗；同样，闻名世界的 67 岁作家杜拉斯和 29 岁的安德烈相恋，他们是在与年龄对抗；在 1964 年，当伦敦街头出现第一台杜蕾斯自动贩卖机的时候，由于人们被根深蒂固的传统观念左右，杜蕾斯的销量惨淡。广告片通过对这些故事的提炼和演绎，突出了杜蕾斯在发展的过程中不断突破、不断向前的精神，同时也让品牌通过对情感的渲染，鼓励受众勇敢去爱。

杜蕾斯所体现出来的品牌主张正如广告短片中的主角们一样，90 年来，面对困难和争议，它不断地冲破时间的囚笼和观念的壁垒，用事实向一代代的年轻人们表明“无视对手，勇敢去爱”的品牌态度。在整个短视频传播活动中，杜蕾斯在微博上发起了爱情故事征集活动，并将征集的故事编辑为爱情故事书，用以呈现当代年轻人面对爱情壁垒和挫折时所迸发出的勇气。

第二节　长视频营销

长视频营销指的是使用时长较长的视频（通常大于几分钟，甚至可达数十分钟到几小时）来实现营销目标的策略。这种视频形式适用于讲述更加复杂、深入的故事，可以提供详细的信息，或展现更全面的用户体验。长视频营销是一个强大的工具，尤其适用于那些需要时间来充分讲述故事、展示复杂产品或建立深层次品牌认知的情况。然而，它也需要精心的策划和制作，以确保内容质量和用户参与度。

一、长视频营销的主要特点

详细的叙事与展示。长视频提供了足够的时间来深入讲述故事、展示产品的多个方面或提供详尽的信息。

高度的用户参与。长视频营销旨在吸引用户更长时间的参与，这通常需要高质量的内容和吸引人的叙事方式来维持用户的兴趣。

适合深度内容。适用于需要深入解释或展示的主题，如详细的产品演示、教育内容、纪录片式的品牌故事等。

更强的情感连接。相较于短视频营销，通过长时间的叙事，长视频可以建立更强的情感联系，引起共鸣。

多平台发布与分发。虽然长视频可以在各种平台上发布，但通常更适合于YouTube、企业网站或其他专门的视频平台。

复杂的制作与编辑。制作长视频通常需要更多的资源、精细的策划和专业的后期编辑。

二、长视频营销的应用场景

（一）教育与培训：提供深入的教育内容或培训材料

在长视频营销中，应用教育与培训的案例通常涉及通过视频内容向目标用户传达有关特定领域或技能的深入知识。这种类型的视频营销既可以用于直接的教育目的，也可以用于间接地提升品牌知名度和信誉。例如像 Adobe 或 Microsoft 这样的软件公司，可通过详细的教程视频讲解软件产品的使用方法。这些视频通常包含对基础操作和高级功能的详细介绍。自媒体博主在各自垂直领域（如美食、健身、汽车、心理咨询等）进行教学和培训创作，以展现自身的专业属性，提升自身作为自媒体博主的声望和传播矩阵价值。

（二）品牌叙事：讲述品牌的历史、价值观或影响力故事

受到日本 ACG（动画、漫画、游戏）文化产业的影响，B 站形成于早期的二次元粉丝圈，所以从建站之初 B 站就和二次元一直有着紧密的联系。由于圈层小众，早期的 B 站成为国内几个二次元爱好者重要的聚集地之一，用户也戏称 B 站为“小破站”。2009 年到 2019 年，B 站的十年顺应了以二次元文化为代表的青年亚文化崛起的步伐。2019 年之前的 B 站仅有动画、娱乐、音乐、新番等几个板块，内容极其有限。但随着年青一代逐渐成长起来，B 站拥有了更多网络话语权，用户基数不断增加，所容纳的兴趣圈层也更加宽泛。

“哔哩哔哩（ ゜- ゜）つロ 干杯 ~”是 B 站用户约定俗成的一句口号，用来表明自己身为 B 站社区一员的“接头暗号”。这句话的历史几乎跟 B 站一样久远，但直到 B 站于 2019 年推出 10 周年宣传片《干杯》，B 站才第一次以官方名义对“干杯”进行了更深层的解读。宣传片中，“干杯”的画面一共出现了 6 次，每一次“干杯”画面的出现，都伴随着一次与友人的相聚。影片呈现了主人公从儿时到孕育新生命之间将近 20 年的人生片段，其中穿插了无数富有洞察力的情节：趁着家长没发现对电脑吹气散热、对课本上的杜甫进行漫画再创作、偷偷在宿舍煮火锅引发断电、被领导训只能躲在卫生间哭……在勾起回忆的同时，配合五月天的《干杯》作为背景乐，宣传片引发了与用户的情感共鸣。

（三）其他场景：制作与品牌相关的娱乐、纪录片或教育内容

米哈游作为中国知名的原创游戏公司，在 2023 年发布了纪录片《仙舟的音乐戏

法》。2023 年正值米哈游旗下崩坏系列游戏的玩家体量趋于稳定之时，米哈游希望以游戏音乐为切入点打通游戏圈和音乐圈的壁垒，通过《崩坏·星穹铁道》的幕后音乐纪录片，刺激泛二次元听众的破圈增长。创作组基于仙舟地图新旧交融的软科幻世界观，洞察米哈游 HOYO-MiX 音乐工作室团队“用不局限于传统的乐器来表达传统”的创作理念，提炼出“仙舟的音乐戏法”主题概念。在内容层面，纪录片讲述音乐的变化与花样百出的技法；而在视觉层面，主创将音乐语言“翻译”成有审美、有创意的镜头语言，丰富专业内容的观赏性，匹配贯穿全程的“戏法”感。

第三节　微电影营销

微电影营销是通过创作时长较短（通常在 5—30 分钟之间）的电影式视频内容，以讲述吸引人的故事、传达深刻的信息或展现鲜明的品牌形象，从而实现营销和品牌传播目标的策略。这种视频内容通常具有较高的制作质量，包括精心编排的剧本、专业的拍摄和后期制作，以及强调情感投入和视觉冲击力的叙事风格。相较于长视频营销，微电影营销更侧重于故事和情感的内容聚焦，在制作方式上更接近于传统电影。

一、微电影营销的主要特点

故事驱动。微电影营销强调故事性，通过细致的角色构建和引人入胜的情节来吸引观众，这与传统的直接产品展示或广告有所不同。

情感共鸣。通过讲述触动人心的故事来建立情感联系，从而加深观众对品牌的记忆和认同。

高质量制作。微电影通常具有电影级别的制作水平，包括专业的摄影、音效、剪辑等。

多样的内容主题。内容涵盖广泛主题，从社会议题到生活风格，从悬疑剧情到浪漫故事，不局限于直接的产品或服务宣传。

多平台适应性。除了传统的视频平台，微电影还可以在电视频道、电影节、品牌活动甚至在线社交媒体平台上播放。

品牌整合。虽然重点在于故事和情感，但微电影通常巧妙地将品牌元素融入其中，使其自然展现。

二、微电影营销的应用场景

首先是品牌形象塑造。企业通过微电影讲述与其历史品牌价值观或理念相关的故事，来塑造或加强其品牌形象。

沃尔沃生命奇迹俱乐部是沃尔沃独有的车主会员组织，其成员是由一群遭遇惨烈交通事故但因沃尔沃汽车的保护而奇迹般幸存，最终回归生活的幸运儿所组成。2022年，沃尔沃生命奇迹俱乐部在中国成立10周年，推出了《人生重启时》官方视频。沃尔沃生命奇迹俱乐部成立10年来66位成员资料和真实车主的经历，成了主创团队的创意原点。

与车企惯性聚焦于惨烈车祸现场本身不同，挖掘幸运儿劫后余生的日常，会让整体故事更具张力。主创团队以真实车主的日常作为创意原点，经过反复沟通，形成了“一次人生，两次生日”的主题，为经历过生死的车主庆祝新生。相较于说教式的品牌TVC沟通方式，平实地记录真实生活的纪录片，反而更能引发观众的共情，收获不错的传播效果。影片在细节中凸显了“生日”这一要素，劫后余生的俱乐部成员们有特殊的庆祝方式——他们的生命中有两个“生日”，一次为新生，一次为重生。影片以半开放的纪录片手法，借3位俱乐部成员劫后余生的特殊生日现场，记录意外发生后，亲人、朋友如何用爱与陪伴帮助车主“重启人生”，以此传递“唯爱与生命不可辜负”的品牌主张。

其次是社会责任宣传。用微电影关注社会文化问题，展示其对社会责任的担当。

《“伊”口爱上千百味》是伊利联合《舌尖上的中国》李勇导演团队、美食风味配音李立宏老师共同打造的国内首档聚焦非遗奶食的纪录片。该片以非遗奶制品为线索，讲述“当代潮流美食”焕活“传统非遗美食”的寻味故事，让充满烟火气的镜头与旁白诠释“每一口美味，都源自对于品质的坚守与传承”。这样的叙事既链接品牌属性——作为美食大国，中国人不仅将牛奶作为营养饮料，还会将牛奶做成各类美食，其中有些还成为非物质文化遗产，突出牛奶与伊利品牌天然关联的属性，又链接Z世代年轻人——以非遗为代表的中国传统文化为载体，结合年轻人喜闻乐见的现代美食元素进行传统文化焕活，拉近与年轻群体的距离，与他们产生情感价值点的共鸣。

最后是文化推广和品牌故事。用微电影讲述与品牌相关的文化故事或传统，强调品牌的文化底蕴和独特性。

米哈游旗下的游戏《原神》依托游戏中的“海灯节”（灵感来源于中国春节和元宵节）衍生出灯影、烟花、皮影戏等独特的、带有传统元素的玩法，创作了《神女劈观》等戏曲音乐，成功在2023年春节与全球玩家建立了更深厚的情感联结。结合《原神》游戏中的“海灯节”和现实中的春节，用故事加深了玩家对“原神 = 中国传统文化出海的佼佼者”的印象，进一步提升了品牌好感度和价值。《原神》也入选了国家文化出口重点项目。

米哈游于2023年创作了新春微电影——《鱼灯》。主创团队以“灯”作为切口、亲情作为纽带，结合游戏中的“海灯节”与安徽歙县的省级非遗——嬉鱼灯，讲述了一个关于“鱼灯”的故事。故事的核心冲突围绕袁家父子展开。在城市打拼的95后小袁，表面上排斥老家的传统鱼灯文化，其实内心不满父亲的传统观念和其对自己的束缚；村里鱼灯手艺的传承者老袁，看上去古板严肃、一切以手艺为重，其实内心特别期望儿子能记住老家和他的根，“不管走到哪，心里头要有灯”。故事的高潮，小袁主动上前修复鱼灯并参加鱼灯会，这既是父子和解，又是年轻人对村里人代代坚守鱼灯的理解。故事取景于歙县汪满田村，每逢元宵，村民们都会自发游街走巷举办已传承了 600 多年的鱼灯会。

米哈游希望用游戏反哺文化传承，借助游戏中的虚拟世界，以一种年轻人容易接受的方式，拉近他们与传统文化的距离，并将文化传承的种子潜移默化地扎根在他们心里。从鱼灯到年味的传承，从虚拟游戏到现实世界，从海灯节到鱼灯会，《鱼灯》不只是一部品牌微电影，更是一次“基于品牌更高于品牌”的公关事件：对内科普非遗鱼灯，对外传播中国传统文化。

第四节　直播营销

直播营销是指企业、品牌或自媒体个人通过实时视频广播的方式，向目标受众展示、推广品牌、产品或服务，同时与受众进行即时互动和沟通。这种营销方式依赖于互联网平台，如社交媒体网站、专门的直播平台等，这些平台为传受双方提供一个即时的、动态的互动环境。

一、直播营销的主要特点

即时互动。允许品牌与受众进行实时交流，获取即时反馈。

透明度和真实性。直播提供了一种非常真实和透明的方式来展示产品和服务，有助于建立受众信任。

广泛的覆盖范围。可以触及全球受众，增加品牌曝光度和扩大市场覆盖范围。

多样化的内容。内容可以包括产品展示、教育讲座、Q&A 环节、事件覆盖、幕后花絮等。

即时营销和销售。直播期间可以进行实时销售，如展示产品并提供购买链接。

二、直播营销的应用场景

（一）网红直播带货

淘宝、京东等电商平台，以及抖音、小红书等在线种草平台上的直播带货已非常普遍。例如，某直播达人通过直播向粉丝展示并推荐各种产品，在直播过程中结合诸如“不好用不推荐”“买它！”等具备高度个人风格的标志性口头禅来刺激受众的购买欲望。某抖音网红主要以搞笑和反转为特点，创造了独特的“反向带货”模式。在直播中，他通常会以夸张的方式夸赞产品，然后在演示过程中“翻车”，比如试吃商品时被酸得扭曲面部表情，或是在介绍不粘锅时突然出现意外等，总能在受众审美疲劳之前创造出新的亮点。

（二）明星直播带货

明星直播带货在近年来成为一种流行的电商营销方式，吸引了众多明星和艺人的参与。然而，并非所有明星都能成功将流量转化为销量。在淘宝直播启动“启明星计划”时，一些知名主持人和演员相继入局，取得了一定的成功，如李湘、王祖蓝、伊能静等人。随着更多明星加入直播带货，直播间的翻车现象开始增多。随着行业的发展，明星直播带货开始从单纯依赖明星效应转向更加专业化和系统化的运作。一些明星开始与专业的 MCN 机构合作，以提高直播带货的效率。演员刘涛加入直播带货是一个典型的成功案例，她在直播带货领域以“刘一刀”的别称闻名。这个昵称源自她在直播时表现出的果断和高效，意指她能迅速地完成销售，类似于一刀切的效率。凭借自己的人气和独特的直播风格，刘涛在直播带货中取得了显著的销售成绩，成功地将自己的粉丝基础转化为实际的销售量。

（三）品牌直播间营销

品牌直播间营销是由品牌主导的在线营销活动。在这种模式下，品牌通过直播向潜在受众展示和推广其产品或服务，同时与受众进行实时互动和沟通。品牌直播间营销的核心在于利用直播的互动性和实时性，提高品牌的可见度和受众参与度，从而促进销售和增强品牌忠诚度。这一应用场景是对传统线下商城购物的再现。例如，运动品牌鸿星尔克的抖音直播间会按照重复性口播的方式展示运动鞋、服装等产品，并提供特别优惠和促销活动的说明，这使得受众可以在较短的时间内快速了解到某一特定产品的属性和购买方式，尽快达成购买决策。

（四）户外直播营销

户外直播营销指的是品牌、企业或个人在户外环境中进行的直播活动，以推广产品、服务或提高品牌知名度。这种营销方式依赖于移动直播技术，直播者要在户外环境中，如街头、景区、活动现场等地，与受众实时互动，展示产品或分享体验。例如，位于南京的红山森林动物园通过直播平台展示动物的日常活动，如进食、休息、玩耍等，为受众提供近距离观察动物的机会。同时，红山森林动物园还会在直播中加入教育内容，讲解不同动物的习性、生态环境和保护的重要性，提升受众爱护动物的意识。红山森林动物园还会设定互动环节，允许受众在直播中提出问题，由动物园工作人员及时回答，增加受众的参与感。这种户外直播的营销策略为不能亲自前往红山森林动物园的受众提供了一种虚拟旅游体验。

本章小结

视频营销作为一种利用视频作为媒介进行品牌推广、市场营销和客户沟通的策略，涉及视频的策划、制作、发布、推广和效果分析等诸多环节。在本章节中，我们简要介绍了现阶段视频营销的主要类型——包括短视频营销、长视频营销、微电影营销和直播营销。短视频营销的特点主要为快速吸引注意力、精简内容、高度适应性、易于分享、创意与创新。长视频营销则提供了更详细的叙事与展示，适合深度内容和情感连接。微电影营销强调故事性和情感共鸣，通常具有较高的制作质量。直播营销则以即时互动和透明度著称，品牌可以实时与受众互动，增强受众参与感和忠诚度。此外，视频内容在社交媒体平台上的可分享性极高，有助于提升品牌曝光度和口碑传播的力度。因此，视频营销在现代营销策略中扮演着至关重要的角色。

思考题

1. 分析一个你认为成功的视频营销案例，探讨其成功的关键因素。

2. 讨论社交媒体平台（如微博、小红书、抖音等）在视频营销中的作用及其对视频内容的特定要求。

3. 分析短视频营销的兴起对品牌营销策略的影响，以及如何有效利用短视频吸引受众。

第十章　内容营销

学习大纲

- 内容营销的概念
- 内容营销的发展历程
- 内容营销的实践六要素
- 内容营销的心理机制
- 内容营销的主要类型

学习目标

本章将解决下列问题：

1. 什么是内容营销？
2. 内容营销与广告相比有什么特征？
3. 内容营销有哪些类型？
4. 内容营销的实践六要素指的是什么？

学习讨论

我们日常所见到的内容产品其背后涵盖了怎样的营销机制？

开篇案例

星巴克的小红书内容营销

一、背景与目标

以瑞幸为代表的新消费咖啡品牌的兴起让中国的年轻人开始爱上喝咖啡。然而，星巴克作为社交网络中曾经的话题引领者，一度通过"猫爪杯""自带杯大赏"等话题引爆社交网络，掀起讨论与抢购的热潮，如今却不再是年轻人的话题讨论中心。如何借助小红书重回年轻人视野，借小红书社区内容展现一个不一样的星巴克是此次小红书运营的核心挑战。因此，此次挑战有三个主要目标：赋予星巴克官方真诚风趣的灵魂，刷新小红书用户对星巴克的固有印象，提升用户好感度；通过创意与互动内容，吸引更多小红书用户关注并建立他们与星巴克的连接；为星巴克新品、周边、活动引流，将线上社交流量转化为线下实际销售。

二、洞察与策略

当代年轻人在小红书里与素未谋面的网友分享生活的点点滴滴，积极参与社交讨论，正是他们的无数小巧思组成小红书美好的 vibe（社区氛围），品牌想要融入这样的社区氛围，收获这样一群人的好感，唯有用真诚而不失朋友之间逗趣的态度，才能打造独属于星巴克官方的"朋友圈"。星巴克发力小红书营销，以定制创意内容与整合媒介资源的运营思路，重新对话新一代年轻消费者。

三、创意阐述

延续真诚且有温度的品牌人设，推出品牌 IP 熊店长系列内容，进一步以朋友的身份与用户对话；抓住节日节点送福利，关爱用户，通过不同形式的社区玩法增强与用户的互动；整合运营星巴克小红书内容，精细维护日常，使账号像个有趣的活人，而不单是发布公告的账号，并以此来增强与用户之间的黏度；时刻监测数据，预判主题 social 笔记流量走势，针对粉丝问题和笔记状态采取应对措施。

四、实施效果

自星巴克发力小红书 3 个月以来，收获大量年轻用户的好评，不少用户表示"才反应过来这是星巴克的官方号""星巴克的小红书比微博和微信公众号有意思多了"。多条爆文笔记成功帮助星巴克小红书官方号显著涨粉：产生爆文 20 篇，爆文率达 20%；粉丝增长 20 000 人，同比增长 79%；评论互动增加 20 000 次，同比增长 772%；笔记分享增长 20 000 次，同比增长 257%。

案例思考：年轻人为什么会更喜欢星巴克在小红书的内容？

（案例来源：中国商务广告协会数字营销委员会虎啸奖组委会）

第一节　内容营销概述

一、内容营销的定义及其特征

内容指的是那些用于吸引用户进行阅读、观看或体验的元素，这些元素旨在将品牌植入用户的心智和思维中。内容营销的关键在于，内容与用户之间的相关性强度如何，即能够与用户的兴趣和需求紧密相连的元素是否真正贴合。内容营销采用的形式多种多样，它通过发布和传播用于推进传播策略、讲述品牌故事的内容来吸引和保持用户的注意力。这些内容形式没有特定的限制，可以是文字、图片、音频、视频，也可以是其他多媒体形式。

内容营销的核心在于通过讲述品牌故事来激发用户的长期参与、建立信任以及与品牌的稳定关系。"营销"涉及创建、传播、分发和交换对客户、消费者、合作伙伴以及社会具有价值的产品和服务的一系列活动和过程。结合"相关性"和"价值"这两个核心概念，内容营销通常专注于提供教育性或娱乐性的信息。

内容营销可以被定义为：针对现有或潜在用户创作和分享具有高度相关性且有价值的内容，以吸引并保持目标用户的注意力，进而建立用户的长期参与和信任，以促进品牌与用户之间的稳固关系的策略。

始创于 1900 年的《米其林指南》，是由知名法国轮胎品牌米其林出版的美食及旅游指南书籍的总称。经过 120 余年的发展，它已成为一个著名的美食推荐平台，凭借其独特的专业评价系统吸引了广泛关注。对许多人来说，提及米其林，人们首先想到的不是轮胎，而是美食。然而，这份指南最初的目的是为汽车用户提供地图、加油站、旅馆和汽车维修等信息，旨在成为汽车旅行者的日常参考资料。

内容营销的几个典型特征：

（1）价值导向：内容营销的核心在于提供价值，而不仅仅是推销产品或服务。这种价值可以是教育性的、启发性的或是娱乐性的，旨在满足用户的需求和兴趣。

（2）受众定位：它专注于理解和满足特定目标用户的需求。内容是为了吸引、留住和与特定用户群体建立联系而精心制作的。

（3）品牌故事讲述：通过讲述品牌故事和价值观，内容营销建立起了品牌与用户之间的情感联系，它帮助用户理解品牌的使命、愿景和特点。

（4）多样化的内容形式：内容可以采取多种形式，包括博客文章、视频、播客、社交媒体帖子、电子书、新闻稿、图表等。内容形式的多样化是为了适应不同平台环境和用户偏好。

（5）互动与参与：内容营销鼓励用户参与和互动，例如通过评论、分享、讨论等方式，进一步增强用户与品牌之间的联系。

（6）长期战略：它是一种长期的营销策略，旨在持续建立和维护与用户的关系，而不是追求即时的销售成果。

（7）质量高于数量：优质内容是内容营销的关键，它比单纯追求数量更能建立品牌的信誉和权威。

二、内容营销与传统广告的区别

（一）范式上的转变

传统广告以销售为导向，即直接推销产品或服务，而内容营销的重点是提供相关联的、有价值的内容来帮助用户。内容营销要求深入了解用户的需求和兴趣，并在传递企业价值观的同时，以有效的方式与用户沟通。

（二）目标的转变

传统广告的目标通常是直接促成购买，内容营销更注重长期的用户关系建立。例如，多芬的 *Real Beauty Sketches*（《你，远比自己想象得美丽》）则是通过创意内容来提升品牌形象和价值观，而非直接推销产品。

（三）形式上的转变

传统广告倾向于打断式的推广方式，如电视广告、户外广告板，内容营销则采用非打断式的传播形式，如博客、电子书、电子通信等，着重让用户主动寻找或发现内容，更强调用户的选择性和主动性。

（四）结果的转变

传统广告通常涉及获取流量和注意力付费，比如在电视或户外广告栏购买广告位，内容营销侧重于通过高质量内容的生产来赢得用户的关注，目的是在自有平台上增加流量和提高参与度。

三、内容营销的过去与现在

内容营销的历史已经有百余年之久，除了前面提到的《米其林指南》，最早的内容营销案例还有美国农业机械品牌约翰·迪尔于 1895 年发行的 *The Furrow*（《耕耘》）。约翰·迪尔公司并不是通过 *The Furrow* 来直接进行售卖农业机械的广告推广工作，而是通过对其目标用户——农民进行信息技术和商业模式的知识传授，以教育专家的方式来赢得农民用户。当农民需要机械采购的时候，他们就会优先购买约翰·迪尔的农机产品。

Web 3.0 时期，众多社交媒体平台已经进化成了圈层明显的内容营销平台。很多内容营销从业人员的基本工作是运营某个社交媒体的公众号，或是对同类型公众号进行研究整合以指导部门工作。除了人们日常接触到的微信公众号之外，像知乎一类的早期社交社区也从知识分享平台进化到现阶段的泛知识付费平台。快手、抖音这类短视频分享平台也成为不同类型消费产品的电商平台。小红书作为一个电商创业平台，尤其注重其社区运营和用户口碑的建设。运动品牌 Keep，也已经从早期提倡用户关注身体管理和体育锻炼的 App 演变成庞大的集体育产品、健身课程为一体的销售平台。可以说，内容营销是始终潜移默化地与诸多产品形式、营销手段捆绑在一起的。

影响内容营销的行业因素有三个。首先，用户接受度的转变。在传统媒体时代，广告投放通常依赖高信誉媒体的广告版面。然而，现代用户对内容的接受方式已经发生了根本性的改变，更倾向于在日常社交媒体互动中发现品牌内容。其次，职业天赋的转变。在过去，对于擅长故事叙述这一内容创作工作的记者来说，他们相对排斥为非媒体行业的品牌提供服务，甚至对此表示反感。因为这些活动在过去被认为会损害职业的专业性。但是现在，作家、编辑以及记者在各行各业都非常活跃，他们开始帮助品牌去创作引人注目的品牌故事。现阶段，相当多的记者岗位已经被安排在品牌一侧。尽管为非媒体工作的专业污名化会长期存在，但目前已不那么明显。最后，技术生态的转变。这一点也与前两者高度互动，成为产生交互影响的因素。在移动互联时代，任何人、任何企业都可以通过互联网来进行内容发布，且直接成本低廉。这为内容营销的广泛实践提供了天然的低成本试验场地。

第二节　内容营销的实践六要素

一、搭建教育性内容平台

要提供跟用户有关联性的、有价值的内容，实现娱乐和教育机制的有效结合需要一定的平台基础。因此，如何搭建自有媒体、自有内容平台，是内容营销行业实践的核心议题。

Home Made Simple 创建于 2000 年，最初是一家微型网站，2001 年被以女性受众为导向的媒体 iVillage 收购后，宝洁公司将该项目纳入公司内部，并将其扩展为客户关系管理、电子邮件项目和网站服务，为居家女性提供“简单、创意想法以及家庭清洁解决方案”。2006 年夏天，基于原有的网站服务，*Home Made Simple* 电视真人秀在有线电视网络 TLC 首播，节目中的典型任务是安排嘉宾完成一系列诸如制作简餐、修理物品、房间布置和室内装饰的活动。基于一系列的节目和服务呈现可推知，Home Made Simple 的用户定位是居家女性，尤其是忙个不停的“妈妈”。与此同时，Home Made Simple 也是宝洁旗下的一个产品商标，对应着一系列的日用消费品，通过网站服务和电视节目来赢得目标用户，进而转化为自身的销售利润。同样，宝洁公司针对处于青春期阶段的女性设置了 Being Girl 的教育网站，让青春期女性分享她们在长大时遇到的问题，并邀请专家为她们提供指导意见。同时，如果用户有购买产品的需求，则将他们引导到相关的网站，将需求转化成销售实绩。

二、开拓新的内容与媒介市场

优秀的内容营销者除了帮助品牌故事进行提升之外，还会注重品牌在相关行业中的命名法则，并通过产品的命名实现新市场的开拓。例如科技公司思杰推出workshifting网站，直译为工作交接或工作转换，服务对象主要是办公场所不固定的从业人员，尤其是企业主。其员工可以在咖啡厅、机场或者家里办公，为客户提供解决方案。workshifting的服务完美整合了思杰公司旗下GoToWebinar和GoToMeeting这类网络会议、研讨会式的服务，并促进了后者的购买。值得注意的是，workshifting已经成为一个术语，指内容营销领域内在线工作协同服务。

三、内容营销领导者的重要性

在内容营销中，内容在创作后通常通过社交媒体、公关活动、营销活动、电子邮件、移动设备、搜索引擎等一系列渠道分发。而如何组织好故事的生产和相应渠道的分发，可能并未被每一个从业者所关注，因此在诸多行业实践中，内容营销人员较难得到足够贴合产品消费者的内容方案。对于行业领导性组织来说，它们通常会雇用具备强大叙事能力的人来进行内容营销的协调和基调设定。这些组织的岗位设置往往为首席内容官，其候选人也往往具有记者或编辑的履历背景。例如，为网飞公司带来变革性发展的首席故事官——泰德·萨兰多斯（Ted Sarandos），在大学时期他修读的专业是新闻学。

四、雇员参与内容创造

内部动员可视为效果最好的内容营销人员的培养方式。OpenView是波士顿的一家风险投资公司，其公司旗下大多数专业员工通过博客日志的方式来发布行业分析，而这些博客日志所处的平台OpenView Labs则是专为企业家寻找创业基金而设置的。将员工打造成专家形象进行内容生产来实现创收的目的，是很多商业咨询公司以及风险投资公司的重要营销手段。在中国的社交平台上，房产、汽车、教育等行业均存在大量的雇员参与内容创造，以生产契合潜在用户需求的内容产品来实现营销转化。

五、将品牌与故事分离

如果在内容营销中将品牌信息从故事中分离，那么内容的分享可能性会显著提升。中国银联在2019年推出历史战争短片《大唐漠北的最后一次转账》。短片的故事发生在中晚唐时期，西域只剩下龟兹和西州两城。两地之间输送军费，但运款小队在半路与敌人同归于尽，一个流民在偷盗财货时，被之前晕倒的唐兵制服。于是，唐兵押解流民踏上了运款的旅程，他们一路遇到了商人、马匪，唐兵战死，流民最终完成了运送军费的任务。短片最后一个画面，是驻守西域的大唐兵团唱着军歌行军。短片以虚构人物的经历融合家国情怀的叙述，构建了一个荡气回肠的史诗，最后的定格画面不免让观众想到解放军“雄赳赳，气昂昂，跨过鸭绿江”的飒爽英姿。全片只在片头出现了中国银联和云闪付的 logo，观众完全沉浸在整个故事的叙述里，直到片尾通过对主题的升华，打出“中国人，从未改变对使命的信仰，中国银联相信，每一分钱都是一份使命，云闪付跨行转账零手续费，虽远必达，分文不差”的宣传语，观众才知道原来这是一个广告。这种品牌信息与故事分离的策略，对观众沉浸于故事产生了直接的促进作用，并进一步让观众与故事所传达的理想信念产生共鸣，从而实现对品牌信任的建立。

六、与外部专家建立内容营销社区

越来越多的领先品牌不再只依赖内部的内容创造者来主导特定内容领域，而是通过邀请外部行业专家作为其思想内容创造的主要力量。外部专家可以是某些领域的意见领袖，也可以是具备专业影响力的个体，还可以是专家社群机构，例如市场研究公司、智库等。通过与外部专家的合作，品牌不但能够提升内容质量，而且能够拓展其在内容营销领域的影响力。这种策略对于建立一个有影响力、高质量的内容营销社区至关重要。

第三节　内容营销的心理机制

内容营销的心理机制可以从“前因”和“后果”的维度来进行分析。“前因”是指消费者接受内容营销的动机，“后果”是指内容营销会产生的效果。

一、消费者动机的分析

（一）功能性动机

消费者以实用主义来选择媒体内容，例如通过与品牌相关的信息来促进自身的购买决策。例如，为处理工作协同中遇到的潜在场景问题，钉钉设置了一系列说明视频来进行详解，方便消费者学习并使用钉钉。同样，在社会科学计算领域，Stata 作为常用软件，其软件运营商也会在 YouTube 频道上更新相应的操作视频，对消费者进行直接的教学性指引来满足其功能性动机。功能性动机使教育性信息内容成为内容营销的主要形式之一。

（二）享乐性动机

与其他媒介消费诉求一样，无论消费什么媒介内容，消费者的基础动机是难以与享乐性动机进行分离的，人们普遍存在打发无聊时光的需求。内容营销可以通过巧妙的故事呈现，使得消费者在内容消费过程中，通过互动来进行身份投射，实现价值共鸣。消费者在购物中心或社区电商平台购物时，往往更倾向于选择能够带来愉悦体验的产品和服务。娱乐营销通过多种娱乐元素，如音乐、综艺等，吸引消费者关注并实施品牌营销。

（三）真实性动机

在复杂多样的媒介生态中，消费者对品牌传播真实性的诉求越发强烈，而内容营销可以作为很好的真实性载体进行故事讲述。比如可口可乐公司的“hello happiness”活动，其主题短片呈现的是可口可乐公司在迪拜设置了温情电话亭为低收入的劳工提供通信服务的场景。因为低收入和落后的居住设施，这些外籍劳工平时很难跟家人联络，而在可口可乐公司的帮助下，劳工只需要在电话亭里投入一个瓶盖，就可以获得免费的国际通话时间与亲人联系。这一活动虽然存在一些争议，但不可否认，可口可乐公司成功通过帮助弱势群体这一真实性内容实现了消费者对品牌真善符号的想象。

二、内容营销的效果

（一）触发消费者参与

认知参与主要指的是消费者与品牌理念和精神细节的内在互动，通常源自消费者功能性动机与真实性动机，并由此产生消费者对品牌关联的意义建构。

情感参与主要指的是消费者在参与内容营销互动过程中和品牌关联有关的情绪。这种情绪可以是正向的，也可以是负向的，甚至是混合的。情感参与源自消费者的享乐动机和真实性动机，目的是在内容所传递的价值共鸣过程中实现消费者参与。情感参与会促进消费者与内容营销本身所传递的品牌身份认同。

行为参与指的是消费者对品牌参与所付出的精力、努力和花费的时间，主要源自消费者的功能性动机和享乐性动机。行为参与建立在认知参与与情感参与的基础上，并可能升级为品牌的公民化行为，例如传播品牌正面口碑、向其他人提出品牌建议等。

（二）建立消费者与品牌之间的联系

内容营销在建立消费者与品牌的联系的过程中，主要体现为品牌信任和品牌态度。品牌信任包含两个关键维度：品牌信誉和品牌责任。品牌信誉指的是消费者对品牌可靠性的心理感知，这种感知通过与品牌相关的意义建构得以强化。品牌责任指的是消费者认为品牌在积极维护他们利益的行为，这一般通过情感参与和品牌身份认同来加强。

麦当劳公司曾推出“我们的美食，你们的问题”活动，消费者可以提出关于麦当劳食物的任何问题，麦当劳方面保证一定诚实作答。这种形式的内容营销策略是企业信息透明化的有效尝试。消费者会对麦当劳这类处于市场支配地位的快餐产品的分类、配方非常感兴趣。例如，消费者询问 McGriddles 面包的成分，Espresso 和

Coffee 的区别，以及为什么要将奶昔称为 Shakes 而不是 Milkshakes。针对前两个问题，麦当劳方面的回复主要就食品成分、烘焙方法进行回答，而针对奶昔命名，除了成分呈现之外，麦当劳还很机智地提及美国各州乳制品法规对奶昔规范的差别，并提出自己命名 Shakes 是因为这样简单且严格，活动一问一答的方式体现了麦当劳的社会责任担当。

品牌相关的意义建构、身份认同和公民化行为共同促成了品牌态度的形成、维持或潜在的改变。品牌相关的公民化行为是品牌态度的重要驱动力。《权力的游戏》是一部中世纪史诗奇幻题材电视剧，其现象级的粉丝规模也带来了许多成功的内容营销实践。HootSuite（互随）这一非常知名的社交媒体管理平台在《权力的游戏》第四季发布的时候同步开展了自己的营销活动，推出了视频《社交权力的游戏》，通过展现社交媒体世界大陆中的各方势力，如 Facebook、Twitter、Instagram 等，以类似于《权力的游戏》的开场动画一样展现各个势力均处于 HootSuite 这一个世界架构之下，让消费者清晰地了解到可以通过其服务实现多个社交媒体的管理和运营。另外，非常重要的是时机的选择，这能够让消费者在搜索《权力的游戏》的时候可以同步看到《社交权力的游戏》的搜索结果，有利于达成消费者对 HootSuite 品牌的积极态度，因为该品牌在视频内容所呈现的气质与他们自身存在高度关联——都喜欢《权力的游戏》，这种相似性有利于达成消费者的购买与使用转化。

（三）提高品牌资产

品牌资产是内容营销长期效应的体现，它分为两大类：以消费者为基础的品牌资产和以企业为基础的品牌资产。品牌资产获得提升的根本，就在于消费者对品牌的信任。

1. 以消费者为基础的品牌资产

基于消费者的品牌资产主要指的是品牌知识对消费者回应特定品牌的差异化影响，暗示了消费者对某一品牌的价值感知。消费者对品牌价值感知越高，对品牌和品牌活动的回应会越主动。而品牌所提供给消费者的价值，也会进一步降低消费者对购买行为的风险感知，促进消费者的购买决策行为。所以，以消费者为基础的品牌资产，由消费者的认知参与和情感参与共同积累，并进一步触发消费者个体深入认识品牌的态度和信誉。

2. 以企业为基础的品牌资产

以企业为基础的品牌资产，指的是与品牌、品牌名称和符号相联系的资产与负债，可以提高或降低企业产品或服务的价值。这种以企业为基础的品牌资产直接反映了品牌的核心商业价值，以及品牌建立并维持与消费者关系的能力。以企业为基础的品牌资产由消费者的行为参与，特别是品牌公民化行为以及品牌态度的交互而得以触发与变动。无论是基于消费者的品牌资产，还是基于企业的品牌资产，其提高的直接基础均是消费者对品牌的信任与态度。

第四节　信息流广告

一、信息流广告的定义及其特征

信息流广告（in-feed advertising）是在社交媒体平台上针对不同用户群体属性对用户特点和喜好进行智能推广的广告类型，其最为直观的展现形式是镶嵌在社交媒体的信息流之中。信息流广告属于原生广告的一种，它将广告内容与用户自然浏览的内容环境无缝集成，降低用户体验被干扰的程度。它在设计上与周围的内容风格和格式一致，使广告看起来更像是原生内容，旨在以一种更为微妙和吸引人的方式吸引目标用户，提高用户参与度。信息流广告主要出现在社交媒体平台或网站的内容流中，如微信朋友圈或小红书的帖子。它们通常被标记为“赞助”“推广”“广告”等字样，并与用户的信息流内容格式保持一致。

除了内容营销所具备的诸如提供有价值内容、保持用户注意力等一般特征外，信息流广告还擅长通过高精度的标签体系理解真实用户，包括他们的基本属性、用户环境、用户状态、商业兴趣、用户行为等。以朋友圈广告为例，信息流广告支持按照地域、性别、年龄、手机（品牌型号、手机系统及联网环境）、婚恋情况、学历、兴趣标签（商业兴趣 /App 兴趣）、LBS、再营销等属性进行定向。此外，信息流广告支持更精准的强曝光与更广的覆盖；可以实现递进式追投，完成二次营销；针对不同决策人群，投放同一产品的不同广告；对垂直行业高相关度人群实现触达。

奥迪新车营销中，其信息流广告基于浏览、搜索、关注、参与讨论等用户在线行为，获取奥迪用户人群信息，并通过整合第三方垂直平台的数据，定位可能对新车感兴趣的高相关人群，并结合标签体系，绘制出用户的“行为场景画像”。数据模型再以此估计，对“共有特征及社交关系”进行运算，在微信 9 亿多个月活用户中进行 look-alike 相似人群推演，在保证高精准定向的同时，为品牌提供最大化的可投放数据量。

二、信息流广告的文案意义

由于广告夹在原生内容里，因此想要赢得特定标签用户的注意力，文案的内容就显得格外重要。针对同一视频或图片内容，不同标题文案所收获的点击通过率会有显著差别。例如，针对一条金融理财信息流的广告文案有两个内容文本：“理财收益率高达 7%”“从今往后再也不存银行了”，前者相较于后者的点击通过率就会低很多。

通常，品牌在投放信息流广告时，会先测试几十个不同的版本才会大规模投放。但经过“不懈努力”找到的“天选文案”也并非一劳永逸，用户的知觉定式一旦形成，上一阶段的好文案可能在下一阶段就变成了“废柴文案”，不再获得目标用户的注意。因此，了解文案刺激用户心理的触发机制非常关键。

（一）受众相关性

在嘈杂的环境里如何引起一个人的注意？最好的办法是直呼其名。虽然在网络上无法做到如此精确，但信息流广告所定位的精准信息可以用于吸引特定人群的注意力。

例如先前在百度信息流广告文案测试中，“地域词包”被证明效果显著，即根据用户地域自动匹配地区词，可以明显提升广告点击通过率。相比之下，“年龄”词包的效果就比较差，因此不适合用具体年龄去框定人群。此外，特定词语与特定人群也有较好的呼应关系，例如针对中青年男性的“脱发”能够有效地针对该群体获得较高的点击通过率。

（二）核心关注点

常规的广告思维是“我有什么我就宣传什么”，比如一款炒股软件，最常见的文案就是类似“实时股票行情，就上 ×××”。但用户真正在意的是股市资讯吗？不，他只是想赚钱而已。所以更好的信息流文案可以是：“据传，4 月份这类股票会大涨，看看你有吗？”

寻找用户的“根本关注点”，其实就是从自身优势出发，通过调研数据、用户洞察了解用户在这方面的根本需求，再用一个具象化的概念来表达。例如针对 K12 教育的产品，以家长为目标用户的痛点可能是“没时间带孩子”或“害怕孩子输在起跑线”，而非直白的“让孩子受到更全面的教育”。

（三）激发好奇心

引发好奇，不是简单地说一半留一半这么简单，而是要通过种种铺垫，激起用户的好奇心。比如：“眼镜起雾怎么办？一招搞定！”看起来“眼镜起雾”是很多戴眼镜人士的痛点，但实际上并没有过于迫切，类似的小妙招网络上有很多，所以这种“说一半留一半”的套路人们并不买账。如何激起好奇心？广告中可以加入一个权威背书：“眼镜起雾怎么办？清华博士支招，一招搞定！”加入一个“清华博士支招”，用户可能就会想看看在这个问题上清华大学的博士到底能支出什么招，然后再点进去。很显然，用户已经被这个“眼科医院广告”成功捕获。

所以所谓“激发好奇心”，并不单单是从用户关注点出发，而是在关注点之上通过一些手段，把用户的猎奇心理唤醒，让其不假思索地点进去。

三、信息流广告的投放思路

一般来说，信息流广告的投放思路需要根据广告投放的不同阶段进行调整。信息流广告的投放一般包括三个阶段：测试期、放量期、成熟期。

（一）测试期投放思路

信息流广告投放的测试阶段是一个关键环节，旨在验证和优化广告的效果，确保最终投放的广告能够达到预期目标。具体思路如下：

1. AB 测试

AB 测试是将两个或多个广告版本（比如不同的广告文案、图片或目标用户）进行对比测试，以确定哪个版本更有效。在实施过程中，同时投放多个版本的广告，每个版本只有一个元素不同（比如标题、图像、文案风格等），以确保结果的准确性。

2. 小规模投放

在小范围内投放广告，评估其初步表现，这有助于在大规模推广前识别潜在问题。该环节需要收集点击率、转化率、互动率等关键指标的数据。

3. 数据分析与调整

分析在测试阶段收集的数据，了解不同广告元素的效果。根据测试结果调整广告的内容、目标受众、投放时间等。

4. 用户反馈

收集用户对广告的反馈，包括直接的用户反应和通过用户行为反映的间接反馈，并根据用户反馈进一步调整广告。

5. 持续优化

测试阶段不是一次性的，而是一个持续的过程。根据收集的数据和反馈不断调整并优化广告。

6. 预算控制

在测试阶段控制预算，避免过早消耗大量资源。

（二）放量期投放思路

信息流广告投放的放量期是指在初步测试和优化之后，将广告投放扩大到更大范围的阶段。在这个阶段，广告主通常会增加预算，扩大广告覆盖范围，以实现更大规模的品牌曝光度和目标转化。以下是放量期的关键思路和步骤：

1. 扩大预算

基于测试阶段的成功结果和数据分析，逐步增加广告预算。根据不同广告组、目标用户和平台的表现，合理分配预算以实现效果最大化。

2. 扩展目标受众

将广告覆盖范围扩展到更广泛的目标用户，包括之前未覆盖或未充分覆盖的细分市场。基于初步数据，进一步细化和优化目标用户分组。

3. 多渠道推广

在多个社交媒体平台和渠道上投放广告，增加品牌曝光度，确保在不同平台上的广告信息和品牌形象保持一致。

4. 内容优化与多样化

根据测试阶段的反馈调整广告内容，确保其吸引力和有效性。创建多种广告内容（如不同的图像、视频和文案），以满足不同用户群体的需求。

5. **持续监控与优化**

持续监控广告的表现，包括点击率、转化率、ROI 等指标。根据实时数据和用户反馈不断调整广告的策略和内容。

（三）成熟期投放思路

信息流广告投放的成熟期是指广告活动经过初步的测试和放量期后，进入一个相对稳定和高效的运营阶段。在这个阶段，广告主的重点转向维持和增强广告效果的持续性，同时寻求提升广告投放的整体效率。以下是成熟期的主要思路和策略：

1. **持续监控与数据分析**

持续监控广告的各项关键指标，如点击率、转化率、成本效益等。深入分析广告数据，识别趋势、潜在问题和可能的成功因素。

2. **精细化的受众定位**

进一步细分目标用户，基于更精准的数据对其进行更细致的定位。运用更高级的个性化技术，确保广告内容与不同用户群体的兴趣和需求相契合。

3. **内容创新与多样化**

不断创新和更新广告内容，以保持用户的兴趣和参与度。利用多种广告形式和内容，适应不同平台和用户的特点。

4. **投放策略的优化**

根据用户行为和响应数据优化广告投放的时间、频率，在不同平台间保持广告内容和策略的一致性，同时发挥各平台的独特优势。

5. **成本效益分析**

持续监测和分析 ROI，确保广告投放的经济效益。优化预算分配，减少不必要的支出，提高广告的成本效率。

6. **应对市场变化**

根据市场趋势、竞争状况和用户行为的变化灵活调整广告策略，准备应对突发事件或市场变化的策略，以保持广告投放的稳定性。

7. **长期关系建设**

重点关注与用户建立长期关系，提升品牌忠诚度和用户保留率。加强与用户的互动，利用社交媒体建立良好的社群关系。

第五节 IP 营销

一、IP 营销的定义

IP（intellectual property）营销指的是以知识产权（如文学作品、艺术品、电影、音乐、商标等）为基础进行的一系列营销活动。这种营销形式不是只在产品或服务上贴上一个知名品牌的标签，而是深度挖掘和利用这些知识产权背后的文化、故事和情感价值，以此来吸引并保持消费者的兴趣和忠诚度。在竞争日益激烈的市场环境中，IP 可以帮助品牌突出其独特性。通过与知名的 IP 结合，品牌可以借助 IP 的故事、形象和情感价值来与消费者建立更深的联系。IP 具有跨年龄、跨文化的吸引力。通过与 IP 合作，品牌可以接触更广泛的消费者群体，尤其是那些已经是该 IP 粉丝的目标群体。在市场反应速度和弹性上，IP 营销虽然可以迅速捕捉和利用特定 IP 的热度，但也可能受限于某一 IP 的流行趋势和生命周期。

二、IP 营销的基本特征

（一）达成情感共鸣

品牌故事是品牌与消费者之间建立情感连接的重要桥梁。在 IP 营销中，与品牌故事的融合能够进一步增强品牌与消费者的情感共鸣，并让消费者与故事和角色建立深厚的联系，这种连接远超传统营销单纯对产品或服务的推广。迪士尼拥有一系列深受喜爱的动画电影，如《美女与野兽》《狮子王》《冰雪奇缘》等，这些电影中的角色和故事触动了不同年龄层观众的心弦。每部电影都讲述了一个独特且富有情感的故事，这些故事往往涉及家庭、友情、爱情、勇气和梦想等普遍价值。此外，诸多服饰、玩具、食品等品牌与迪士尼相关作品或角色进行联名，也与消费者达成了情感共鸣。

（二）实现品牌增值

通过与知名 IP 的关联，品牌可以借助 IP 的声誉和影响力来增强自身的市场地位和价值。乐高是一个历史悠久的玩具品牌，以创意积木玩具闻名。它与《星球大战》的合作不仅为乐高带来了巨大的商业成功，也为《星球大战》系列增添了新的活力。在与《星球大战》合作之前，乐高主要依靠自己的产品线和原创系列进行营销。与《星球大战》合作之后，乐高品牌的市场价值得到了极大的提升，吸引了更广泛的消费者群体，尤其是《星球大战》的粉丝。这不仅为乐高带来了短期的销售增长，长远来看还提升了品牌形象，使乐高成为创意玩具和收藏品的代名词。

（三）跨媒体运用

IP 营销通常涉及多个媒介，如电影、电视、书籍、社交媒体等，以此来扩大影响范围和触达更广泛的消费者。例如，“哈利・波特”不仅在书籍、电影领域取得了巨大成功，而且扩展到了多个其他媒体和产品上（如主题公园、视频游戏和 App 等），形成了一个庞大的跨媒体帝国。

（四）提高消费者忠诚度

IP 粉丝往往对该 IP 有较高的忠诚度，这种忠诚度可以转化为对相关产品或服务的忠诚度。漫威通过将其漫画书中的角色和故事转化为系列电影和电视剧，成功地创建了一个庞大的粉丝基础，并获得了显著的粉丝忠诚度。漫威利用其众多漫画角色和复杂的故事线，为消费者提供了多层次的娱乐体验。漫威电影宇宙（MCU）的每部电影不仅自成一体，而且也是更大叙事结构的一部分。这种跨电影的连贯性吸引着粉丝跟随各种衍生产品和服务。

（五）提高差异化市场竞争

有效的IP营销有助于区分品牌和产品，尤其是在竞争激烈的市场环境中。例如，耐克与迈克尔·乔丹合作，推出了Air Jordan运动鞋系列，不但巩固了耐克在体育用品市场的领先地位，而且创造了一个独特的市场细分领域，将体育用品与时尚和流行文化紧密相结合。

（六）结合社会文化趋势

IP营销经常与社会和文化趋势相结合，利用消费者对特定文化元素或社会现象的兴趣来推动营销活动。科林·卡佩尼克是美国职业橄榄球大联盟（NFL）旧金山49人队的前四分卫，因在比赛前奏国歌时跪地抗议种族不平等和警察暴力而成为争议性人物。2018年，耐克选择与他合作，将其作为“Just Do It”广告系列的代言人。耐克的这次广告展现了强烈的社会立场，即支持言论自由和反对种族不平等。虽然这次合作在一部分消费者中引发了争议，但它显著提升了耐克的品牌认知度和话题性。对于支持科林·卡佩尼克立场的消费者来说，这次合作增强了他们对耐克品牌的忠诚度。

第六节　泛娱乐营销

泛娱乐营销是综合性营销策略的一种，以内容营销为内核，借助各种娱乐形式（如电影、音乐、游戏、体育等）来吸引消费者。这种营销策略的趋势是跨媒介整合，利用不同平台和内容形式来提升品牌影响力。泛娱乐营销的类型包括内容合作、品牌植入、活动赞助、社交媒体互动等，其核心是创造吸引消费者的娱乐体验，从而促进品牌认知和销售。

一、游戏营销

游戏营销是一种将商业品牌和产品整合进电子游戏环境中的营销策略。它包括在游戏的设计、开发和推广过程中嵌入商业元素，并通过游戏平台进行品牌宣传。游戏营销利用游戏的互动性、沉浸式体验和游戏玩家的高度参与和忠诚度，来吸引目标消费者。这种策略包括在游戏中植入广告、赞助游戏活动或开发以特定品牌或产品为主题的游戏，以及在游戏社区中进行品牌推广。游戏营销的目的是通过游戏媒介的独特优势，有效地传播品牌信息并增强消费者对品牌的认知。

（一）游戏植入广告

游戏植入广告是一种将品牌或产品直接植入电子游戏中的营销策略。这种方式允许玩家沉浸于游戏体验的同时，自然地接触到与品牌结合的广告内容。诸如能量饮料品牌在某些游戏中作为提升角色能力的道具出现，汽车品牌则通过在赛车游戏中展示其车辆来提高品牌知名度。

在 *Need for Speed*（译为《极品飞车》）系列游戏中，玩家可以驾驶一系列世界知名汽车品牌，诸如宝马、奔驰、丰田等多款汽车进行比赛。这种植入方式让游戏玩家有机会体验驾驶各种车型，也为汽车品牌提供了一个独特的展示平台。

（二）赞助游戏活动

赞助游戏活动的营销主要涉及企业或品牌投资与电子游戏相关的活动，如电子竞技赛事、游戏发布会、在线游戏活动等。这种赞助不仅可以增加品牌的可见度，还有助于建立企业与玩家的联系，尤其是年轻人和游戏爱好者群体。通过这种方式，品牌可以利用游戏文化的影响力和玩家的高参与度，提高品牌的市场影响力，培养玩家的忠诚度。

射击竞技类手游《和平精英》将游戏环节中的“空投”概念融入“空投节”进行营销。2023 年的“空投节”中，《和平精英》联动了一加、麦当劳、炫迈、品客、周大生等十大品牌方为玩家送上手机、珠宝、智能力量健身镜等众多“跨次元”空投福利。

（三）开发特定产品

在游戏营销中，开发特定产品进行营销是指创建或定制与游戏或游戏文化紧密相关的产品，以吸引特定的游戏玩家群体。这种策略涉及利用游戏中的元素、主题或角色，开发与之相关的产品或服务，从而吸引游戏粉丝的兴趣和购买欲望。这些产品或服务通常具有高度的定制性和创新性，能够提高玩家对品牌的认同感和忠诚度。特定产品的开发类型涵盖游戏周边，例如服装、道具模型、人物手办等，同时也存在大量跨界产品的联名。

（四）游戏社群营销

游戏社群营销是指通过构建和维护游戏玩家社区来进行的营销活动。这种策略是指在社交媒体、论坛、游戏内等平台上与玩家互动，通过举办各类活动促进玩家之间的交流、增强互动。这种营销的目的是通过营造积极的社区文化氛围，增加玩家对游戏的忠诚度和参与度，进而提升品牌的影响力。

米哈游拥有自己的游戏社区平台“米游社”，并且通过游戏内引流、游戏内货币奖励、快捷登录等运营方式引导玩家下载，利用社区活动、签到奖励、内容产出等方式维护用户活跃度，将其社区平台的运营始终维持在较高水准。游戏社群的运营可以让玩家之间、玩家与研发者之间形成沟通的纽带。

二、动漫营销

动漫营销是指利用动画或漫画的人物形象、故事内容、风格等元素来进行品牌推广和市场传播的一种营销方式。它包括与动漫作品合作的品牌联名、角色授权、周边产品制作以及通过动漫作品进行故事性的广告创作等。动漫营销能够借助动漫作品的独特魅力和广泛的粉丝群体，树立品牌形象，吸引特定目标群体，从而实现市场推广目的。

（一）动漫跨界联名

作为最常见的动漫营销策略之一，跨界联名强调将动漫元素融入产品或服务中，以提升品牌的趣味性和影响力。瑞幸与腾讯视频动漫《镖人》进行跨界联名，以传统文化创新为基点，定制独有国风新饮“昆仑煮雪”。这其中的催化关键点在于双方找到了用户广泛认同的内在契合点——为中国优秀传统文化赋新，《镖人》以狂草美学画风来创新国产硬核武侠，瑞幸通过该片则丰富中国咖啡文化内涵，让硬核武侠多了分柔情，让中式咖啡多了分侠气。

（二）动漫角色授权

动漫角色授权营销是一种将动漫作品中的角色和元素授权给其他公司或品牌使用的营销方式。通过这种方式，授权方（通常是动漫制作公司或版权持有者）允许其他企业在其产品或服务中使用特定动漫角色的形象和特性。这种合作形式可以帮助非动漫品牌吸引动漫粉丝群体，增强产品和服务的吸引力与市场竞争力。《哪吒之魔童降世》这部动画电影的主角哪吒和多种食品品牌的联名（如麦当劳、卫龙、蒙牛等），不仅为合作品牌带来了巨大的市场关注，还进一步加强了“哪吒”这一品牌形象的地位。

（三）通过动漫作品进行故事性的广告创作

通过动漫作品进行故事性的广告创作是指利用动漫故事情节、角色或视觉风格来制作广告，以讲述品牌、产品和服务的故事。这种方式结合了动漫的叙事技巧和视觉吸引力，增强了广告信息的传播效果和情感共鸣。通过这种创意广告，品牌能够以更加引人入胜的方式与目标群体建立联系，从而提升品牌认知度和产品销售额。

2019 年是人气动漫《海贼王》（*One Piece*）的 20 周年，日清集团发起了《海贼王》联动计划，推出“Hungry Days”青春系列。此次合作，日清集团先后发布了 4 支动画广告，邀请日本漫画家洼之内英策进行人物设计，为一系列海贼王角色绘制出了清新的校园的形象。动画广告预设了一个平行世界：在大航海路上漂了多年的他们，如果也有一段青涩的高中生活，会是怎样的？在系列广告片中，动画中的名场面结合日清产品的画面频频出现，诸多隐藏的伏笔和彩蛋也成为动漫迷津津乐道的话题点。[①]

① 日清联名热血动漫，《海贼王》变成青春校园风［EB/OL］.（2019-05-22）［2025-02-08］.https://www.digitaling.com/projects/68431.html.

三、音乐营销

音乐营销是一种利用音乐来增强品牌形象和推广产品或服务的营销策略，它包括创作或使用特定的音乐作品来吸引目标群众、增强品牌识别度和情感联系。音乐营销可以通过各种方式实现，如广告背景音乐、品牌主题曲、与音乐家的合作、音乐节赞助、音乐社交媒体上的营销活动等。这种营销方式利用音乐的情感和文化影响力来提升品牌的市场表现和目标群体的参与度。

（一）广告背景音乐

广告背景音乐在营销中具有非常重要的意义，其强调如何通过音乐选择、节奏、调性和旋律来加强广告信息的吸引力和记忆度。这种策略强调音乐与广告内容的有机融合，旨在创造一种情感上的连接，从而提高广告的效果和品牌的认知度。

（二）品牌主题曲

品牌主题曲是专门为特定品牌创作的音乐作品，它反映了该品牌的核心价值和形象。在营销中，品牌主题曲的意义在于创造一种音乐上的标识，帮助目标群体建立对品牌的情感联系和记忆。通过反复播放，这些主题曲能够加深目标群体对品牌的认识和好感，从而增强品牌忠诚度。品牌主题曲通常会在广告、活动或公司事件中使用，成为品牌传播的重要工具。麦当劳的 *I'm Lovin' It*（“我就喜欢”）标志性音乐、英特尔简短的四音节主题音乐片段、宝洁为 2018 年平昌奥运会赞助活动创作的主题曲 *Thank You, Mom*，都深化了品牌形象与目标群体的情感联系。国内饮料品牌蜜雪冰城《你爱我，我爱你，蜜雪冰城甜蜜蜜》的魔性主题曲也是品牌在营销过程中建立与目标群体联系的关键。

（三）音乐家联名

音乐家联名在营销中指的是品牌与知名音乐家合作，共同推广产品或服务。这种策略通常涉及使用音乐家的影响力和粉丝基础来增强品牌的吸引力。联名策略可能包括限量版产品发布、共同品牌活动、音乐家代言或联名发布音乐作品等。这种合作有助于提高品牌的市场认知度，同时为音乐家提供展示其艺术作品的新平台。2022 年，麦当劳与腾格尔合作，改编并翻唱了麦当劳经典广告歌曲 *I'm Lovin' It*。[①] 在这支改编作品中，腾格尔一边用其独特的草原味歌声诠释产品特点，直抒对麦辣鸡腿汉堡的热爱，一边用他饱满张扬的精气神来凸显“活得热辣又淋漓”的产品内涵，豪迈地唱出了“拒绝躺平”的人生信念。通过这种方式，品牌实现了与目标群体的情感连接，带动了品牌的增长。

---

① 哥又给大家整了首翻唱《我就喜欢》！［EB/OL］.（2022-02-13）［2025-02-08］.https://www.bilibili.com/video/BV12L4y1s7QQ/?spm_id_from=888.80997.embed_other.whitelist&t=44.673502&bvid=BV12L4y1s7QQ&vd_source=a4091d20612ccbcbff1701eceffd127f.

（四）音乐节营销

音乐节营销是一种利用音乐节这一大型文化活动进行的品牌推广和市场传播策略。它涉及将品牌与音乐节的艺术氛围和目标群体结合起来，通过赞助音乐节、在现场设立品牌展位、与艺术家、表演者合作等方式，增强品牌形象并吸引特定的目标群体。这种策略旨在通过音乐节的社交属性和娱乐价值来提升品牌认知度和用户参与度。中国演出行业协会数据显示，2023 年上半年，全国营业性演出场次比 2022 年增长 400.86%；观众人数比 2022 年增长超 10 倍。[①] 音乐节也爆发增长，除了诸如虾米、网易云音乐等传统的音乐平台品牌，蜜雪冰城、元气森林、隅田川等饮料品牌也纷纷下场举办品牌音乐节。

（五）音乐社交媒体上的营销活动

网易云音乐、QQ 音乐等音乐社交媒体，作为音乐播放工具和音乐在线传播平台，利用自身社交媒体平台属性，来提升自身音乐产品的知名度、参与度和最终的销售或观看率。网易云音乐经常推出有趣的 H5 在线测试玩法，除了常见的性格测试花式"吹捧"用户之外，也会在一些热点事件中巧妙借势。当《权力的游戏》快要进入终章时，网易云音乐推出了与该剧主题相关的 6 道测试题调动粉丝情绪。精细的 UI 设计，伴着冰原狼的号叫和巨龙振翅的响声，沉浸式的剧情氛围和妥帖对应的角色歌单，让用户体验了满满的诚意和丰富的歌曲资源。

四、电竞营销

电竞营销是一种以电子竞技和其相关内容为核心，利用电竞赛事、战队、玩家和粉丝社区等资源进行的营销活动。它主要包括品牌赞助电竞赛事、与电竞战队合作、在电竞游戏中进行产品植入，以及通过社交媒体和直播平台与电竞粉丝互动等。电竞营销的目的是通过电竞这一日益流行的文化现象，达到品牌推广和目标群体接触的效果。游戏营销在相当多环节中存在类似的策略，但电竞赛事赞助和战队合作是电竞营销的特点所在。

（一）电竞赛事赞助

电竞赛事赞助是指品牌或公司与电子竞技比赛或战队合作，提供财务支持、资源或产品，以换取在电竞赛事中展示其品牌标志、名称或产品，并获得品牌曝光和市场推广的机会。这种赞助形式有助于品牌进入电竞领域，吸引电竞爱好者的关注，并与电竞文化建立联系，从而扩大受众群体，提升品牌形象。梅赛德斯 - 奔驰成为"ESL One"赛事的全球汽车赞助商，通过在比赛中展示汽车、提供游戏内奖励和线下活动等，增加了品牌在电竞社区中的知名度。这个合作不仅使梅赛德斯 - 奔驰接触了年轻

① 中演协：2023 年上半年中国全国营业性演出场次同比增长 400.86%［EB/OL］.（2023-07-06）［2025-02-08］. https://www.chinanews.com.cn/cj/2023/07-06/10038148.shtml.

且爱好科技的受众，还加强了品牌与未来科技和创新的联系，提高了品牌在电竞领域的影响力。

（二）电竞战队合作

品牌方与电竞战队合作的营销策略有很多。例如，品牌可以通过赞助电竞战队，获得赛事和队伍的命名权，提高品牌知名度。品牌与战队在社交媒体上共享内容，与群体互动，增强品牌与电竞社区的联系。开发定制化的电竞主题活动或产品，吸引电竞受众，提高用户参与度。品牌与电竞战队共同推广，如举办比赛、活动或线上直播，以增强双方的影响力。耐克与T1电竞战队合作，推出了定制电竞战队队服，将电竞与体育品牌结合，提高了电竞战队的科技感形象，同时也让耐克获得了与战队粉丝有效沟通的渠道。

本章小结

作为一种经典的营销策略，内容营销通过创造和分享有价值、相关度高且能吸引目标群体的内容来建立品牌与目标群体之间的长期参与和信任关系。这种营销方式专注于理解和满足特定受众的需求，通过讲述品牌故事和传递价值观建立情感联系。虽然，从狭义上看，内容营销作为一种长期的营销策略，旨在通过高质量内容的生产来赢得目标群体的关注，进而在自有平台上增加流量和提高参与度，但是，内容营销的实践者会随着媒介技术和时代环境的变迁采用多样化的内容形式组合来进行传播，以适应不同平台和用户偏好。这一路径的核心在于提供价值，而不仅仅是推销产品或服务。

就未来内容营销实践来说，随着媒介技术和社会的发展所带来的社交圈层化现象，必然会面临更加碎片化、分众化的叙事逻辑，在同一时空下针对同一现象议题会存在着迥异的叙事。这意味着内容创造者必须深入了解各个细分市场和用户群体的特点，采用更加灵活和创新的内容形式、叙事方式。同时，随着数据分析和人工智能技术的发展，内容营销将更加注重数据驱动的决策，利用精准的用户数据来优化内容策略，实现更精准的目标群体定位。

思考题

1. 讨论在内容营销中讲故事的作用。请举出一个成功使用故事叙述的内容营销案例，并分析其故事是如何与消费者产生关联的。

2. 评估在内容营销中使用视觉元素（如图像、视频）的重要性，并说明其是如何增强品牌信息传达的。

3. 在不断变化的数字化环境中，内容营销者如何有效利用不同平台（如社交媒体、博客、播客）来增强消费者的参与度和品牌忠诚度？

第十一章　场景营销

学习大纲

- 场景的概念
- 场景的基本构成要素
- 场景的技术驱动力
- 何谓场景营销
- 场景营销的应用

学习目标

本章将解决下列问题：

1. 场景的特征和场景营销的侧重点是什么？
2. 场景有哪些基本构成要素及特点？
3. 场景的技术驱动力各自所发挥的作用是什么？
4. 不同场景展开营销的特点及趋势。

学习讨论

选择一家你所熟悉的“网红店”，分析其在场景营销方面的特点。

开篇案例

网易云音乐 × 亚朵酒店场景营销

一、背景与洞察

如何引导和吸引消费者，让消费者获得全面且丰富的互动式体验，并与消费者建立一种全新的连接关系正在成为商家所面临的全新挑战。消费场景的应用成为其中突破的关键。在“场景思维”的驱动下，购物中心越发重视、挖掘并开发消费者的消费需求，并且注重与消费者建立一种高频率的连接，这也是场景营销的核心。购物中心大多采用改变建筑造型、建立 IP 形象、改变销售场景三种方式进行场景营销。

二、策略与执行

2018 年，网易云音乐与知名酒店品牌亚朵进行场景营销联名合作，打造了“睡音乐”主题酒店，不但改造了线下酒店的布置风格与形象，而且打造了充满音乐感的线下空间。

在成都打造的“网易云音乐 · 亚朵轻居酒店”的空间设计中，融入与网易云音乐相关联的设计元素，如黑胶唱片底纹和经典网易云乐曲等。为了满足不同音乐爱好者，“睡音乐”酒店每个楼层都有古典、民谣、爵士、电音等不同主题风格，并基于音乐主题进行装饰设计。例如，爵士乐房中有迷你萨克斯、电音房中有酷炫灯光，酒店同时提供网易云音乐歌单等。酒店一楼的公共区域用霓虹灯打出富有个性的标语“Sometimes，music is the only friend to accompany me through the night”（有时候，音乐是陪伴我度过夜晚唯一的朋友）。酒店还会安排现场的小型音乐会，定期举办音乐人与乐迷的见面活动。

三、实施效果

2018 年 4 月，网易云音乐官方微信号发布活动预热微信推文《网易云音乐真真真真真真的开主题酒店啦！！！》，该篇推文阅读量超 10 万人次，以网易云音乐拟人化形象“云波切”的第一人称口吻，诙谐幽默地介绍了联名酒店的内部陈设、元素亮点、体验指南、房间类型等，引发粉丝关注。2020 年、2021 年亚朵相继在南京、重庆开设与网易云音乐联名的主题酒店。此前，亚朵还与知乎共同打造“有问题”主题酒店，与“同道大叔”共同打造“星座”主题酒店，与虎扑共同打造“篮球”主题酒店，与腾讯共同打造“QQ 超级会员”主题酒店。IP 化的场景营销战略对亚朵来说颇有成效，成为其重要的差异化竞争策略。根据亚朵 2018 年公布的数据，亚朵 IP 酒店的 RevPAR（revenue per available room，每间可售房收入）基本高于同地区其他亚朵酒店 10% 左右。

（案例来源：中国商务广告协会数字营销委员会虎啸奖组委会）

随着移动互联网的发展，线上虚拟场景影响力逐渐扩大，其所承担的社会文化意涵也越发丰富。虚拟场景的开拓无疑为数字营销开辟了新的领域，营销方式也不再拘泥于橱窗展览、户外广告、电视促销等形式。消费者日益增加的网络在线时间、海量新奇的网络资讯，使得消费者的注意力不断跳跃和转移成为日常状态，广告主需要在形形色色、虚实相映的场景中持续吸引消费者的注意力以达到理想的营销效果，场景营销应运而生。

第一节　场景的概念

莎士比亚曾在戏剧《皆大欢喜》中说："世界是一个大舞台，所有的男男女女都不过是些演员，他们都有下场的时候，也都有上场的时候，一个人在一生中需要扮演许多角色。"

社会学家欧文·戈夫曼（Erving Goffman）将场景概念引入社会学，认为人在不同的"场景"之下会进行不同的"表演"，"有时，个体会按照一种完全筹划好的方式来行动，以一种既定的方式表现自己，其目的纯粹是为了给他人造成某种印象"[①]。戈夫曼认为场景是"任何受到可感知边界某种程度限定的地方"[②]。这是从空间视角对场景进行的分析。比如，学校、公园、酒馆、电影院等都有明显的空间限定。人们在咖啡馆中会更为放松，但在公司的会议室开会时会更为严肃。场景同时也有时间的限定。比如，周一早上车水马龙的马路、行人的神色匆忙，与周末晚上同一街道所呈现出来的"节奏感"会有很大的差异。

梅罗维茨（Joshua Meyrowitz）认为不能忽略媒介对场景的影响和带来的变化。梅罗维茨以动态的视角提出了"情境"（situation）的概念，"对人们交往的性质起决定作用的并不是物质场地本身，而是信息流动的模式"，情境"包括物理场景，如房间和建筑物，也包括由媒介所创造出的'信息场景'"。[③] 不同媒介建构不同情境，继而触发和影响人们不同的行为。

郜书锴在对场景进行界定时，将"场景"一词分为"场"和"景"两部分。"场"原本属于物理学范畴的"场论"概念，指"一个场为一个整体性的存在"；"景"的基本概念是指景物或景观，因此场景既有场所、景物等硬要素，也有空间和氛围等软要素。[④] 马宁指出，场景是一种典型的空间性描述，在相对固定的地点，将时间、事件、人物等元素进行组合。在日常生活中，场景是一种泛化的情境描述，指代某些意义特

① 戈夫曼．日常生活中的自我呈现［M］．冯钢，译．北京：北京大学出版社，2008：5.
② 戈夫曼．日常生活中的自我呈现［M］．冯钢，译．北京：北京大学出版社，2008：93.
③ 梅罗维茨．消失的地域：电子媒介对社会行为的影响［M］．肖志军，译．北京：清华大学出版社，2002：33.
④ 郜书锴．场景理论的内容框架与困境对策［J］．当代传播，2015（4）：38-40.

别的事件，因此场景是从个体视角呈现信息网络发展趋势的重要维度。[①] 彭兰认为，广义的场景包含情境，包括基于空间和行为、心理的环境氛围，同时这也决定了人们的行为特点与需求。[②]

梁旭艳通过对比场景与情境的概念，认为场景的概念应从技术、“场”到“景”的两阶段发展、“上下文（context）”与场景的分类和本质等角度来把握。场景与技术关系密不可分，二者的结合是移动互联网时代的产物。“场”“景”两阶段的发展指从满足人们在不同情境下推送个性化、精准信息的服务适配迈向“景观化”呈现和沉浸式体验。“上下文”指对移动场景的分析应该关注“此前彼处”“此时”“此后彼处”的时空延伸。场景的分类包括界面形式和功能两个方面。从界面可分为现实场景、虚拟场景、现实增强场景；从功能可分为实用性功能场景和社会性功能场景。场景的本质是精准传播的升级版，也是重构社会关系、开启新型关系赋权的重要力量。[③]

不同研究者对场景概念的理解和把握各有侧重，但总体来说都突出了场景概念的双重性：物理性和社会性。场景的物理性在日益媒介化的移动互联网时代更值得我们重视。“媒介正在更好地与环境特征结合，以最大程度提升受众的媒介需求。”[④] 假设 A、B、C 和 D 4 个人看完电影同时从电影院离场，此时此刻，虽然 4 个人处于同一时间和空间，但他们也存在着不同的场景需求。A 想找一家附近的中餐厅，B 想去附近的西式快餐店，C 想找到附近可以提供免费上网服务的咖啡馆，D 正在考虑坐出租车前往一家商场。每个人对信息的获取、消费的需求各有差异。4 个人也许还会边移动边实时搜索，实时位置的变动意味着对消费者所需信息或内容服务要进行及时且迅速的匹配和推送，为个人所提供的场景和服务是高度个性化且精细化的。场景的社会性是指场景还承担着某种社会文化意义。例如，音乐酒馆白天为展示音乐文化的咖啡厅，夜晚成为酒吧与唱片店的结合体，吸引了热爱爵士乐、城市流行乐等消费者，成为音乐爱好者聚会、组成音乐社区的地方。场景兼具物理性和社会性，两者相互结合。

第二节　场景的基本构成要素

场景的基本构成要素包括空间环境、用户实时状态、用户生活习惯以及社交氛围。

① 马宁．移动互联网络的场景构建与传播模式变迁［J］．现代传播（中国传媒大学学报），2016（6）：138-142.
② 彭兰．场景：移动时代媒体的新要素［J］．新闻记者，2015（3）：20-27.
③ 梁旭艳．场景：一个传播学概念的界定：兼论与情境的比较［J］．新闻界，2018（9）：55-62.
④ 喻国明，梁爽．移动互联时代：场景的凸显及其价值分析［J］．当代传播，2017（1）：10-13，56.

一、空间环境

场景所在的空间与环境是定位其物理存在的要素，这既是一种空间位置的指向，又包含了与特定空间、行为相关的环境特征。

人们使用移动终端的场景可以进一步分为固定场景和移动场景，两者对于空间与环境要素的分析各有侧重。固定场景处于相对的静止状态，是在较为固定的时空坐标下所形成的空间环境。固定场景通常是与人们日常活动规律相关联的环境，它们与人们的关系是稳定的。相比较而言，移动场景是动态的，是人们在日常活动中不断变换的空间位置。除夕之夜，全家人围坐在客厅看春晚是过年的一个重要传统。进入移动互联网时代，移动终端的出现改变了家庭的媒介使用场景。为适应用户收看习惯的变化，人们可以“多屏看春晚”，除了客厅外，还可以在书房、卧室、户外等场景观看春晚。在看春晚的同时，人们还可以拿起手机“摇红包”，在多个社交平台与他人建立多重且深度的连接，形成一种全新的“共在感”。

在移动互联网时代，移动场景的出现开启了一种全新的生活方式。对于移动场景的分析，主要是对用户从何处来、到何处去的行为轨迹描画。目前企业往往通过LBS、传感器和大数据支持对“此时、此前、此后”的场景及情境进行分析。此外，对于用户场景使用的分析也包括人们在固定场景的使用，动静结合。

二、用户实时状态

当我们试图对某一场景中的用户行为和需求展开描述和分析时，须结合空间与时间进行讨论。“时空”如同坐标轴中的纵坐标和横坐标，而用户的实时状态，不仅包括用户此时此地与身体、行为和需求等方面有关的数据，还表现为他们基于周围环境所抓取的信息，这些在很大程度上是用户感兴趣的信息。[①] 这也是企业理解用户的购买决策，为用户提供“应时”“应景”、个性化场景体验的关键。比如为了更好地了解并分析用户的实时状态，有商家创建虚拟超市，收集用户在虚拟超市漫游时的注视轨迹、停留时间、看到商品后的脸部表情和肢体动作等，基于此分析商品的反馈信息和用户的注意力分布。

三、用户生活习惯

如果说用户实时状态是相对碎片化的、瞬时性的，那么用户的生活习惯则具有一定的稳定性与持久性，这是用户在较长的时间跨度中所形成的惯性行为模式。在数字时代，人们的生活惯性正通过自追踪（self-tracking）的方式，以数据或图像的形式被收集。自追踪也被称为生活记录、个人分析和个人信息学，它通常指人们针对生活

① 彭兰. 新媒体用户研究［M］. 北京：中国人民大学出版社，2020：179-180.

的某些特定方面展开追踪和记录，根据所收集的数据进行组织、分析和诠释，并思考这些数据如何为个人生活提供洞见。此外，用户在网络空间中的数字踪迹（如点赞、转发或评论，或是应用软件的下载、公众号的订阅、直播间的关注等）是其情感、态度和需求的流露，是人格化特征和特定生活方式的体现。对这些数字踪迹进行采集、存储和数据算法分析，可以较为有效地挖掘用户的兴趣和偏好。

四、社交氛围

社交媒体是五种技术要素之一，而在此基础上形成的社交氛围则是场景基本元素之一。通过在场景中与其他用户的互动，用户感知到自己所处的虚拟场景方位、所追求的目标，并在交流中形成个性化的圈层。例如，当前“剧本杀”较为流行，这一娱乐方式主要是参与者到实景场馆体验推理性质的项目。为了使该方式更加引人入胜，商家不仅会基于主题布置场景，还会鼓励消费者采用该社交语境下的表达方式进行交流，营造社交氛围。直播带货也会积极营造浓厚的社交氛围，通过实时、反馈高的面对面互动方式，主播拉近与消费者之间的关系。同时，弹幕、赠送虚拟礼物等方式进一步加深了主播与消费者以及消费者与消费者之间的交流。

第三节　场景的技术驱动力

罗伯特·斯考伯（Robert Scoble）和谢尔·伊斯雷尔（Shel Israel）指出，场景的构成需要依托五种技术力量，这五种技术力量同时被称为“场景五力”，分别为移动设备、社交媒体、大数据、传感器和定位系统。其中，移动设备是“获取互联网力量的关键，也是体验场景超级风暴的载体”，社交媒体“对于场景时代必不可少”，大数据的存在如同氧气般无处不在且不可或缺，传感器有助于融合，定位系统则类似于记录手段。随着场景时代的到来，这五力将互相渗透，未来的发展方向是这五力的整合。

移动设备是场景时代的物质载体。进入移动互联网时代，实时连接、无处不在的移动设备让世界彼此相连。移动设备包括智能手机、平板电脑，“谷歌眼镜”、智能手表等各种便携设备。通过移动设备，用户可以随时随地进入特定场景。比如，身处不同地点（如车厢、咖啡馆等）的人们可以通过腾讯会议进入工作环境，展开在线办公。可以说，移动设备是体验场景的重要载体。

社交媒体是连接移动设备的“桥梁”。社交网络贯彻了“万物互联”的基本理念，深度嵌入日常生活。“正是通过在线交谈，我们明确了自己的喜好、所处的位置以及我们所寻求的目标。随着社交媒体与移动设备、大数据、传感器以及定位系统等技术的结合，它将成为极富个性化内容的源泉。这些内容使得技术可以理解有关你是谁、你正在做什么以及你接下来可能做什么等场景。”①

大数据时代，人类产生的数据量正在呈指数级增长，同时数据结构日趋复杂。人类所创造的信息背后其产生的数据已经远远超越了目前人力所能处理的范畴。数据是智能时代的“空气”。它似乎看不见、摸不着，却无处不在。每个个体的数据犹如潺潺流动的小溪，悄无声息地蜿蜒至互联世界的每一个角落，终而汇聚成为海洋，包容万物。我们正身处以数据深度挖掘和融合应用为主要特征的智能化发展阶段。目前，大数据被广泛应用于精准营销。例如，数字营销公司收集客户及消费者数据，描摹消费者画像，同时结合广告主广告投放需求，对投放人群、投放效果衡量等指标进行量化，这改变了广告及营销行业的商业运行逻辑。数字营销公司同时可以基于庞大的数据积累，预测消费者的偏好，有针对性地开展广告营销活动，建立品牌形象等。

传感器可以被安装在一切活动或者固定的物体上，通过模仿人类五官感受来探测到变化。人与网络世界往往因为连接的快速和便捷而习以为常，继而忽略技术和媒介的存在。“就像鱼并没有意识到水的存在，媒介构成了我们的环境，并维持着这种环境的存在。”②“无感化”，即人们越来越感受不到所借助的媒介的痕迹，媒介通过模仿人类的五官感受来达成，是互联网时代传感器的演变方向。微软、谷歌等大力出售VR可穿戴设备，并不断降低穿戴成本，从全副武装到头盔再到VR眼镜，企业希望消费者能更快、更便捷地感受虚拟的场景与世界。当前，“元宇宙”引发了诸多讨论。不少关于“元宇宙”的电影，片中的主人公都通过可穿戴设备进入虚拟世界进行穿行和交互。可穿戴设备成为当前构建“元宇宙”、营造沉浸式体验的颇为关键的技术。

定位系统功能为实时追踪地点的变化提供了重要的技术支持。谷歌移动版地图负责人丹尼尔·格拉夫（Daniel Graf）认为，要做好地图应用程序需要具备三要素：建立基础（数据是所有地图的基础）、记录变化、个性化整合（如果地图应用可以知晓用户的位置、用户在做什么以及接下来要做什么，那么它就更具价值）。③在浩如烟海的互联网世界中，定位是场景建构的重要基础。定位同时是实时变动的，意在动态的过程中了解用户，甚至能根据用户的兴趣爱好和生活方式预测并配合用户的行动。

第四节 场景营销及其应用

在移动互联网时代，线下真实场景和线上虚拟场景的界限被逐渐打破，场景成为一种思维视角和生活方式。场景营销，即将场景和营销传播相结合，开始兴起。

大卫·肯尼（David Kenny）及约翰·F. 马歇尔（John F. Marshall）在《哈佛商

① 斯考伯，伊斯雷尔．即将到来的场景时代［M］．赵乾坤，周宝曜，译．北京：北京联合出版公司，2014：15.
② 凯瑞．作为文化的传播［M］．丁未，译．北京：华夏出版社，2005：12.
③ 斯考伯，伊斯雷尔．即将到来的场景时代［M］．赵乾坤，周宝曜，译．北京：北京联合出版公司，2014：28-29.

业评论》中较早提出了“场景营销”（contextual marketing）的概念，在未来一个无所不在的互联网时代中，地理定位服务、虚拟现实等新技术的出现使企业可以随时随地接触消费者，场景营销意味着可以智能化地响应消费场景中消费者的需求，使得消费者接收的营销信息更加精准。①

关于场景营销的概念，于萍认为场景营销是指在移动互联环境下根据消费者所处的地点、时间和情境，进行场景分析和信息沟通，将线上和线下连接，精准识别场景化需求并以场景触发消费行为，为企业获取消费者、建立场景认知和培养使用习惯提供支持。②

徐艳琴认为在移动产业背景下，场景营销的本质是以满足消费者需求为核心，以移动终端为载体，以定位技术为支点，以情感沟通为纽带，通过洞察特定场景中的消费者需求，提供与其需求相适配的内容、服务和形式，达到营销信息的精准快速推送和最终交易的闭环，从而建立品牌与消费者生活的连接。互动性、娱乐性、价值创造及整合传播是场景营销的核心特征。③

场景营销充分发掘了场景带给消费者的沉浸感，将消费者所在的虚拟情境和物理环境充分结合。个性化的、有情感投入和互动性的场景对于消费者而言同时也是一种体验形式。

一、出行场景应用：无处不在的伴随性广告

当人们乘坐电梯时，处于相对密闭的固定空间内，注意力较为集中，接收品牌宣传信息的可能性增大，有助于品牌认知的形成。

在一定程度上，人们乘车出行的场景与乘坐楼宇电梯时的场景有异曲同工之处。人们不论是乘坐如公交、出租车、地铁等短途交通工具出行，还是如高铁、飞机等长途交通工具出行，抑或是在候车厅等待，均处于相对固定的空间场景之中，所受的干扰也相对较弱。与此同时，交通工具凭借较大的客流量、广泛的覆盖面和传播力，也成为当前一个重要的场景传播营销的渠道。

出行营销平台“微鹿客”推出了车载智能投影广告设备，在车后窗进行广告轮播。一个个移动的户外媒体投影屏幕直面消费人群，与消费者迅速建立联系。同时“微鹿客”还推出了电子围栏技术，在车辆出行至某一个广告主特定的区域内，进行品牌的画面投影播放，合理运用地理位置优势进行广告宣传。专车服务平台“易到用车”与单向空间书店合作，在“世界读书日”这一天上线“单读”车型。消费者打开“易到用车”App，并滑动选择车型至“单读”选项，成功下单后，便可以在车内享

---

① KENNY D，MARSHALL J F. Contextual marketing：the real business of the internet［J］. Harvard business review，2000，78（6）：119-125.

② 于萍 . 移动互联环境下的场景营销：研究述评与展望［J］. 外国经济与管理，2019（5）：3-16.

③ 徐艳琴 . 基于移动产业视角的场景营销策略分析［J］. 商业经济研究，2016（13）：65-67.

受由易到用车精心挑选的书籍。除此之外，易到用车还准备了碳素笔和荧光笔，消费者可以在书籍上写下阅读感受，或圈出触动自己的语句，和下一位消费者完成错时空互动。如果看到喜欢的书想带走，消费者可以发送“书名 + 喜欢它的理由”至“易到用车”官方微信，将有机会免费获得心仪的书籍。

网易云音乐与杭港地铁合作，以“看见音乐的力量”为主题，打造了一个“乐评专列”，把精选出来的用户乐评贴满了杭州地铁 1 号线以及江陵路站。用户乐评是网易云音乐先从平台 4 亿多条评论中筛出点赞数高的 5 000 多条，并基于“简单、一语中的，而且脱离了歌曲环境仍然能被看懂和引起共鸣”的选择标准，最终挑出 85 条乐评文案。这些乐评中所流露出的现代人的喜悦、辛苦、孤独等多元的情感，易与众多乘坐地铁通勤、追逐梦想的乘客产生共鸣，品牌与乘客被联结在了一起，此次营销获得了成功。

高铁已经成为重要的出行方式。它安全、迅速和便捷地串联起人、物流通和城市联结，高覆盖和高渗透使其同时也具有值得挖掘的场景潜能。例如，恒顺香醋于春运期间，在深圳—福州—上海、深圳—武汉—北京、武汉—上海、武汉—杭州 4 条高铁线路共投放 10 组“恒顺号”动车，同时在沿线 14 个站点的候车大厅、进站大厅近百块 LED 屏投放恒顺品牌广告，对恒顺品牌及其产品进行全方位、多角度的展示。通过这张移动的恒顺名片，把“百年名醋，更高品质”的品牌理念传递至数亿乘客。在春运期间，阿尔卑斯糖果以“让心回家 为爱发颗糖”为创意主题，打造高铁冠名列车。在首发仪式上安排了醒狮演出，并为乘客准备了合家欢大礼包。乘客可以扫描海报上的二维码，观看阿尔卑斯为节庆拍摄的新春微电影。微电影所传达的理念是中国人不善于“说”爱，但会用一些小小的举动传递各种情谊，就像“发糖”这个暖心动作一样。一颗糖承载了满满的爱，发糖，就是在分享爱，传递爱。“品牌专列”“高铁冠名”“跨城联动”“站车一体的高铁整合营销”等一系列营销方式，使高铁已经不仅是单一的交通工具，还是面向多元的全媒体转型载体。

二、家庭场景应用

家庭场景营销指基于家庭居住场景的营销策略。

物联网（internet of things）是指通过各种信息传感器、射频识别技术、全球定位系统、红外感应器、激光扫描器等装置与技术，将任何物品与互联网进行连接、信息交换和通信，实现物与物、物与人的泛在连接，实现对物品和信息交换过程的智能化感知、识别和管理，最终达成“万物互联”。物联网释放了数据的潜力，通过获取海量用户的消费行为及日常生活场景等信息（如观测用户的表情、动作来判断用户的意图等），实现对不同场景下用户的智慧触达。随着物联网对各行各业的深入渗透，物联网营销也应运而生。

物联网营销的一个重要应用场景便是家庭。对于家庭场景而言，智能音箱是物联网的一个重要入口，可将智能照明、智能家居等设备连接起来，构建完善的数字化家居生态。智能音箱设备正深度嵌入家庭生活，覆盖多个家庭活动，如晨起听新闻、语音购物、智能穿戴、智能家居等。

阿里巴巴旗下的天猫精灵，定位为“懂你的家庭助手”，并基于此打造全方位家庭场景营销生态。它与凤凰 FM、人本智汇合作打造《凤凰早报》，在广播语音中插入汽车、家居等领域的口播广告。因为较为契合产品的家庭使用场景，所以对用户更具有吸引力，可以有效提升广告转化率。百度旗下的“小度”智能机器人也创造了看到、听见、说出的广告形式，在语音问询中插入原生口播式互动广告，包括推送式语音广告与对话式语音广告两类。“小度”在回答完用户提问后会以温馨提示的方式植入品牌信息。据 2021 年“热 AI”百度营销峰会，小度语音互动 AI 广告使得品牌认知度有了大幅度提升，效果颇为显著。

在 2019 小米开发者大会互联网商业化分论坛暨 2019 小米营销品牌推介会北京场上，小米重磅推出“MOMENT+”全场景智能生态营销体系。“MOMENT+”场景营销，在 5G 的生态下，让用户在包括个人场景、家庭场景、公众场景等特定场景下的需求即刻得到满足。在家庭场景中，小米计划将 OTT 与家庭智能硬件设备相串联，围绕家庭多人特征，创造娱乐、休闲、购物、烹饪、清洁等覆盖用户生活方方面面的场景，智能设备实现数据收集与用户洞察，OTT、智能冰箱等有屏设备实现信息交互与触达，通过对家庭生活的帮助与关爱深入影响用户决策。①

OTT 是 over the top 的缩写，通常是指篮球等体育运动中过顶传球的意思，篮球运动员在他们的头顶上来回传送篮球并使篮球到达目的地，引申为互联网公司越过运营商直接面向用户提供各种应用服务。

随着 OTT 终端（包括智能电视及盒子）的兴起，其具备的大屏化、全天候、多屏互动等特性使得家庭客厅成为新的投放场景。《2021 中国数字营销趋势报告》指出，在电视投资趋势中，以智能电视内容运营商、投屏、智能电视硬件厂商为主要投入资源的 New TV 所具备的高视效、广泛覆盖面、多人触达的高效率、玩法的创新性等特点，正在成为广告主看好的未来家庭场景营销的重要渠道，其投资比例增幅远超以全国性频道为主要投入资源的传统 TV。该报告也引入了一段汽车行业广告主关于 OTT 家庭营销的观点：“网络电视 OTT 有很多不同场景，比如我跟我爱人看电视、孩子在移动端学习等，一个家庭里同时把 PC 端、移动端、电视联动起来，广告对一个家庭的渗透率得到了极大的提升。”随着智能电视的普及，OTT 终端更为丰富的广告形式（如系统层广告、桌面层广告、内容层广告、开机广告、关机广告等）、丰富的广告投放内容（如理财、教育、医疗、母婴等）都促使了 OTT 正在成为家庭场景营销中极富潜力

① 小米营销推“MOMENT+”全场景智能生态营销体系，精准场景抢占用户心智［EB/OL］.（2019-11-21）［2025-03-09］.https://zhuanlan.zhihu.com/p/92915728.

的一环。

百事可乐于 2021 年 6 月、7 月分别推出 2 条 OTT 电视创意开机视频，用户在开机后即可体验裸眼 3D 的视觉效果。2022 年优酷 OTT 电视实现了双屏联动，与知名大家电品牌“老板电器”合作，通过手机端投屏“摇一摇”与电视大屏联动，合作后投放 CTR 超平均值 2—3 倍。

虽然 OTT 具有不可忽视的广告价值和营销效果，但《2021 中国数字营销趋势报告》也指出，OTT 现阶段仍存在局限性，包括无法精准到人、无法有效转化、人机交互弱、虚假流量等值得注意的问题。未来在 5G 技术的赋能之下，结合大数据为基础的定向投放,OTT 的使用场景会更加丰富和多元，当然所面临的竞争也会日益激烈。

三、消费场景应用

“萌宠当道”，养宠人士的规模和对宠物的投入都在逐渐增加，这些都预示着“它经济”广阔且持续升温的市场前景。与此同时，越来越多的商场开始向“宠物友好型”的模式逐渐升级。规范宠物的游玩注意事项，完善宠物饮用水、拾便器、宠物雨衣、应急粮食、萌宠休息区等方面的配套设施，为宠物主人提供推车租赁、宠物湿纸巾、泪痕棉签等物品；同时，商场开辟萌宠乐园，为宠物设置了人工草坪和多样的互动装置，既满足宠物社交需要，又为宠物主人提供了社交空间。通过开办宠物友好系列活动、萌宠主题活动、宠物马拉松运动会、宠物玩具实体互动体验店等，人们开始打造富有新意的萌宠社交新常态。

当前，露营正成为一种都市消费新体验。露营所营造的“慢生活”状态成为人们缓解压力的方式之一，露营本身也成为生活品质的体现，成为连接人与人的一个机会，这也使其成为流行的“社交货币”。基于此，各大商场纷纷构建露营主题的场景——将商场天台、露台和外广场等开辟为露营空间，同时在现场设有轻食、咖啡等丰富的食材摊位，结合现场音乐表演、露天电影、滑板瑜伽等，营造出精致的露营氛围；以露营为主题，通过帐篷形式的展位呈现时下流行的文创手作、生活好物等，为人们提供沉浸式的互动体验场景。

餐饮是人们日常消费非常重要的一部分。越来越多的餐饮行业开始营造舒适、温馨、精致、有特点的就餐环境。2021 年，新式茶饮知名品牌“喜茶”在深圳开设了全球首家喜茶手造店，店面由历史古街区的老旧楼房翻新改造而成，销售近 50 款新品和各类手工周边制品。该手造店共四层楼，一楼主营传统方式的手造炒冰，展示各类原料的处理制作；二楼主营喜茶的人气饮品手造果茶，陈列多种手工制品，并用木雕模型展示制茶的各个手法；三楼主营手造的特调茶和纯茶，在侧边窗台上设有水滴造型的金属雕塑，与顶上的镜面相互呼应，营造出“萃取精华、点滴滋润”的意境；

四楼是种满绿植的天台花园。[①]耳目一新的消费空间，使品牌文化更加深入人心。

四、虚拟场景营销：新兴的沉浸式营销手段

如果从界面形式对场景进行分类，可分为现实性场景、虚拟性场景、现实增强性场景等。现实场景有具体的边界，电影院、酒馆、咖啡馆等都属于现实性场景。商场中的橱窗也是一个现实场景。橱窗中所陈设的各种产品经过精心的布置，再结合灯光设计等，特别能引人注目，激发消费者的购买欲望，起到很好的广告效果。

用户在使用门户网站、搜索引擎、电子商务、社交平台等不同网络服务的过程中都会进入共享的虚拟场景之中。在移动互联网的环境下，虚拟场景的营销起到了关键的作用。很多消费者的消费体验往往从虚拟场景开始，在做出消费决策之后继而转向现实场景。虚拟场景中的“场景互通”正在成为场景营销一个重要的趋势。例如，微信平台中有大量的视频号、具有高点击量的小程序 DAU（daily active user，日活跃用户数）、直播等，在同一平台内构建起“多场景互联”；抖音也不再仅是观看短视频的平台，也成为直播带货、“刷剧看综艺”的扩展性“场景沟通面”。

当前，随着技术的飞速发展，线上和线下的桎梏已经被打破，虚拟世界和现实世界的连接日益紧密，线下真实场景和线上虚拟场景的融合与相互作用也成为场景营销的重要着力点之一。现实增强场景是线上线下融合的一种体现，这类场景是互联网所带来的现实与虚拟场景的交融，是一种似真似幻的新场景领域。如裸眼 3D，是用户无须佩戴任何观看设备，仅通过肉眼就能感受立体视觉效果的一种技术。裸眼 3D 的视觉效果极为逼真。2021 年，OUTPUT 携手 XK Studio 为小米 11 打造的裸眼 3D CG 影像，营造出小米手机飞出屏幕的视觉效果，凸显了小米新款机身设计的轻薄与色彩绚丽特点，颇具视觉震撼。

随着 5G、人工智能、VR（虚拟现实）、AR（增强现实）、区块链等技术的兴起，消费者所处场景中的时间、空间和各种环境因素得到了进一步综合运用，场景体验更为丰富和生动，进一步激发了消费者的视觉刺激与心理感受，同时还和其他消费者及消费场景展开了多种形式的互动。

虚拟场景、虚拟人的营销价值随着元宇宙概念的兴起而日益凸显。被称为 2021 年“现象级”虚拟人“柳夜熙”是短视频中的一个虚拟 IP，自我定义为“会捉妖的虚拟美妆达人”。2021 年 10 月 31 日，“柳夜熙”发布了第一条视频，该视频登上热搜，获赞量达到 300 多万，粉丝数上涨上百万。2021 年 11 月 1 日，“柳夜熙”发布了第二条视频，点赞数同样近百万。视频中具有故事感的剧情呈现、颇有质感的视频内容、逼真的人物形象和丰富的肢体语言带给人们全新的体验感，引发了人们的好奇

---

① 从喜茶新开的手造店，浅谈餐饮场景营销的那些事［EB/OL］.（2021-09-30）［2023-12-30］. https://mp.weixin.qq.com/s/77Wqp3Wvf_1jWXLLQydOUQ.

和关注。在艾媒金榜（iiMedia Ranking）2022 年《中国超写实虚拟人 10 强榜单》中，“柳夜熙”排名第一。现阶段，美妆护肤、食品日化、互联网科技等多家企业希望与“柳夜熙”建立合作。

近年来，许多品牌推出虚拟偶像进行代言。比如东方彩妆品牌花西子推出同名虚拟形象代言人“花西子”，这是首个由国货彩妆品牌打造的超写实虚拟形象，同时也是首个向全球展示中国妆容和东方美的超写实虚拟形象。[①]雪糕品牌钟薛高推出“特邀品鉴官阿喜 Angie”，以及由“阿喜 Angie”出镜的夏日短片和季节限定口味的雪糕。很多粉丝会在社交平台上与“阿喜 Angie”分享自己的生活点滴，就像与真实的人交谈一样。

游戏作为虚拟场景的重要入口之一，也是虚拟场景营销的重要阵地。知名游戏《英雄联盟》推出二次元虚拟女团 KDA，大大推动了《英雄联盟》衍生品的销售。场景的虚拟化、极度仿真却带有梦幻色彩的设计无疑为消费者带来全新的沉浸式体验。腾讯出品游戏《天涯明月刀》与湘西展开数字文旅项目合作，双方针对芙蓉古镇、凤凰古城、张家界进行深度“芙・月・天涯”战略合作。在此战略合作中，张家界举办了国风大秀“月秀华裳”，并与《天涯明月刀》合作推出盛典主题曲《一曲天涯》；腾讯在《天涯明月刀》的游戏中融入湘西建筑和地貌特色，打造全新的游戏地图“云上之城”，通过技术复现湘西奇景；与湖南师范大学湘绣研究所合作推出虚拟服饰“天衣・未央”等。该合作取得 2.95 亿全网曝光量、IP 旅游专线销量高出行业均值 30%、IP 小镇落地景区客流量环比提升 15% 的成果。未来，随着虚拟技术的发展，虚拟场景营销将逐步呈现更为丰富的展现形式。

值得注意的是，如何建构沉浸式的虚拟场景，充分调动消费者的视觉、听觉等体验，仍是虚拟场景营销需要克服的技术难题。同时，随着越来越多的企业开始挖掘虚拟营销的潜能，在元宇宙营销的影响下，虚拟偶像也更加考验品牌的综合运营能力。如何增强虚拟偶像与消费者的互动，在纷繁复杂的跨界品牌合作中寻找场景、人物和品牌之间的契合点，对于品牌来说是机遇，也是挑战。

本章小结

场景营销在移动互联网的环境中诞生，是顺势而为、行之有效的全新营销手段。场景兼具物理性和社会性。场景的基本构成要素包括空间环境、用户实时状态、用户生活习惯以及社交氛围。移动设备、社交媒体、大数据、传感器和定位系统是场景构成需要依托的五种技术力量。场景营销充分挖掘了场景带给消费者的沉浸感，将消费者所在的虚拟情境和物理环境充分结合。个性化的、有情感投入和互动性的场景对于

① 花西子发布首个国货彩妆品牌超写实虚拟形象［EB/OL］.（2021-06-03）［2023-12-30］.https://baijiahao.baidu.com/s?id=1701532858484840059&wfr=spider&for=pc.

消费者而言也是一种体验形式。

思考题

1. 某饮品品牌计划在一场大型户外音乐节中开展营销活动，请为其设计一份方案。方案需体现场景设计，包括互动区域的选择、品牌展位外观等，同时提出一至两项与音乐节氛围契合、具有创新性的互动体验活动。

2. 某新兴户外运动品牌计划在A城市一个人气较高的购物街区设置一家户外快闪店，以吸引潜在顾客。请为其设计一份方案，方案须包含快闪店的外观和内部布局，包括装饰元素、品牌标识以及整体店面风格等；同时选择两至三款该品牌的核心产品，设计与顾客互动的相关活动。

3. 某巧克力品牌计划提升品牌知名度。请设计一份数字营销策划，在策划中体现数字互动场景的创建，同时设计3个在线互动活动。

第十二章　移动营销

学习大纲

- 移动营销概述
- 短信营销
- 二维码营销
- LBS 营销
- App 营销

学习目标

本章将了解以下内容：

1. 了解移动营销的概念以及移动营销的类型、模式和特点。
2. 了解短信营销的特点、优势以及问题，掌握短信营销的常用策略。
3. 了解和掌握二维码营销的概念、特点以及优势。
4. 了解和掌握 LBS 营销的概念、分类以及实施过程的注意点。
5. 了解和掌握 App 营销的概念、分类以及特点。

学习讨论

数字营销讨论：移动营销的本质特征是什么？

开篇案例

招商银行基于 LBS 大数据的营销应用

一、招商银行进行 LBS 大数据营销的路径

第一，基于地图，筛选网点周边的目标客户。了解周边客户的偏好和习惯，对合适的客户进行网点邀约。

第二，周边客户画像。以指定地点的经纬度为圆心，筛选周边一公里范围内的目标客户，并结合基本属性、资产配置、线上消费、线下消费等维度输出客户画像，从整体把握周边的客群质量。基本属性包括频次分布、热力分布、职业分布、管户分布，资产配置偏好包括资产分布、活期占比、理财持仓、基金持仓，线上消费偏好包括话费充值、O2O 消费、商旅出行、微信“刷卡”、Apple Pay，线下消费偏好如餐饮饭店、超市百货、服装服饰、数码通信等。

第三，网点周边目标客户分析报告。从出现频次将客户分为路人甲（只出现一次）、常驻客户、高黏性客户。还可通过客户的资产分布、财富配置、管户分布情况进行分析，例如根据财富配置，可以筛选潜力非主账户客户，吸引资产转移。

第四，客户运动轨迹识别。结合客户经常出现的地点，通过聚类模型识别出客户居住地和工作地，作为判别周边上班客群和居住客群的依据。

招商银行采用网点＋招行 App+ 场景这种线上线下一体的模式，通过服务推荐和引导消费，达到精准营销和维护客户的目的。招商银行举办的活动包括以网点为中心对周边客户进行的维护升金活动、专属活动、签到活动；以商户为中心的票券优惠餐饮优惠、超市减免；以社区为中心的生活类活动；以学校为中心的学生客户引流 MGM 有礼活动等。以网点为中心的周边客户维护，其具体操作流程为找到网点周边客户，结合客户画像信息，进行网点邀约、客户资产提升、客户流失预防。其中，客户画像由教育程度、收入、年龄、性别、地区、职业、有无子女、有无汽车等方面信息刻画形成。以某个商圈为中心，向商圈周边的客户有针对性地推送餐饮优惠券时，发现餐饮与 LBS 最为匹配。在大学校园采用 LBS+MGM 拓客的方式，通过热力图的绘制，寻找招行客户分布密集度高的大学校园，实现 MGM 拓客。

（案例来源：郭潇雨．基于 LBS 大数据的营销应用［J］．广西质量监督导报，2019（8）：211，188.）

第一节　移动营销概述

移动营销是与基于 PC 端的网络营销相对而言的，移动营销是基于手机端的营销

传播活动。手机的移动性让基于手机媒体的营销传播拥有移动的特征，故称为移动营销。早期的移动营销是作为一种特色的网络营销传播方式出现的，如短信营销和 App 营销等。但随着智能手机的普及，移动营销的概念反而逐渐被弱化了，因为基于手机的流量占据了统治性的地位，几乎各种类型的数字营销都离不开手机端，社交营销、电商营销、搜索营销、内容营销等都是如此。尽管如此，还是有一些典型的移动营销模式，如短信营销、二维码营销、LBS 营销和 App 营销等，它们是具有较典型的移动特征的营销传播方式。

一、移动营销的定义

美国移动营销协会（America Marketing Association，AMA）于 2003 年将移动营销定义为“对介于品牌和终端用户之间作为通信和娱乐渠道的移动媒体的使用，移动营销是随时随地都能够带来即时、直接、交互沟通的一种亲身渠道，概而言之，就是通过移动渠道来规划和实施想法，对产品或服务进行定价、促销、流通的过程”①。

移动营销协会（Mobile Marketing Association，MMA）分别于 2006 年和 2009 年对移动营销进行定义，认为“移动营销是组织通过使用任何的无线媒介（wireless media，主要是手机和掌上电脑）作为信息传递和回应的载体、跨媒介营销传播的即时沟通程序，针对消费者（也就是终端用户）对时间和地点敏感性的、个性化的互动，打造出最适合消费者的营销信息”②。

艾瑞咨询提出，移动营销的过程实质是针对目标市场定位（target），通过具有创意的沟通方式（communication），依托移动互联网，向消费者传递某种品牌价值（value），以获益（profit）为目的的过程。移动营销行业的主体包含广告主、移动营销服务商、移动媒体和消费者，营销行为基于移动互联网完成，核心目的是帮助广告主推广其产品或服务的相关信息。③

概而言之，移动营销是依托于移动互联网，在移动终端呈现给消费者，以各种移动媒体形式发布产品、活动或服务的相关信息的营销行为，它涉及移动设备研究方向、制订计划、采纳信息、实施想法、跟进市场、改进策略等一系列过程。

二、移动营销的类型

移动营销可以分为传统式移动营销、移动终端预装式营销、移动网站式营销、公众平台式营销和移动 App 营销。④

---

① 徐树华，王娇．移动营销及营销模式的发展历程［J］，移动通信，2011（23）：60-63.

② 黄丽娟，夏筱萌．移动营销研究述评与展望［J］，外国经济与管理，2015（1）：58-68.

③ 中国移动营销行业研究报告 2016 年：程序化时代篇［EB/OL］.（2016-07-21）［2022-09-21］.https://bigdata-s3.wmcloud.com/jyresearchreport/juling/report/0000000000000ftd95.pdf?download=true.

④ 黄以卫，金永生，刘冰．移动营销及营销模式的发展研究［J］．信息系统工程，2016（5）：130-132.

传统式移动营销主要指早期的电信营销，如短信、彩信、彩铃等营销方式。短信营销的优势是覆盖面广，用户量大，操作简单，抵达率和准确率高，发布快速，成本低廉，即时性强。缺点是垃圾短信泛滥，公众认可度低，营销效果有限。彩信的优点是支持多媒体功能，能够传递文字、图像、声音、数据等各种多媒体形式的信息。但是彩信存在网络带宽限制、服务质量不高、资费偏高等问题，这也是彩信营销发展缓慢的原因。彩铃营销则是通过在呼叫铃声中设置广告信息，从而达到传播效果。

移动终端预装式营销是指企业通过与移动终端厂商或运营商合作，在移动终端中预装软件的营销行为。这些内置软件占用手机内存，影响运行速度，还存在恶意收费、泄露隐私等问题，未来它们将面临更为严格的规范管理。

移动网站式营销是企业为屏幕比较小或者带宽受限的移动终端而专门开发的网站，包括 WAP 版网站和触屏版网站。WAP 版排版简洁、操作简单，适合使用手机键盘操作，但高端智能手机用户体验稍差。触屏版网站主要面向智能手机或平板电脑，具有更华丽的网页视觉效果，成为主流的移动网站营销形态之一。

公众平台式营销是借助微信、微博等公众平台进行移动端营销，是当下的主流移动营销模式。公众平台用户量大，操作便捷，运营成本低，互动性强，有较好的数据支持，可以实施精准化营销。微信营销包括微信公众号营销、朋友圈营销以及位置签名、漂流瓶、二维码扫一扫、微网站、微商城、微视频等营销方式。微博相对于微信来说具有更强的媒介传播力。

App 营销是通过 App（应用程序）进行商业信息的推广和宣传。App 营销成本低、精准度高、互动性强、用户黏性强，缺点是用户推广难度大。App 营销模式包括植入广告模式、网站移植模式和用户体验模式。植入广告模式是企业将广告投放到下载量比较大的 App 上，当用户点击广告后，可以通过链接进入企业网站，了解更多相关信息。网站移植模式是企业将网站做成 App 供用户下载使用，该模式主要用于一些强服务的企业，如银行、商场、旅游、餐饮等。用户体验模式是企业将产品及信息包装成 App，以图片、视频或游戏的形式吸引用户体验互动，以达成营销目的。

三、移动营销的模式

移动营销主要有信息型、娱乐型、抽奖型、优惠券型四种模式。每种营销模式会通过 6 个营销维度，即建立品牌意识、改变品牌形象、促销销售、增强品牌忠诚度、建立客户资料和移动口碑来达到营销效果。①

信息型营销。基于时间、地点的相关场景向用户发送信息，从而达成营销传播的目的。比如商圈可以向附近用户推送促销信息，大幅提高用户对广告信息的接受度。

娱乐型营销。通过移动业务开设的娱乐内容如视频、音乐、游戏来实施广告营销

① 王娇，唐守廉，杨桓 . 移动营销活动模式研究［J］. 移动通信，2011（9）：62-65.

传播活动。例如，用户在玩游戏时将会不止一次看到移动广告信息，企业从而达成品牌形象传播之目的。

抽奖型营销。通过各种类型的抽奖吸引用户参加活动，在活动过程中嵌入广告营销传播。用户可以通过回答问题或者发送短信代码参与抽奖，从而有机会得到现金或其他物质奖励。

优惠券型营销。通过向用户提供各种类型的优惠券来吸引用户参与相关营销活动。优惠券包括折扣、试用包、免费短信 / 彩信甚至打折机票。优惠券有两大类：随机优惠券和预选优惠券。随机优惠券的时间敏感度高，是用户冲动购买后产生的，而预选优惠券是用户预先选定的具体产品。

四、移动营销的特点

从总体的营销趋势来看，移动营销有三个特点，即精准度、互动性和本地化覆盖。

（一）营销的精准度

移动营销的终端主要是手机，手机是随身携带的，是真正的人体的延伸，特别是智能手机，成为人体的信息接收中心，是连接人与万物的节点。因而，在数字技术的加持下，可以针对每个个体实施精确传播。用户的行为通过手机平台被记录并形成数字集，帮助形成用户画像从而为精准传播提供数据支持。

（二）营销的互动性

手机天生是一个互动的平台，在互动技术如 LBS、AR、QR、重力感应等的加持下，移动营销有了新的技术基础。现代智能手机强大的内容生产能力有助于用户生产内容并随时发布。

（三）本地化覆盖

手机的移动性以及地理定位功能为区域定向营销提供了前提条件。由于地理细分是营销中极为重要的类型之一，这使得移动营销的本地化覆盖成为营销者的传播利器。

第二节　短信营销

短信营销（SMS marketing）是早期移动营销的主要形式，是以发送手机短信的方式来达到营销目的营销手段。

一、短信营销的特点

短信营销具有群发性、定时性、交互性和回执等特点。群发性是指可面向不同层面的对象，实现分组群发，可以灵活调控群发规模和面向人群。定时性是指可设定发送时间，无须人工干预。交互性是指可以接收反馈的短信。回执是指可以利用系统状态报告自动获取收信人的回执信息，防止重要短信丢失。

二、短信营销的优势和问题

短信营销具有速度快、效率高、成本低、精确度高、受众广等优点。手机普及率极高，因此可以短时间内达到大面积辐射的传播效果。短信营销成本较为低廉，是一种性价比较高的传播方式。

短信营销最大的问题是个人隐私保护问题，由于与个人隐私保护相关的政策尚未完善，造成目前垃圾短信泛滥。许多企业在进行短信营销时操之过急、用力过猛，发送短信过于频繁、发送的信息过于商业化，导致内容缺乏吸引力，从而给用户造成被垃圾短信骚扰的结果。

有的不法分子会利用短信营销来达到牟利的目的。2014 年以来，中央宣传部、中央网信办、最高人民法院、最高人民检察院、公安部、工信部、国家安全部、国家市场监督管理总局等部门在全国范围内部署开展打击整治专项行动，严打非法生产、销售和使用“伪基站”设备的违法犯罪活动。

三、短信营销的策略

短信营销根据其传播特点要注意时间、地点、内容、频次等维度，要有效地组合，以形成最有效的传播策略。

（一）节假日问候策略

节假日是用户重要的消费节点，也是企业场景营销的重要时机。通过节假日进行问候式营销容易拉近品牌与用户的关系，方便针对性地实施营销。

（二）短信内容策略

短信的语言须精练、准确和风趣。一方面是短信本身的信息承载量相对较小，另一方面是用户的生活和工作处于快节奏状态，对长篇幅的商业信息缺乏阅读耐心，因而短信营销要精准地提炼信息内容，尽可能采用有趣有创意的方式来传达商业信息。

（三）称呼和落款是短信营销的独特方式

短信营销是针对用户个体的，如果短信的开头加上称呼，则会增强用户的被尊重感。发送短信不宜直呼其名，直呼人名姓易让对方感觉到被冒犯。短信最后可以加企业落款，既能达到品牌传播目的，又可以增加信息可信度。

（四）精准定向策略

要精准定位短信营销的对象，不可采取广撒网的方式。

（五）促销性短信勿频繁

促销性短信不宜长时间发一次，也不宜短时间内频繁发送，让用户感觉自己被骚扰。再精练、风趣的营销短信若频繁地发送，也只会让用户不堪其扰，传播效果反而不好。

第三节　二维码营销

随着电子商务的普及和二维码技术的完善，二维码营销成为一种重要的营销方式。因为便捷、互动性强、成本低、易于传播等特点，二维码的营销发展迅速。

一、二维码与二维码营销的定义

二维码又称 QR Code，是一个平面几何图形，图形中的黑白颜色按照一定的规律进行分布，这种分布其实是二进制的几何表现，利用扫描设备对图形进行扫描，几何图像就会被识别成二进制码。随着二维码技术的发展，二维码加入了更多的创新元素，企业根据自身产品的特点和用户群体的特性来设计不同的创意广告二维码，这些具备创意元素的二维码将有效刺激使用者的扫码欲望。

二维码营销是指企业通过二维码实施营销传播，用户扫描二维码便可以了解企业相关的产品信息和营销活动，从而达成企业营销推广之目的。企业的营销信息可以是文字、图片、视频、促销活动、网页链接等，二维码通常以名片、报刊、展会名录、宣传单、公交站牌、网页、地铁墙壁、公交车身等作为载体呈现给用户，供用户扫描。二维码事实上成为用户与企业进行深度沟通的接口，用户通过扫描二维码便可以体验浏览、查询、支付等各种消费环节。

滴滴打车使用一种特殊材料在闹市区的马路上刷滴滴打车的二维码，这种特殊的二维码只有在下雨天才能被看到。雨天是打车的高峰期，用户往往很难打到车，而滴滴打车的二维码解决了用户打车的痛点。二维码在这个营销案例中扮演了连接企业与用户的角色。

二、二维码的特点

二维码的特点包括：（1）信息储存量大。一个二维码可以储存的信息相当于 500 余个汉字或者 2 710 个数字，这是传统的条形码所做不到的。（2）编码内容多样化。二维码不仅可以储存文字，还可以储存音频、指纹、照片等各种类型的数字化信息，不受语言的限制。（3）二维码具备较强的自动纠错功能。若二维码的图像遭受损坏、掩盖或被折叠时，依旧可以顺利读取信息，最大的容错损坏面积约为整个二维码的二分之一。（4）二维码的解译正确率比较高。二维码的误码率小于千万分之一，远远低于条形码的误码率。（5）二维码具有较强的保密性能。（6）二维码的编制成本比较低，制作简单，保存时间长，符号可以根据需要随意调整。（7）识别二维码较为容易，CCD 阅读器和智能终端的摄像头均可扫描读取二维码。①

三、二维码营销的优势

（一）二维码可以快速便捷地连接企业与消费者

二维码是企业与用户连接的一种方式。企业可以通过二维码在多样化的地点、场合与用户进行连接，将营销信息便捷快速地通过移动终端传递给用户；用户通过扫描二维码进行相关的体验、咨询、沟通等参与式活动。

（二）运营成本低

与大众媒体广告等营销手段相比，二维码营销不但具备较大的传播成本优势，而且可以切入企业运营活动过程中，节约企业运营成本。比如中小型企业和餐饮从业者通过二维码向用户群体提供发布信息的平台，用户可进行扫码点餐、扫码取餐、线上支付线下消费等消费活动，二维码营销在一定程度上缩减了企业的人力成本。

（三）连接线上线下，实现立体营销

许多企业同步开设了线下和线上渠道，二维码成为打通在线渠道和实体店铺的最佳接口，它能够有效地整合线上线下不同类型的资源，实现网络空间和实体空间的结合。

第四节　LBS 营销

LBS（location based service，基于位置服务）是互联网技术、移动通信和空间数据库等多领域交叉发展的产物，是企业通过电信移动运营商的无线电通信网络（如 GSM 网、CDMA 网）或外部定位方式（如 GPS）获取移动终端用户的位置信息（地理坐标或大地坐标），在地理信息系统（geographic information system，GIS）平台的支持下，为用户提供相应服务的一种增值业务。在 LBS 中，用户行为、时间与地理信息“三位一体”，记录用户的行为轨迹、生活方式和消费习惯。②

一、LBS 营销的定义

国内基于 LBS 的营销应用从 2010 年开始。经过十多年的发展，随着智能手机的普及应用，基于位置的服务功能被大多数手机应用服务所采用，如生活服务、移动电子商务、移动社交、手机游戏等。企业基于这些具有 LBS 功能的服务平台与用户进

① 周煜辉．手机二维码营销传播模式与效果分析［D］．上海：上海外国语大学，2014：12.

② 赵玉欣，王艳萍，关蕾．大数据背景下电商企业精准营销模式研究［J］．现代商业，2018（15）：14-15.

行信息沟通和产品服务的交易。LBS 营销是一种基于地点的精确营销，精确传播的核心是基于地点的用户定向，企业可以基于 LBS 向移动中的用户推送相关的商品信息和服务信息。所以，LBS 营销是最具代表性的移动营销模式。

iButterfly 是日本广告公司电通推出的一款手机应用，它利用 LBS 与 AR 技术将商家发放广告和优惠券的营销活动变成一个充满趣味性的捉蝴蝶小游戏。用户通过前后晃动手机来捕捉飞舞的虚拟蝴蝶。无论身处日本何处，都可以找到千奇百怪的虚拟蝴蝶，一只虚拟蝴蝶代表一个或多个优惠券。用户可以通过蓝牙与朋友分享抓到的蝴蝶，不同地点蝴蝶的种类也不同，用户在搜集蝴蝶的同时也就意味着收集了各种各样的优惠券。

二、LBS 营销的分类

LBS 营销包括签到营销、生活服务类营销、移动社交营销和移动商业营销等。①

签到营销是指用户签到后可以获得积分或优惠折扣。最早由美国网站 Foursquare 推出，国内市场的网易八方、街旁、玩转四方等应用都属于签到营销模式。但是早期签到营销模式不是非常流行，因为吸引用户参与有难度。当前采用签到营销模式比较成功的是餐饮行业，餐饮服务往往与地点相关，通过签到优惠吸引本来就存在餐饮需求的用户，容易获得较好的营销效果。

生活服务类营销。百度地图是生活服务模式的典型代表，不但提供位置查询、定位、导航等基础服务，而且提供非常丰富的与地点相关的生活服务，比如餐饮、超市、加油站、药店等各种生活服务场所。

移动社交营销。LBS 与 SNS 结合成为 LBS 移动社交，用户可以基于地点进行社交活动，通过展示分享自身位置及生活状态获得商业优惠，周围朋友发布的各种商业体验信息也会被用户看见。

移动商业营销是通过自身定位能力开展基于地理区域的商业信息推送活动，即基于地理变量的精准定向营销。用户通过 LBS 平台可以查询附近的商品及服务信息，特别是自己需要的优惠活动信息。

三、LBS 营销的主要问题

LBS 营销模式在发展过程中存在一些系统性的问题。首先是精准定位能力尚有不足，这主要体现为室内定位没有完全覆盖并实现不同网络间的切换。其次是服务内容创新问题。总体上，大多数 LBS 服务存在同质化倾向，商业模式和服务内容亟待创新。最后是用户位置隐私信息泄露问题。位置服务在给用户带来便利的同时也存在个人位置隐私泄露的风险。LBS 技术在服务用户的同时也在不断地获取用户的各种信息，

① 姜海洋 .5G 环境下 LBS 商业模式优化研究［D］. 北京：北京邮电大学，2021：43.

随着数据的积累，用户画像越清晰的同时也意味着用户个人信息越来越透明。

四、LBS 营销实施的注意点

（一）保护用户隐私是 LBS 营销的底线

通过 LBS 等大数据技术可以大量搜集用户行为信息来实现精准营销，但必须适度获取用户个人隐私信息，并加强对用户个人信息的保护。系统开发者应该明确告知用户，为了更好地提供服务需要获取哪些方面的信息，让用户自行选择是否提供该信息。而当用户提供了信息后，系统开发者有义务保证用户信息的安全，不会被非法利用。

（二）培养用户分享位置习惯

要通过多种模式融合使用的方式，培养用户主动提供和分享位置信息的习惯。例如，签到、LBS+ 地图、LBS+O2O、LBS+SNS 和 LBS+ 广告模式等，可实现精确、连续的地理位置定位、基于位置的线上预订与线下消费、基于位置的社区营销和广告信息推送。同时，通过各种折扣、赠券、虚拟产品等奖励方式鼓励用户许可接收企业营销信息。

（三）LBS 应用更适于体验型消费

传统服务业如餐饮、娱乐、旅游、金融等都属于体验型消费，这些服务大多必须通过线下体验才能完成，而线下体验必须与地理位置产生直接关系，因而 LBS 营销在这些行业可以得到更为广泛的应用。星巴克在全美七大城市推出的基于地理位置的 Mobile Pour 服务，用户只需要在手机上选择好咖啡并下单，踩着踏板的星巴克咖啡配送员便会根据用户的位置将咖啡送到用户手中。

（四）LBS 应用和移动支付相结合

商家与微信、支付宝等移动支付方式结合，可以使商家实现对于本地用户的“产品和服务推送—移动支付—完成付款—O2O 服务”的业务闭环，更好地实施精准营销。

第五节　App 营销

App 是 application program 的简称，是指面向智能手机或平板电脑等移动终端的应用软件程序。根据其功能的不同可以分为系统工具、社交出行、休闲娱乐和生活健康等类别。随着智能手机的不断普及以及移动上网技术的更新突破，App 营销成为移动营销的核心模式。

一、App 营销的定义

App 营销是通过网页或智能手机、平板电脑等移动终端上的各种应用程序而开展的企业营销活动。在 App 营销中，应用程序 App 是营销的载体和渠道，它不受时间、地点的约束，随时随地可以对用户展开营销，最大限度地提升用户的消费频率。

杜蕾斯在 2010 年联合 iPhone 推出了“宝贝计划”。它放弃就事论事的诉求方式，从“恐吓”角度让人知道不用这类产品导致的“严重”后果。简单地说，就是把两个 iPhone 拿来蹭一蹭，就能蹭出一个杜蕾斯宝宝，这个宝宝非常烦人，它会在半夜醒来哭闹着喝奶或换尿布，也会突然哭起来要人去哄。受不了了怎么办？卸载？没那么容易，用户必须购买杜蕾斯，然后扫描上面的二维码，启动 baby 防打扰模式，才能结束这种生活。

二、App 营销的分类

App 营销主要包括四类：品牌 App 模式、联盟 App 模式、App 广告植入模式以及 App 广告投放模式。[①]

（一）品牌 App 模式

企业根据营销需要开发自己的 App，这些品牌 App 可能具备互动、社交、娱乐和购物等一种或几种功能，用户通过移动 App 就能够查找或购买企业产品和服务，了解品牌文化，强化品牌认知。品牌 App 营销的优点是企业具有较好的自主性，可以根据营销目标自由地设计、规划 App，缺点是受限于用户的移动设备内存，移动端的应用程序数量有限，并且应用程序的下载推广费用也是影响品牌 App 营销的重要因素。

（二）联盟 App 模式

联盟 App 模式是由一个企业开发 App 应用平台，吸引其他商家来共同使用。如天猫、京东、大众点评等。平台型的 App 应用具有网络外部效应，即平台上活动的商家越多，越能吸引用户，而用户越多越能吸引商家入驻。商家和用户两个维度都存在规模效应，其效率非品牌 App 可以比拟，因而也是最具竞争力的 App 营销模式。

（三）App 广告植入模式

App 广告植入是指品牌方将品牌或产品信息融入 App，在用户使用 App 过程中完成品牌和产品信息的曝光，加深用户对品牌和产品的印象，达成广告营销的效果。例如，在“疯狂猜图”手机游戏中将一些与品牌相关的元素设计成游戏背景，让用户猜出答案，考验用户对品牌的熟悉程度。

---

① 高雪．移动 App 营销模式对消费者购买意愿的影响研究［D］．北京：北京工商大学，2017：13-14.

（四）App 广告投放模式

App 广告投放模式是指品牌方将产品信息以广告的形式投放到 App 中，形成一个广告链接，当用户点击广告内容时就会跳转到指定广告界面，了解产品详情或进行试用甚至购买。App 广告投放模式是 App 程序运营方流量变现的主要商业模式。

三、App 营销的特点

（一）自主性

品牌可以根据需要自由地设计和创新 App，且 App 具有足够的空间完成品牌的营销意图。这是传统广告或者借助其他方 App 实施营销传播所不能比拟的。但是品牌方对 App 的创意和运营策略有较高的要求，否则 App 不容易推广使用。

（二）持续性

用户一旦下载 App 到手机中，往往就会持续地使用。因此，品牌就可以通过 App 实施持续的营销活动。智能移动终端已经成为网络用户打发碎片化时间的首要工具，有吸引力的 App 必将产生用户黏性，使用户持续使用。

（三）精准营销

App 用户通常会在登录注册时留下较为详尽的个人信息，在持续使用 App 过程中其行为痕迹也被转化成大数据保存下来，平台方利用这些大数据形成精确的用户画像，从而为精确营销提供了数据基础和实施平台。比如资讯类 App 可以利用用户喜欢的内容通过算法推荐相关的信息流广告，社交类 App 可以根据用户圈层的偏好推荐相关的信息流广告。

本章小结

移动营销是依托于移动互联网，在移动终端呈现给消费者，以各种移动媒体形式发布产品、活动或服务的相关信息的营销行为，它涉及移动设备研究方向、制订计划、采纳信息、实施想法、跟进市场、改进策略等一系列过程。移动营销可以分为传统式移动营销、移动终端预装式营销、移动网站式营销、公众平台式营销和 App 营销。移动营销主要有信息型、娱乐型、抽奖型、优惠券型四种模式。移动营销具有精确度、互动性和本地化覆盖的特点。最具代表性的移动营销有短信营销、二维码营销、LBS 营销和 App 营销。短信营销属于早期的传统型移动营销模式；二维码是一种非常特殊的移动营销工具，是连接企业与用户的重要接口；LBS 营销具有强烈的地点营销属性，是移动营销的典型模式；App 营销为企业营销传播提供了自由发挥创意的空间。

思考题

1. 移动营销的本质特征是什么？

2. 二维码营销有何优势？

3. 实施 LBS 营销需要注意哪些问题？

4. App 营销有何特点？

第十三章　电商营销

学习大纲

- 电子商务发展历程
- 电商业务类型
- 传统电商营销策略
- 社会化电商营销策略

学习目标

本章将解决下列问题：

1. 电子商务经历了哪些发展阶段？呈现何种创新趋势？
2. 电商业务主要有哪些类型？
3. 传统电商营销常用策略有哪些？
4. 社会化电商营销是如何经营用户关系的？

学习讨论

如何理解无处不在的商务？这对电商营销有何启示？

开篇案例

天猫U选“万试如意店”创新营销

2021年元旦假期，天猫U先在杭州西湖边开设了一家名为“万试如意店”的线下体验店。这家店是天猫官方首家线下小样体验店，以快闪店的形式展示了约80家天猫大牌，提供了近3万件体验装，每件价格为1元。这家店迅速成为杭州的热门打卡点之一。

一、策划背景

天猫U先一直在探索新的业务模式，以全品类覆盖人群，打造一家既有趣又实惠、自带传播属性的线下超级试用网红体验店。这次策划旨在重构人、货、场，打通线上线下壁垒，为目标消费群体打造“试用+购买+评价+分享”的沉浸式互动场景超级新体验。然而，挑战在于，从快闪店策展商转变为线下体验店运营商，只有两周的时间来完成这一转变。

二、策略与洞察

天猫U先作为全网最大的试用体验平台，具有超强新品人群触达力与超强人群渗透力。然而，电商平台和品类细分的发展导致消费者购买决策成本上升，试错成本居高不下，“消费—试用—退换货”链路烦琐冗长。为了解决这些问题，天猫U先策划了这家“万试如意店”，以提供低成本的试用体验和线上线下全链路结合的方式，降低消费者的试错成本，提高购物体验。

三、项目实施效果

该店顺利开业，营业25小时，核销近2万单，拉新近2万人。门票和邀请函全部发放完毕，线下进店人流量超过3.6万人。人工核销量和人工核销速度在第二、三天均有大幅度提升。这一营销活动不但为品牌带来品宣、人群、流量品效合一的营销收益，而且为平台创造了新一阶段的营销突破。

“万试如意店”的成功策划与实施展示了天猫U先在探索新业务模式和创新营销方面的能力，也为电商平台解决了一些长期存在的问题，如消费者购买决策成本高、试错成本高、“消费—试用—退换货”链路烦琐等。这次策划的成功实施为电商平台提供了新的思考和方向，也为其他品牌提供了可借鉴的成功案例。

案例思考：当前我国超大电商平台的发展遇到了什么问题？他们是如何寻求突破的？

（案例来源：中国商务广告协会数字营销委员会虎啸奖组委会）

第一节　电商营销概述

一、电子商务定义

电子商务（electronic commerce）是指利用互联网、移动设备等电子工具和技术手段所进行的商业活动。从狭义的角度来看，电子商务可以理解为一种通过互联网进行交易的商业模式，是指生产商直接向消费者销售产品、提供服务等一系列的商务活动。从广义的角度来看，电子商务则可以理解为一种结合网上交易和各种商务活动的综合模式，不仅包括产品和服务销售，还涵盖了供应链管理、企业资源规划、客户关系管理等在内的全部商务活动。电子商务简称“电商”。

二、电商业务类型

从业务类型角度，电商可以分为以下五类。

（一）B2B（business to business）

B2B 是一种通过专用网络实现商家之间数据信息交换和传递，产生交易并建立关系的商业模式。传统企业间的交易往往耗费大量资源和时间，B2B 交易方式使买卖双方可以在网上完成整个业务流程，减少事务性流程和管理费用，降低企业经营成本。B2B 电商平台的首要任务是将潜在的企业关系网转化为线上公开透明的网络关系，以便同多个企业开展交易。

网络的便利性及延伸性使企业扩大活动范围，降低跨地区、跨国界成本，商家通过建立商业伙伴关系、交换信息，为双方生意带来利润。典型的 B2B 网站有阿里巴巴、中国制造网等。

（二）B2C（business to customer）

B2C 是企业借助互联网直接面向消费者销售产品和服务的在线销售活动。B2C 电商平台的首要任务是做好平台定位和打造全面通畅的渠道关系，引入优质商家，提供高质量服务和产品。B2C 电商平台的市场策略，一方面是提升商家入驻门槛和服务标准，另一方面是保持对消费者的高度开放性，带给消费者更好、更多的消费体验。

B2C 电子商务平台根据产品和服务类型的不同可分为综合型平台、垂直型平台、定制型平台和服务型平台。我国 B2C 代表性平台有天猫、京东等。

（三）C2C（customer to customer）

C2C 是消费者之间的电子商务平台，允许个人出售或购买物品。这种交易方式类似于市场，买卖双方可以议价。过去，卖家决定价格，现在，C2C 允许消费者决定价格并通过竞价让价格更有弹性。C2C 电商平台需要扩大消费者群体来提升影响力，采用免费注册和高度开放策略，并确保平台安全可靠，以顺利完成交易。这类模式的代表网站是闲鱼网。

（四）O2O（online to offline）

O2O 是将线下商业活动与互联网结合，为消费者提供方便与优惠的交易平台。O2O 平台的首要任务是明确产品和服务的核心价值。市场策略通常先采取高度开放的策略，再设立严格的过滤机制，获取更多商家和消费者资源，提升产品和服务水平以维持消费者。

O2O 有 4 种模式：online to offline，指线上交易到线下消费体验，如 58 同城、大众点评、淘票票；offline to online，指线下营销到线上交易，如汉堡王门店线上点餐管理；offline to online to offline，指线下营销到线上交易再到线下消费体验，如iPhone体验营销；online to offline to online，指线上交易或营销到线下消费体验再到线上消费体验，如携程网。

（五）P2C（production to customer）

P2C是指生产企业直接将产品送到消费者手中，不经过任何中间环节的商业模式。类似的概念是C2M，即customer to manufacturer。这是继B2B、B2C、C2C之后的一种新型的电子商务模式。P2C电商平台运作流程为：消费者在网上选购商品并提交订单，订单信息发送至物流公司和生产企业。物流公司从仓库取出商品并发货给消费者，订单和出货信息每天汇总至生产企业，生产企业根据订单和仓储情况决定生产数量，同时考虑不同地区存货量、销售高峰和产品结构等因素进行调整。消费者可到维修站点进行维修或调换，维修信息反馈至生产企业，企业根据实际情况改进产品不足或缺陷。代表性的电子商务平台有小米有品、网易严选、必要商城等。

三、经营模式分类

从经营模式角度而言，电商可以分为以下两类。

（一）传统电商模式

1. 综合电商

综合电商是一种提供给个人或企业开店交易的平台，通过收取佣金、服务费、广告费、增值服务等方式营利。综合电商不限定具体产品或服务的类别，广泛吸引各类品牌入驻。我国最具代表性的综合电商有京东、淘宝等。

综合电商所面对的是一个双边市场。双边市场的特性使得综合电商需要同时关注消费者和供应商的活跃度，以实现平台的持续发展和成功运营。一方面，综合电商要维持平台消费者的高度活跃性，这一指标通常以年、月、日活跃用户数来衡量。另一方面，综合电商也要确保商家的活跃度，也就是产品或服务的供应商的规模。随着供应商数量的增长，平台上的商品和服务也会越来越丰富，从而能够满足消费者日益增长的多元化和大众化的需求。

2. 垂直电商

垂直电商专注于某一特定行业或细分市场，通过深入运营提供差异化的产品和服务。聚美优品和蘑菇街就是垂直电商的典型代表。它们以专业的运营方法和选品策略，满足特定群体的需求。由于专注于某一特定领域，垂直电商能够提供更专业、更个性化的服务，满足消费者更高层次的需求，与综合电商形成差异化竞争优势。

然而，垂直电商在发展过程中面临着诸多挑战。首先，由于只专注于某一细分市场，其用户规模和购物频次相对较低，因此获客成本较高。为了持续吸引和留住消费者，垂直电商需要不断投入资金进行市场推广和关系管理。其次，垂直电商的消费体验可能与综合电商存在矛盾。对于消费者来说，在一个平台上购买所有商品是最方便、最省时的选择。然而，由于垂直电商只提供某一类别的产品或服务，无法满足消费者一站购齐的需求。再次，综合电商平台正通过结合算法和用户画像，提供更多差异化的产品和服务，与垂直电商形成竞争。最后，同类竞品的涌现使得有限的市场份额被瓜分，给垂直电商的发展带来压力。

（二）社会化电商模式

社会化电商模式主要借助社交媒体等社交工具，通过消费者之间的交互作用来影响和引导消费者产生购买意愿和行为。

1. 信息流电商

信息流电商主要通过大流量的互联网平台进行商品推广，消费者在互联网平台上直接下单，经物流配送再货到付款。例如，商家在今日头条、微博、百度等网站的信息流中插入自己的广告，消费者点击后即可直接填写个人信息，商家随后将产品邮寄给消费者。随着信息技术的发展，信息流广告也会直接导向各大综合电商平台或垂直电商平台。

信息流电商的优势在于精准定位目标消费者，通过大数据分析实现个性化推荐，提高转化率和变现效果。但信息流电商也面临着一些挑战，如广告质量把控、用户体验优化等问题。

2. 直播电商

直播电商是商家通过直播平台展示产品和促销信息，引导消费者购买的销售模式。在我国，直播电商自从 2016 年兴起以来，已经日渐常态化。近几年，直播电商也成为一些大型电商平台的传播方式之一。

直播电商有达人直播和商家直播两种模式。达人直播是商家与明星或知名主播合作来售卖产品，能快速打开市场，但费用偏高。商家直播是商家自建直播间推广产品，商家对产品更熟悉且有供应链优势，但产品单一且消费者流量有限。

3. 社交电商

社交电商是一种基于社交媒体平台，通过消费者之间的社交互动产生交易的模式。它结合了电商和社交媒体的特点，以信任为核心，主要依靠消费者裂变来获取流量。与传统电商相比，社交电商能够更好地利用社交媒体工具，降低获客成本，提高销售效率。

具体来说，社交电商包括以下三种模式：

（1）内容电商。内容电商是通过各类内容引导消费者进行购物，包括自媒体文章、帖子、短视频等，让消费者在轻松了解产品的过程中购买产品。同时，商家通过内容了解消费者偏好，实现产品与需求的协同，提高营销效果。当前，比较流行的内容电商包括小红书、知乎、微博、抖音、快手、B 站等。

与传统电商相比，内容电商的优势在于降低了消费者的认知闭合需求，让消费者更容易接受复杂的决策信息，从而购买产品。

（2）拼团电商。拼团电商是商家在约定时间内，以成团人数为条件，提供优惠价格出售产品的营销活动。商家可自行设置活动产品、折扣、成团人数等。拼团电商的优势在于借助消费者裂变来获取流量；同时低价产品具有吸引力，人人可发起且先发起者有更多优惠，多采用社交媒体和游戏形式传播。但劣势在于低价产品可能缺乏质量保障，且过激的拼团机制可能遭平台封杀。

（3）分销电商。分销电商是由平台统一提供货、仓、配送及售后服务等全供应链流程，通过分销刺激消费者成为分销商，利用其自有社交关系进行分享裂变。分销商可以获得佣金和奖励，激发他们的积极性和参与度。我国比较有代表性的分销型电商有云集和贝店。

分销电商的优势在于可以依靠社群 KOC 分销，依托其影响力以低成本获取消费者流量，规模化聚集需求，降低营销成本。

（三）传统电商与社会化电商的比较

传统电商与社会化电商在营销思路和消费者行为上存在明显差异。传统电商以产品为中心，消费者通常在购物前已有明确的购买目标，通过主动搜索、比价，然后下单购买。而社会化电商则以关系为中心，重点在于建立消费者之间的信任关系和社交互动模式。在这种模式下，消费者可能并没有预先计划的需求，而是通过他人的分享、推荐，被刺激后产生消费冲动、快速购买，并在特定社群内传播信息。

传统电商的流量主要依赖于搜索，消费者通过搜索关键词或其他导航方式找到所需产品或服务。而社会化电商的流量则更依赖人与人之间的分享和传播，这种模式下的动力在于建立消费者之间的信任和社交联系。

总的来说，传统电商平台更像一个静态的市场或交易场所，而社会化电商平台则更像一个动态的、由消费者参与裂变的社交空间。两种电商模式各有特点和优势（见表 13-1），选择哪种模式取决于商家对目标市场的理解和战略规划。

表 13-1　传统电商与社会化电商的比较

	传统电商	社会化电商
核心价值	产品	消费者
经营目标	提供丰富的产品	满足消费者的需求
经营手段	订单管理	关系管理
营销策略	低价策略	信任感
本质	市场渠道	社区聚落
购买场景	较为单一，下单后即结束	更为丰富，可以进行分享、内容创作
人与商品的关系	平台主动，消费者被动	消费者主动，人驱动人

第二节　传统电商营销策略

传统电商营销策略主要包括：用户运营策略、网站运营策略、活动运营策略。

一、用户运营策略

按照消费者关系建立与维系的规律，传统电商营销的消费者运营策略包括平台引流、消费者参与、信息留存、用户学习和用户关系五个方面。[①]

（一）平台引流

平台引流是指平台通过选择合适的传播渠道和媒介，向在线商户的潜在消费者传递商品信息，以增加商品曝光率和吸引更多流量。在现实中，许多商家错误地认为只要自己的店铺上线就能自然获得流量和销量，实际上，商家需要通过平台进行有效的营销宣传，才能吸引潜在消费者并抓住销售机会。

广告是平台引流常用的一种手段。但是要实现有效的平台引流，商家需要注重广告营销的一致性，确保线上和线下的宣传口号、产品信息和服务保持一致。如果线下和线上的宣传存在差异，消费者会产生怀疑并降低对产品的信任度。除了广告营销的一致性之外，商家还需要确保产品的质量和服务的可靠性。只有当产品的质量和售后服务得到消费者的认可，才能在消费群体中形成良好的口碑，并起到相互宣传的作用。

（二）消费者参与

要给消费者提供深刻、独特的消费体验，商家需要提升消费者的参与感。因此，在设计平台网页时，需要注重吸引消费者的注意力，提升网页的互动性。平台必须迅速向消费者证明其能够节省他们的成本，或商家提供的产品和服务对消费者具有一定价值，否则消费者很容易退出该网页。

（三）信息留存

如果平台想要保持消费者忠诚度和频繁访问的状态，一般采取以下三种策略：

（1）隐藏成本（hidden expense）：平台以一种隐蔽的方式让消费者无法意识到自己在平台上耗费了大量的时间和精力成本，从而增强消费者黏性。

（2）新鲜内容（refresh content）：平台应不断更新网页内容，让消费者及时看到新消息。如果平台无法做到内容更新迭代，消费者会因失去新鲜感而流失。

（3）提升转换成本（conversion cost）：消费者从一个平台转向另一个平台时会产生一定的转换成本，包括经济成本、时间成本和情感成本。平台可以通过各种方式来

---

① PARSONS A，ZEISSER M，WAITMAN R. Organizing today for the digital marketing of tomorrow［J］. Journal of interactive marketing，1998，12（1）：31-46.

满足消费者需求，以增加用户的转换成本，从而维持稳定的消费者数量。

（四）用户学习

电商平台可以通过采集和分析各种数据指标来预测消费趋势和消费者需求，从而优化运营策略。具体来说，通过数据采集和分析，电商平台可以从流量、销售、消费者、商品和市场等多个方面制定阶段性的运营策略和营销计划，确保平台持续发展。

（1）流量指标反映消费者对网站的关注度和访问行为，包括页面访客数、访问时长和人均页面访问数量等。这些数据可以帮助优化页面布局和设计，提高消费者体验，促进消费者转化。

（2）销售指标是衡量网站销售业绩的重要因素，包括消费者购买某一产品的数量、次数、交易成功的数量以及退单的数量等。通过对这些数据的分析，电商网站可以了解消费者的购买偏好和需求，制定相应的销售策略，提高销售额和客户满意度。

（3）消费者指标反映的是消费者的属性特征和消费行为，包括新客户数量、老客户的消费频率与金额、复购率等。这些数据有助于电商网站了解消费者群体特征和消费习惯，针对不同消费者群体制定个性化的营销策略，提高消费者忠诚度和长期价值。

（4）商品指标反映的是不同商品的销售情况和市场需求，包括不同商品的销量、库存情况、评价等。通过对这些数据的分析，电商网站可以了解市场趋势和消费者需求，优化商品选品和库存管理，提高商品销售效果和消费者满意度。

（5）市场指标反映的是平台营销活动的执行效果，包括新增消费者数量、新增下单量、访问次数等。这些数据可以帮助电商网站评估营销策略的有效性和广告投放效果，调整广告投放策略，提高营销效果和 ROI。

（五）用户关系

建立良好的用户关系是每个公司都须关注的重要问题。虽然根据大数据，企业可以更轻松地与用户建立联系，但也需要掌握一些关键技巧。其中，用户分级、定制服务和加强互动是常用策略。

（1）用户分级是指将用户进行分类，并提供不同级别的服务。通过数据分析，企业可以了解用户的偏好和需求，从而提供更符合他们的服务。例如，根据用户的购买历史、活跃度和贡献利润等数据，可以将用户分为高价值客户、中价值客户和低价值用户，并为不同级别的用户提供相应的服务。

（2）定制服务是根据用户的需求和意愿，为其提供定制化的产品和服务。通过大数据洞察用户的个性化需求，企业可以为用户提供更符合其需求的产品和服务，从而增强用户黏性和节省库存成本。例如，可以根据用户的偏好和习惯，为用户推荐更适合他们的产品和服务，并提供持续的服务支持。

（3）加强互动是指增强用户与企业的互动，加深用户对企业的认知，提高品牌的知名度和影响力。通过制作广告、促销活动等方式，可以提高产品的曝光度和用户的购买率，同时也可以获取用户的反馈和意见，从而对产品进行改进升级。此外，通过数据驱动的广告投放和营销策略，可以提高转化率和销售额，并与用户建立长期的稳定关系。

二、网站运营策略

（一）吸引用户进入

1. 为公司和网站选择合适的名称、标识和简单易记的网址

电商平台吸引用户的关键之一是其网站的外形、名称和标识。一个富有创意和吸引力的名称能够迅速引起用户的关注，而一个简洁易记的名称则有助于品牌的传播和推广。在中文语境中，一个好的网站名称应该包含吉祥的字眼，给人留下美好的印象。同时，名称应与所经营的商品相关，简洁通俗，易于口诵。

在产品标识即 logo 设计方面，一个优秀的 logo 应该简单明了，能够准确表达品牌的特征，并且具有时代性和持久性。它应该能够引起用户的共鸣，并给用户留下深刻的印象。

此外，一个容易记忆的网址也是吸引用户的关键。网址应该在第一眼就能让人记住，这样用户就能更容易地访问和浏览网站。在考虑网址时，应优先考虑其易记性，同时也要符合品牌的名称和形象。在满足这些条件的基础上，可以考虑如何使网址更简洁明了。

2. 在搜索引擎发布广告

搜索引擎广告是广告主根据产品或服务内容、特点等确定关键词，撰写广告内容并自主定价投放的广告。当用户搜索到广告主投放的关键词时，相应的广告就会展示，并在用户点击后按照广告主对该关键词的出价收费。电商平台通过在搜索引擎中付费推广、展示产品特性、利用搜索引擎自然流量等方式，增加自身在用户面前出现的频次，吸引用户点击进入。

3. 链接交换

链接交换是指两个网站之间互相放置锚文本和图片链接，以实现站点之间的互联互通，让用户可以通过对方网站发现自己的站点，从而达到网络优化的目的。每个网站在交换友情链接时都会寻找与自己网站行业相关性较高的网站，这样的友链具有意义，并能带来额外的流量。例如，出售宠物食品的商家，可以与宠物交易网站进行链接交换，以相互引流。

4. 广告交换

互换广告是网站间交换不同类型广告的方式，包括旗帜、横幅图标广告（banner）、小型图标广告（logo）以及整幅网页形式的页面广告，这些图标广告可以带有超链接。页面广告可以以独立、完整的网页形式出现在网站中，也可以作为弹出式网页（pop-up）出现。

5. 病毒式营销

病毒式营销是利用公众积极性和人际网络，让营销信息像病毒一样快速复制和传播，从而提升品牌知名度。例如，拼多多在微信中发布砍一刀活动链接，引起大量转发。

6. 优惠活动

定制化的用户活动能让用户在移动设备上轻松浏览大量商品、优惠和促销活动，进而推动销售额的提升并增强用户忠诚度。例如，广告主为新用户提供无门槛券和满减券等优惠。

（二）把用户留在网页

电商平台和商家在设计和维护网页信息时，应当注重用户信息获取的便捷性和有效性，让用户尽可能地停留在页面中。

1. 缩短内容下载时间

亚马逊的研究显示，网页加载速度每提高 100 毫秒，就能为网站带来 1% 的收益增长。因此，缩短内容下载时间对于提升网站效益至关重要。网页加载速度通常可以通过优化图片、清理缓存、压缩代码和简洁代码等多种方法来提高。

2. 尽快清晰地传达产品或服务的价值

产品或服务的价值通常体现在用户购买和使用过程中所获得的利益或结果。为了让用户在浏览页面时留下来并花费更多时间了解感兴趣的信息，就需要确保他们能够迅速了解到“平台提供了哪些产品或服务、这些产品或服务可以解决哪些问题、它们有什么好处、能满足哪些需求”等关键信息。如果页面中存在大量冗余或不明确的信息，用户在短时间内获取有效信息的效率则会降低，进而导致他们离开页面。因此，清晰、简洁和有针对性的信息传递是吸引和留住用户的关键。

3. 保持网站看起来专业和整洁

网页设计需要符合用户浏览习惯并突出平台特色。用户浏览网页的规律是从上到下、从左到右，先被突出的图片、颜色或媒体元素吸引，再注意到显眼的文字内容。因此，网页元素的设计须具有针对性。整洁体现在文字字体和颜色统一，无过多杂色和凌乱布局。在流行的网站设计风格中，文本一般使用相同字体和颜色系统，避免用户难以识别网页重点和产生视觉疲劳。页面布局简化、对称，注重整洁。

4. 使用能够激发愉快心情的颜色

不同的颜色具有不同的功能。暖色系如红色和橙色能给人以温暖、柔和的感觉，而青色、青绿色、青紫色等冷色系则让人感到安静、沉稳。选择合适的颜色可以间接地影响用户对品牌的观感。我国综合电商平台如淘宝、京东、拼多多等都采用了明亮的颜色来营造积极、有活力的氛围。

5. 使用易于阅读的字体

一般认为在书面印刷中，宋体的可读性较好。不同的字体有其最适合阅读的字号、颜色、背景，汉字结构也会影响字体的效果。

6. 使用清晰明确的导航

网页导航包括网页中栏目菜单设置、辅助菜单和其他在线帮助等形式。良好的导航应该方便用户快速找到所需的信息内容。在电商平台上，导航通常会标明不同类型的产品、设置明显的搜索框和用户的购物车等，以方便用户快速找到所需的产品信息。

7. 使用清晰易懂的信息

清晰易懂的页面内容和视觉层次能够提升用户体验，从而延长用户在页面中的停留时间。为了实现这一目标，网页应建立清晰的视觉层次，突出重要的部分，将逻辑相关和包含的部分在视觉上进行关联和嵌套，使用户能够自然地将页面的布局结构转换为内容的逻辑结构。同时，将页面划分为定义明确的不同区域，例如搜索区和促销区等，以便用户快速找到所需信息。此外，采用用户习惯的操作方法，保证用户即便切换新的网站也能够快速上手操作。

（三）让用户成为消费者

网站通过以下方法将用户转化为潜在消费者，并引导其产生购买行为，成为忠实消费者：

（1）跟踪店铺销售情况，以便找出哪些服务最受欢迎，相应增加其曝光量；或者哪些服务最不受欢迎，酌情减少曝光次数。

（2）提供免费的信息和服务。

（3）使用营销技术来识别最佳的潜在消费者。

（4）将营销努力集中在已确定的目标消费者上，以便最大限度地提高成功的可能性。

（5）提供增值服务。

（6）通过电子邮件、短信、微信等方式与消费者保持联系。

（7）允许潜在消费者留下反馈。

（8）显示隐私政策，建立信任关系。

三、活动运营策略

（一）借势营销活动

电商平台借势营销活动的核心在于利用事件的影响力来传播平台本身，巧妙借势吸引更多流量，从而推动平台用户的增长。常见的借势营销活动有：

1. 赞助盛大活动

2020 年中央广播电视总台的春晚节目与淘宝进行了合作，带来了春晚历史上力度最大的独家电商补贴，其中包括为 5 万名淘宝用户清空淘宝购物车，聚划算平台推出的春晚 10 亿元补贴等。

2. 借助事件营销

在2020年“就业季”中，天猫精准地抓住了大学生们的关注点，推出别具一格的“加油白衬衫”系列活动。通过互动的方式，天猫向毕业生们发放了白衬衫，分享了许多成功人士在学生时期的青涩经历以及同龄人求职的心路历程。这些故事旨在激励毕业生们，鼓励他们勇敢面对就业路上的困难，坚定对未来的信心。这个活动不但成功地唤起了用户对天猫品牌的关注和记忆，而且极大地提升了天猫的品牌形象。

3. 借助名人营销

名人是指在公众领域具有广泛知名度的人物，他们的行为和影响力能够对公众产生重大影响。借助名人的力量，可以有效提升产品的销售量和知名度。

1984年，耐克签下当时还是新秀的乔丹，并推出了以他名字命名的Air Jordan系列篮球鞋。这一系列的推出不仅改变了篮球鞋市场，也对整个运动鞋行业产生了深远影响。耐克通过乔丹的知名度和他在篮球场上的卓越表现，成功地将Air Jordan系列打造成为高端篮球鞋的代名词。

4. 借助产品势能

在2020年的“双11”促销活动中，京东电脑数码利用其在电脑数码行业的影响力，与20家知名电脑数码品牌及其负责人联手打造了一场高层营销活动——“‘京’天我做东”。此次活动不仅成功使各品牌在“双11”活动期间的资源发生倾斜，还向B端和C端展示了京东在电脑数码品类的行业影响力。

（二）造节促销活动

电商造节是传统电商营销的一大亮点，分为两种情况：一是配合重要节日举办电商活动，二是创新购物日。重要购物节包括母婴节、年货节、女王节等，通过塑造仪式感激发人们的从众行为，提高平台特定品类的销售量。淘宝自2009年成立首个“双11”以来，成功打造了盛大的购物狂欢节，创下惊人销售额，成为全国最大的电商平台。京东随后也推出了年中“6・18”大促活动，以刺激消费。

2020年，京东金融借助京东商城的“6・18”大促销活动，通过一系列线上线下的营销活动，如病毒式视频传播、媒体和明星深度合作、社交媒体平台联动以及线下艺术展览等，围绕“‘6・18’就要花好钱”的主题与广大用户深度互动。这次活动以“先享受24期免息，再返还20亿金贴”为利益点，成功塑造了京东金融App率先提出24期免息是电商节标配的形象。在活动期间，京东金融App的下载量和免息业务量得到了迅速增长，访客量更是提升了150%。

（三）联名跨界活动

通过联名活动，企业可以激发出不同产品之间的创意火花，从而拓展新的用户群体，并拓宽用户的来源渠道，进而吸引更多的用户。从短期来看，这种联名跨界活动能够有效地吸引用户的关注，提高转化率；从长远的角度来看，它有助于推动品牌的年轻化形象。

一个成功的联名跨界案例是知乎 × 京东的“深夜物语”。2020 年“双 11”大促前期，京东从各大电商平台的消费数据中发现了“消费者逐渐习惯深夜消费”的趋势。于是，他们以“深夜”为关键词，聚焦 5 大社会痛点和打工人焦虑事件，打造了 5 个内容板块：“居家——社畜充电时刻”“美妆——女性外貌功课”“运动——中年身材焦虑”“时尚——潮流追赶竞赛”“奢品——正确奖赏自己”。这些内容板块将用户的注意力与居家、美妆、运动、时尚、奢品等产品板块紧密相连。同时，京东利用知乎平台的问答模式和“小蓝星榜单”来增强用户对品牌的认知，充分激发目标用户和潜在用户的购买欲望，最终推动消费行为的实现。

（四）目标用户活动

这是指针对特定细分市场的人群展开精准传播，旨在实现为平台引流的目标。潜在用户、新用户、普通用户、忠诚用户和粉丝用户均可作为目标用户，并可根据不同商品类别进行分类。为了激活用户，平台会不定期地针对不同的目标用户推出促销活动。

天猫主要的用户群体为女性。在 2021 年国际劳动妇女节（即“三八”节）活动期间，天猫融入女性话题，联同 26 个品牌共同呈现《致女性的二十六行诗》视频及系列海报，倡导多元女性价值，让女性的超级精神得以传递。

第三节　社会化电商营销策略

与传统电商营销不同，社会化电商营销更加注重利用社交平台与工具进行用户关系的建立与维系，进而将其转化为电商消费者。社会化电商营销策略体现了社交平台与工具的巧妙使用。

一、借船出海：借助社交软件

目前，互联网用户数量的增长速度正在逐渐下降，流量所带来的收益也接近峰值。然而，社交媒体平台以其庞大的用户规模和高质量的内容，不断吸引着更多的用户加入。这种趋势促使传统电商转向用社交媒体等进行品牌推广和销售活动。因此，电商可以利用社交软件中的人际网络，结合各种互联网社交工具来开展商品销售业务。通过社交媒体的精准定位和互动特性，电商不但可以更好地触达潜在用户，提升销售效果，而且借助社交软件中的用户关系网络，还能够建立稳固的用户群体，实现持续的业务增长。

拼多多的成功在很大程度上得益于由微信推广而获取的流量。它利用微信用户之间的互动，不断吸引新用户，实现平台间用户的转化。拼多多通过低价策略吸引用户，然后利用微信这个社交平台的强大影响力，进行裂变式推广，从而实现企业收益最大化。拼多多选择微信的原因在于其强大的社交生态系统，通过微信的传播渠道，拼多多可以便捷地推广自己，并通过设置小程序、领现金等互动活动来激发用户的参与，进而提升平台的转化率。

二、裂变用户：游戏模式

近年来，游戏化元素在电商平台中的应用越来越广泛。例如，拼多多推出了“多多果园”，口碑推出了“口碑农场”，京东有“种豆领京豆”，美团则推出了“小美果园”等。游戏化似乎已经成为电商平台的标配，为电商平台注入了新的活力。设计易于上手和更具互动性的小游戏能够将原本枯燥、重复的活动变得更加有趣和引人入胜。Tobon 等人认为，在非游戏环境中融入游戏元素，能对数字环境中的用户黏性和在线消费决策产生显著影响。此外，奖励和挑战是被广泛采纳的两种核心机制，积分、徽章及排行榜是最常被测试和应用的游戏化元素。①

这些小游戏精准地抓住了人们的社交本能，巧妙地运用粉丝运营策略。通过好友间的互动和分享，它们成功地引导更多人下载并体验游戏。不仅如此，游戏的趣味性极大地丰富了用户的体验，有助于增强平台的用户黏性，提升用户留存率。最重要的是，真实产品的反馈机制让用户深刻感受到了参与游戏的乐趣。当用户分享他们的游戏经历时，无形中也吸引了更多新用户的加入，为平台注入了源源不断的活力。

在拼多多的“多多果园”中，当用户经营果园时，系统会发出“邀请好友种树，奖励水滴”的引导消息，以“送水滴”来吸引更多新用户。在引导潜在用户下载 App 后，多多果园会进一步引导大家“每日五次给微信好友分享领水”，通过各种分享奖励，来促进社交平台的分享。

三、转化用户：优惠券

转化用户指的是用户出于自身需求，对产品或服务进行付费的行为。当用户付诸购买行动的瞬间，即标志着转化已经实现。然而，在用户产生购买决策之前，电商平台需要运用各种策略来吸引用户。其中，提供优惠券是一种非常有效的方式，能够激发用户的购买动机，推动他们进行购买。

（一）优惠券类型

优惠券主要分为满减券、立减券、折扣券、随机金额券和优惠码等。其中，满减券、立减券和随机金额券属于私有券，每个领取者账号只能使用一次；而折扣券和优惠码则属于公有券，可以给有兑换码并且成功兑换的用户使用。

满减券是指在消费达到一定金额后可以享受一定的优惠，例如满 100 元减 20 元。这种优惠券便于合理控制活动成本，同时也能鼓励用户增加购买量。

---

① TOBON S，RUIZ-ALBA J L，GARCÍA-MADARIAGA J. Gamification and online consumer decisions：is the game over?［J］. Decision support systems，2020，128（1）：113167.

立减券是指直接抵扣一定金额的优惠券，例如直接抵扣20元。这种优惠券无门槛，容易吸引用户，提高订单转化率。

折扣券是指消费达到一定金额后可以享受一定的折扣，例如满100元打8折，这种优惠券可以提高店铺销量及客单价，吸引用户购买更多商品。

随机金额券是指在消费达到一定金额后可以享受一定范围内的随机优惠，例如满100元减1—10元。这种优惠券增加了活动的趣味性。

总之，不同的优惠券类型适用于不同的活动和商品，能够满足不同的消费者需求，提高销售额和客户满意度。

（二）优惠券的发放

主动发放优惠券是商家吸引用户的一种重要策略。商家可以主动向用户发放各种类型的优惠券，例如新人礼包或特定用户福利。在新用户注册成功后，商家可以自动向用户账户发放一张优惠券，以促进新用户的下单转化。在法定节假日或特定节日，商家可以活动的形式向用户发放优惠券。这种策略能够有效地吸引用户在这些特殊时期进行购买。除了以上策略，商家还可以通过营销短信或提醒通知主动向用户发放优惠券，唤醒用户的购买欲望。商家还可以建立用户的积分体系，通过积分兑换优惠券的方式刺激用户赚取积分，并在消费场景中提高用户的积极性。参与完成特定的游戏、任务、活动等，用户也可以获得优惠券奖励。这种策略能够增加用户的参与度和黏性。选择与自家目标用户有重叠的平台进行合作，商家可以在该平台发放优惠券，引导该平台用户到自家平台进行消费。这种异业合作的方式可以实现互惠互利的效果。

为了增加用户再次购买的可能，商家还可以在用户消费后发放优惠券。这种策略能够有效地留住老用户，并鼓励他们在未来再次购买。利用社交网络的传播特性，商家可以给用户提供优惠信息并鼓励用户进行传播和分享。例如，可以分享红包链接到朋友圈或微信群，其他用户点击领取后即可使用。这种策略在瑞幸咖啡的推广初期得到了大量使用，有效地吸引了众多新用户。

发放优惠券的同时，还需要及时分析不同优惠活动的效果，改进和优化促销策略。例如，可通过分析优惠券的领取量、核销量、订单数量、订单金额和新客数量等数据指标来评估活动效果。

四、留存用户：低价策略

在电商领域，留存用户是指对产品产生黏性、长期使用产品的用户。在社交电商推广初期，平台可以通过活动广告、地推等方式获取用户，但若用户用完即走，则会影响平台的活跃度。为保证电商平台持久运行，须保证每天有一定数量的活跃用户。留存用户的成本低于获取新用户的成本，因此电商平台需要通过多种方式增加留存用户。

（一）优化产品内容和性能，改善用户体验

近年来，随着移动设备性能和网络环境的显著提升，优化产品的交互性能和反馈设计，可以大大提升用户体验。此外，电商行业还应注重提供优质内容，并不断拓展服务范围以满足人们不断升级的需求。例如，可以利用 KOC 生产生活化且专业性强的内容，以吸引更广泛的用户群体。增设语音、视频互动功能可以增强用户的参与度和留存率。

（二）设置会员等级机制，建立用户激励体系

许多电商都通过设计激励体系来吸引和留住用户，推出了诸如会员、黑卡等权益。用户加入后可以享受更优惠的价格、更低的折扣、更多的优惠券以及其他特权。此外，电商可以通过展示用户等级和成长路径，提升用户的自我满足感，从而提高用户黏性和忠诚度。

（三）培养用户习惯，增加用户沉没成本

培养用户对本平台的忠诚度是至关重要的。“沉没成本”让人们在决定是否去做某件事情时，不仅会考虑这件事对自己是否有益，而且会考虑自己过去是否已经在该事情上有过投入。因此，当用户在某个平台上投入了大量时间、金钱、精力或感情后，这些投入会促使他们在该平台上更多地停留。为了提高用户忠诚度，平台应该致力于培养用户的使用习惯。

（四）保持接触，提供持续激励

通过各种运营手段触达用户、传达活动信息，是提高活跃用户留存的有效途径。告知用户即将推出新功能或新产品，并阐述这将给他们带来的好处，可以有效地引导用户持续使用产品，并激发他们对新产品的关注和期待。此外，定期提供奖励，给予用户物质或精神上的奖励，如折扣、优惠券、特权等，可以吸引用户再次使用，从而留住用户。例如，每年为用户提供生日券，每个季度提供消费券等。

（五）巧妙提醒，唤醒沉默用户

沉默用户是指那些使用产品频率逐渐减少，甚至长时间未登录但并未卸载产品的用户。为了成功唤回这些用户，可以结合场景，在合适的时间向目标用户推送相关信息。例如，结合一些娱乐新闻推送的相关产品，可能会吸引部分用户点击查看。然而，要注意信息的契合度，一旦违背了用户的兴趣，则有可能适得其反。

五、借力用户：团购和分销

团购和分销都是有效的引流方式，利用用户的自发行为来获取流量。商家无须主动营销，只要有人主动购买，产品或服务就能得到曝光和展现的机会。通过团购和分销，商家可以低成本吸引更多客源，将线下用户引流至线上，并利用社交媒体实现裂变传播营销。在社群电商时代，团购和分销是商家非常重要的引流获客方式。

团购，也称拼团，是一种利用社交网络聚集具有相同购物需求的用户群体进行团

购的商业模式。它以低价为核心竞争力，通过用户自发形成的群体来完成拼团，形成大量同一产品的订单。这种方式易于为电商带来新用户，降低商家的营销成本和商品价格。用户可以通过较强的社会关系（如通过微信与亲戚、朋友等社会联系人分享产品信息）或较弱的社会关系（如加入陌生人发起的团购）来完成拼团。这种方式不仅刺激了上游供应链的低成本大规模生产，还降低了商家的营销成本和商品的价格。

"帮帮抢"是一个餐饮拼团电商平台，其所属公司"寻找母星"成立于 2018 年。该公司曾在深圳、茂名等城市推出过"石榴拼拼"和"小黑卡"等本地电商项目。2021 年年初，"帮帮抢"项目正式上线，主要采用线上向好友分享低价套餐、线下到店使用套餐的业务模式进行扩张。上线 3 个月，"帮帮抢"小程序就积累了近 10 万注册用户，深圳本地商家近千家，每日订单量超过千单。

分销本质是代理销售体系，就是让用户帮忙卖产品，然后以分佣作为答谢。例如社区团长们能够通过分销获得一定利润。在这种模式中，用户既是消费者又是卖家，可有效降低店铺的运营成本。

抖音依托强大的用户流量，建立起了专门的分销体系，即商家为上游，博主为中游，用户为下游。为了便于商家在平台上销售，抖音做出如下创新与优化：一是让商家开通店铺进行商品销售；二是针对优质内容创作者推出商品橱窗的功能，方便博主带货；三是为主播提供专属优惠以及专属主播商品的功能；四是建立接单平台，方便博主接单。借助该分销模式，抖音形成了"内容—产品—用户"的闭环。

六、闪购

闪购业务是指用户下单后，骑手到附近商家取货，并在 1 小时内配送完毕的模式。闪购是"即时零售"的一种，能够满足用户短则半小时、长则几个小时的强时效消费需求。在当下，线下消费频次变低，线上下单、线下即时配送的新模式受到更多用户的青睐。

闪购业务在 B2C 平台上多表现为限时特卖，平台定期定时推出商品，以低于原价的折扣提供给用户购买，先买先得，售完即止。闪购模式可以帮助商家快速销售货品；对于用户来说，花费较少的钱便可以买到物有所值的产品。闪购的核心在于刺激冲动性消费，用户在看到产品的宣传推广后，会产生消费欲望进而购买产品。另外，闪购要求用户在一定时间内抢购低价格的商品这种模式，很好地抓住了用户的冲动心理。

本章小结

电商从业务类型可以分为 B2B、B2C、C2C、O2O 和 P2C 五类，从经营模式可以分为传统电商模式与社会化电商模式。传统电商模式以产品为中心，用户有明确目标，主动搜索、比价后购买。因此，传统电商平台是一个静态的市场或交易场所。传统电商营销策略包括用户运营策略、网站运营策略、活动运营策略。社会化电商模式以关系为中心，用户经过他人分享与刺激后快速购买，并在社群内传播信息。所以，社会化电商平台是一个动态的、由用户参与裂变的社交空间。社会化营销策略包括借船出海、裂变用户、转化用户、留存用户、借力用户和闪购等。

思考题

1. P2C 模式是一种理想的状态，当前这种模式面临哪些困难？
2. 传统电商业务会被社会化电商业务超越并取代吗？为什么？
3. 社会化电商的低价模式可以长久留住用户吗？举出一两个案例加以说明。

第十四章　元宇宙营销

学习大纲

- 元宇宙营销的内涵
- 元宇宙营销的技术支撑
- 元宇宙营销的生态应用

学习目标

本章将了解以下内容：

1. 了解什么是元宇宙营销。
2. 了解元宇宙营销的技术基础。
3. 了解元宇宙营销生态中的人、货、场等相关要素。
4. 了解元宇宙营销可能的风险以及治理路径。

学习讨论

元宇宙营销生态给数字营销带来的新变化是什么？

开篇案例

巴拉巴拉“自在超裙”：全域推广儿童数字人“谷雨”

一、背景

巴拉巴拉是中国知名的童装品牌，专门设计独属于儿童的时尚，让童装从同质化走向个性化。2022 年，时装业供应链面临着前所未有的压力，数字化成为服装时尚企业增长的好机会。元宇宙思维为时尚行业注入新的活力。众多一线国际品牌纷纷与元宇宙平台建立合作关系，拓展与高价值年轻群体的新接触途径。他们将虚拟人作为内容输出的载体，率先进入年轻化营销的赛道。

二、创意洞察

2021 年，巴拉巴拉联合奥美打造了全球首个儿童数字人——“谷雨”。作为巴拉巴拉的数字品牌代言人，“谷雨”被设计成了新时代中国小女孩的典型形象，她的名字源于中国传统的二十四节气，寓意充沛的雨水促进了万物生长，符合品牌所倡导的产品理念。“谷雨”热爱时尚、运动、艺术，经常穿梭于各种时尚场景，日常还会参与时尚大片的拍摄。她还是小红书时尚达人，小小年纪就将独立的穿搭想法发布在小红书的社交账号里，实现了“虚拟人”与“社交互动”的结合，展现出全新的中式儿童数字人概念。

全球首个儿童数字人“谷雨”时尚大片，穿越时空对话中国女孩，演绎“自在超裙”。通过虚拟现实的表现手法，“谷雨”在充满了无限可能的巴拉巴拉元宇宙世界里自由切换。在不同风格的场景中，“谷雨”穿着巴拉巴拉的连衣裙演绎着自信、美丽和时尚，不断开启成长中的多元化新体验，引领和陪伴中国千万的小女孩去追求多元化的生活，一起穿出“自在超裙”。

三、传播策略及实施

全链路全渠道发声，不同维度演绎“自在超裙”。官方发布“谷雨”的平面&TVC 大片，传递“自在超裙”的时尚主张 。巴拉巴拉联合设计师发声，鼓励每个女孩都可以“自在超裙”。时尚界意见领袖在小红书、抖音平台晒“谷雨”同款连衣裙，表达“自在超裙”概念。用户广泛讨论，在线领取数字人壁纸和代金券，获得数字人同款连衣裙，共同演绎“自在超裙”。

四、项目效果说明

（1）总曝光量：2.6 亿；互动量：451 万人次。（2）品牌销售额 1.1 亿元。（3）品牌在连衣裙行业渗透率 4.3%，同比增长 4.8%；（4）连衣裙新增人群同比提升 61%。

案例思考：数字人的应用可能给数字营销带来什么新变化？

（案例来源：中国商务广告协会数字营销委员会虎啸奖组委会）

2021 年是元宇宙元年，2021 年 3 月沙盒游戏平台 Roblox 成为第一个将“元宇宙”概念写入招股书的公司，随后社交网络巨头 Facebook 宣布改名为 Meta，真正意义上的元宇宙开始进入人们的视野。此后，微软、亚马逊、百度、字节跳动等互联网巨头争相跟进。元宇宙本身的建立与许多基础科技产业有关，比如底层的通信产业，前端的智能穿戴产业等。技术支撑了元宇宙文明的发展，为虚拟化身的交互、经济、政治、文化发展提供了技术保障。尽管元宇宙是去中心化的，但仍可以被认为是一个新的营销生态系统。美国、日本和韩国等国家的政府和企业逐步意识到元宇宙发展带来的巨大潜力和战略价值，争相投入重要资源布局元宇宙赛道。① 根据国际数据公司（IDC）发布的 2025 年 V1 版 IDC《全球增强与虚拟现实支出指南》，2024 年全球增强与虚拟现实（AR/VR）总投资规模达 152.2 亿美元，并有望在 2029 年增至 397.0 亿美元。②《2023—2028 年中国虚拟现实行业运营态势与投资前景调查研究报告》显示，2022 年中国元宇宙产业规模约为 425 亿元，元宇宙上下游产业超过 4 000 亿元。预测到 2025 年国内元宇宙市场规模至少突破 2 800 亿元大关。③

第一节　元宇宙营销的内涵

一、元宇宙与元宇宙营销

（一）元宇宙概念

“元宇宙”（Metaverse）的英文拆解意思是“超越宇宙”，它本身不是一种技术，而是整合多种新技术而产生的新型虚实相融的互联网应用和社会形态。“元宇宙”一词最早出现在 1992 年尼尔·斯蒂芬森（Neal Stephenson）撰写的小说《雪崩》④ 中，彼时它的定义是与物理世界平行的巨大虚拟空间。之后，元宇宙的概念在《黑客帝国》《安德的游戏》《头号玩家》《失控玩家》《西部世界》等影视作品中出现，并为人们广泛熟知和接受。

（二）元宇宙营销概念

元宇宙营销是围绕元宇宙及其衍生技术展开，通过使用营销方法和策略，促成购买、消费、宣传等行为产生，并使个人或企业获益的过程。广义的元宇宙营销是指融合“虚拟”与“现实”的营销场景，既包括虚拟技术作用于现实世界的改变，又包含现实世界营销元素向元宇宙虚拟空间的迁移，实施营销策略创造价值的过程。

元宇宙的 1.0 阶段，是在有限的场景中进行体验的延伸，利用虚拟世界的元素做营销；元宇宙的 2.0 阶段，是在开放的场景中进行体验的升级，在元宇宙里做营销；元宇宙的 3.0 阶段，是在开放的世界中进行体验的颠覆，构建品牌自己的元宇宙。元宇宙开辟了品牌营销新赛道，可搭建价值增值新场景，构筑数字营销新天地，满足个性化营销新要求。

---

① 左鹏飞 . 元宇宙的主要特征、发展态势及风险研判［J］. 社会科学辑刊，2023（1）195-202.

② 元宇宙市场规模创新高 中国电信算力优势助推虚实融合［EB/OL］.（2025-05-21）［2025-05-25］.https://finance.sina.com.cn/tech/roll/2025-05-21/doc-inexicea0407272.shtml.

③ 2025—2031 年中国元宇宙市场研究与投资前景分析报告［EB/OL］.（2024-05-30）［2025-05-25］.https://m.chinabgao.com/info/1250463.html.

④ STEPHENSON N. Snow crash［M］. New York：Ballantine Books，1992.

二、元宇宙营销的特点

元宇宙营销具有沉浸式体验、虚实共生、去中心化、协同共创和超强价值满足五个本质特点。

（一）沉浸式体验

沉浸式体验被认为是对元宇宙以及未来互联网的一个本质追求，同时也是一种发展动力。用户体验是数字营销中企业最为重要的任务之一，品牌方可以通过提高用户体验来与用户深度互动并建立全方位的关系。在注意力稀缺和信息碎片化的时代，品牌需要为用户创造“惊奇时刻”，这个时刻来源于极致的用户体验。

在元宇宙中，用户的五感（视觉、听觉、触觉、味觉、嗅觉）被逐一数字化，信息的维度也在逐步增加，使得数字内容不断逼近现实的感官体验，更具有真实沉浸感。① 元宇宙提供了一种全新的虚拟现实中的感官体验，感官叙事是其核心。元宇宙将引发新一轮的主体生存感知的重大变化，从而大大地拓展人类的生存维度和感官知觉维度。② 元宇宙技术及购物场景的完善，能够提升用户对目标商品的认知，让他们获得近似于线下购物的体验，进而提升了消费者的购物满意度。这意味着元宇宙也扩展了经济活动的范围，形成虚拟空间中“体验式”的营销模式。③

（二）虚实共生

目前的元宇宙营销大部分依旧作用于现实世界，借用元宇宙的概念进行营销，营销的产品还是集中在售卖实体物品。不过用于虚拟世界的数字藏品已经出现，相信未来的元宇宙营销会瞄准虚拟空间和现实空间两个空间中的用户，实现真正的虚实共生。有这样的描述：人们在虚拟空间中办公，休闲时可以看到“橱窗”外的商品，一切都一目了然。用户可通过数字化身挑选、试穿自己喜欢的商品，感受材质并直接订购，甚至可以与虚拟商家交流、完成个性化定制，在现实空间的家中等待送货上门。

元宇宙引起的首要变化就是空间观的改变，虚拟空间成为与现实空间具有同等地位的虚实共生空间的有机组成部分。具身性媒介生活将身体和全部感官都深度卷入媒介建构的虚实共生空间，它强调身体在感知世界中的作用——它以有身体的具身感知取代了无身体的感官感知。④ 虚实共生将从关系方面改变营销方式。在虚拟世界中，人与人的互动方式基于现实世界中人与人之间的关系，同时又具有数字世界中超时空、超能力的特征，这将改变品牌与用户之间的互动关系。⑤

---

① 侯君．元宇宙再走红：数字媒介技术演进与范式转移的思考［J］．传媒，2022（16）：59-61.

② 邓志文．从身体感知到技术具身感知：元宇宙感官生态的技术现象学辨析［J］．华侨大学学报（哲学社会科学版），2022（5）：5-14.

③ 郑世林，陈志辉，王祥树．从互联网到元宇宙：产业发展机遇、挑战与政策建议［J］．产业经济评论，2022（6）：105-118.

④ 张兵．元宇宙视野下虚实共生空间对广告学研究和实践的影响［J］．青年记者，2022（16）：34-36.

⑤ 魏东．品牌元宇宙赢得未来市场增长点［J］．中关村，2022（9）：38-39.

（三）去中心化

去中心化是元宇宙的特点之一，这个特点也在很大程度上影响了元宇宙营销。粟建在《元宇宙营销：认知、方法与实践》[①]一书中重点强调了去中心化对元宇宙营销的影响。他从内容、营销渠道、品牌社群、体验设计、价值创造五个方面描述了元宇宙营销的去中心化特征，表明了元宇宙的用户既是参与者也是创造者；游戏玩家、虚拟空间创建者、品牌自建的元宇宙社区都会成为品牌重要的营销渠道；与建立一个“品牌围栏”相比，品牌赋能用户体验并为用户创造价值更加重要；品牌需要围绕可扩展性和可快速迭代的要求来进行体验设计；品牌需要为目标用户量身定制虚拟体验和虚拟产品。

去中心化给企业和品牌带来了更多的挑战。在虚拟世界里，用户只会看到自己想看到的事物，体验自己想体验的东西，这使得品牌不得不采用能够引起用户共鸣的策略，品牌内容不再主要依赖品牌去创建。[②]除此之外，企业内部的去中心化也是值得关注的问题，以算法信任为基础的数字经济体系，能为用户带来创新体验，能为企业带来新的组织运营与业务，建立全新商业模式。[③]

（四）协同共创

元宇宙营销去中心化让企业和用户走向协同共创，元宇宙营销的目的在于创造价值流和体验流，而这个创造过程如果没有用户的参与是无法实现的，让价值和体验在元宇宙中自由流通更需要用户的积极参与。协同共创是沉浸式体验的本质，设计者需要充分考虑用户需求，投其所好，并吸引用户自主参与。[④]在这个情况下，元宇宙营销更多强调用户的参与和共创，即广告营销的内容或价值更多是由用户驱动，品牌方则更多扮演提供者的角色。[⑤]用户在一定程度上获得了开发者的地位，其不但可以自主控制数据的生产活动，而且还拥有了资源开发、内容管理、规则制定和分配收益的权限。[⑥]

（五）超强价值满足

元宇宙可以从多个角度、各个方面提供更多的价值，营销的一切起点都是找准用户的真正需求，提供价值，以帮助企业和品牌更好地吸引并留存用户。在基础的生理需求和安全需求得到实现后，用户会追求更高层次的精神层面需求，元宇宙的发展能够更有效地满足这些需求。用户可能通过元宇宙来探索现实世界和精神世界的诸多奥

---

① 粟建．元宇宙营销：认知、方法与实践［M］．北京：机械工业出版社，2022.

② 魏东．品牌元宇宙赢得未来市场增长点［J］．中关村，2022（9）：38-39.

③ 肖叶飞．元宇宙视域下传媒数字经济的发展［J］．传媒论坛，2022（15）：4-7.

④ 林叶强，沈晔．沉浸式体验：创意、科技和旅游的融合［J］．旅游学刊，2022（10）：6-8.

⑤ 朱磊，梁诗敏．元宇宙视角下的广告运作［J］．现代视听，2021（12）：9-14.

⑥ 陈辉，闫佳琦，陈瑞清，等．元宇宙中的用户数据隐私问题［J］．新疆师范大学学报（哲学社会科学版），2022（5）：112-120.

秘，比如探讨生命的价值及其意义，探讨如何实现人自由而全面的发展等问题。①

在元宇宙中，数字化身和其真实形象是相互联系的。在元宇宙这个与现实世界高度拟真的虚拟环境中，用户的消费需求与现实世界消费有许多相同的特点，比如以自我需求为导向，强调消费体验舒适度等，甚至在虚拟空间这种要求会更高。因此，无论在当前还是在未来元宇宙发展中，用户需求依然是品牌考虑的重点。②

第二节 元宇宙营销的技术支撑

元宇宙是众多新技术的集大成者，元宇宙的六大支撑技术包括区块链、物联网、网络及运算技术、沉浸交互技术、电子游戏技术以及人工智能等。

基于 bigant 进行分析，在元宇宙营销中，对于用户而言，交互技术和区块链无疑最具颠覆性。交互技术拉近了用户与品牌的距离，同时拓展了营销的领域，让更加便捷的“体验”成为新的热点；而区块链作为元宇宙的安全凭证和经济系统的基础，将前所未有地提高交易行为的安全性。因此，二者对元宇宙的营销方式具有关键性的指导作用。对于营销者而言，人工智能和物联网技术将为营销活动带来极大的便利。在用户洞察、广告投放、效果评估等方面，物联网对用户信息的实时获取、人工智能的分析处理将为品牌营销提供强劲的动力。元宇宙的运行依赖于底层的网络与运算技术作为支撑，电子游戏技术是目前品牌入局元宇宙最直接和便捷的途径。

一、网络及运算技术：元宇宙营销的基石

网络及运算技术是元宇宙建立的基础。品牌营销需要获得海量的用户数据，并在此基础上进行智能筛选和分析，此时高速的网络和强大的算力是不可或缺的条件。其中，网络技术指 5G/6G 高速通信网络，运算技术则包括云计算、边缘计算等。5G 作为新一代信息化基础设施，现已趋向普及，已经为元宇宙的相关应用提供了良好的基础；6G 处于开发阶段，较 5G 而言能够极大地改善网络延迟，未来的 6G 网络将是一个地面无线与卫星通信集成的全连接世界，③可实现元宇宙超沉浸式的万物互联。

二、电子游戏技术：元宇宙营销的突破口

电子游戏技术是目前元宇宙营销最直接的手段，其利用 3D 建模、实时渲染等技术，配合 VR、AR、XR 等终端输出，为用户提供了高保真的游戏体验；同时，游戏

① 何诚颖，黄轲，张左敏暘，等．元宇宙产业发展：重塑效应、阶段特征及演进前景［J］．安徽师范大学学报（人文社会科学版），2022（5）：111-122.

② 张剑，迟晓景．元宇宙视角下虚拟服饰品牌消费研究［J］．青年记者，2022（18）：120-122.

③ 方巍，伏宇翔．元宇宙：概念、技术及应用研究综述［J］．南京信息工程大学学报（自然科学版），2024（1）：30-45.

引擎成为进一步提升用户参与感的重要技术，其降低了游戏设计者及开发者建立虚拟场景的难度，使他们无须从基础的代码做起，① 这便大大降低了参与游戏创作的门槛，推动了全民共创的实现。在电子游戏技术的加持下，品牌不但可以在现阶段快速“入局”元宇宙，而且可以在未来成熟阶段与用户之间形成良好的协同共创关系。

在未来，元宇宙游戏将实现对传统游戏的颠覆，主要表现为两个方面：首先，与加密货币、NFT（non-fungible token，非同质化通证）、区块链的融合使得“边玩边赚”成为可能，② 此时，玩家可以在游戏中进行自由创作，成为游戏资产的真正拥有者，极大地推动了去中心化的创作者经济的持续发展；其次，高沉浸的电子游戏将极大地丰富社交体验，在此基础上形成用户自治的共创系统，让 UGC 与用户自主传播代替品牌的宣传，为营销提供天然的场景。

世界最大的多人在线创作游戏平台 Roblox 2021 年与时尚品牌 GUCCI 合作，推出“GUCCI 品牌虚拟展览”。玩家通过 Roblox 可以创建自己的游戏，也可以玩其他玩家创建的游戏。GUCCI 在 Roblox 举行虚拟展览“艺术花园”，当玩家进入展览空间时，他将成为一名模特，当玩家四处浏览时，其人体模型的外观会根据体验而变化。

三、沉浸交互技术：元宇宙营销的入口

沉浸交互设备是元宇宙以及元宇宙营销的入口，元宇宙营销要提升用户体验质量，就需要这样的设备。除底层技术外，以 VR、AR 为代表的终端设备是人们进入元宇宙的端口，元宇宙的真正落地有赖于 VR、AR 设备的更新和普及。③ 虚拟现实设备可以模拟出刺激大脑的外部信号，让用户感觉“真实”和“在场”。虚拟现实设备会“欺骗”人的感官和判断，让大脑分不清楚虚拟与真实。这种在场的沉浸式体验，是品牌与数字替身互动的基础，也是 VR 在数字营销领域的杀手级应用。虚拟仿真技术既可以将实体空间的场景虚拟化到网络空间，也能够依据网络空间的行为与需求通过仿真来弱化虚拟性的弊端。交互技术实现了现实世界与网络世界的勾连与互动，也实现了人与机器的连通。④

增强现实是营销和销售的新工具。方便品牌利用手机以及 AR 眼镜等装备，为用户提供独特的体验。元宇宙的兴起必然带来虚拟交互技术设备的快速发展与普及应用，尤其在数字广告领域，用户不仅仅是在被动地观察，还是深入参与。

---

① 王文喜，周芳，万月亮，等．元宇宙技术综述［J］．工程科学学 报，2022（4）：744-756.

② 李荣洋，万月亮，宁焕生．元宇宙驱动的新技术及应用［J］．重庆邮电大学学报（自然科学版），2023（4）：571-583.

③ 郑世林，陈志辉，王祥树．从互联网到元宇宙：产业发展机遇、挑战与政策建议［J］．产业经济评论，2022（6）：105-118.

④ 张夏恒．元宇宙跨境电子商务生态系统：构建逻辑与应用场景［J］．当代经济管理，2023（3）：32-36.

四、区块链：元宇宙营销的安全保障

区块链是一种融合多种技术的分布式计算和存储系统，是使信息能在不可信网络中传递的可信机制，具备“数据难篡改、资源可追溯、价值可交换”[①]的能力。

区块链的应用解决了元宇宙数字虚拟空间中的产权问题，即通过加密技术将信息原本的公有产权转变成了私有产权。这种明确的产权界定，不仅可以无形地赋予信息排他性和竞争性，也提供了信息可以交易的前提。因此，区块链技术为元宇宙内部经济系统运行的根基问题提供了一个可靠的解决方案，进而可以保障元宇宙的经济系统顺利运行。[②]

五、物联网：元宇宙营销的桥梁

物联网技术是元宇宙营销中建立实时交互关系、服务用户体验的重要依托，是连接虚拟和真实的桥梁。物联网的架构可分为三层，分别由感知层、网络层与应用层组成。感知层包含各种可全面感知的传感器；网络层由通信网络、管理中心等部分组成，可以实现数据编码、传输、身份认证等功能；应用层可以为各行各业提供各种基于物联网的应用服务，如智能家居、远程医疗、智能交通等。[③]

在当前的元宇宙应用中，用户主要通过手机、AR、VR 等终端设备接入，而在未来，物联网技术的发展可进一步推动终端设备的便携化。更多种类的设备接入使得“万物互联”真正成为可能，用户将脱离时空的束缚，随时随地接入并享受元宇宙服务，这也为营销提供了更多的机会和可能；同时，终端的增加和互联可即时监测用户的感受与行为表现，有利于品牌获得更精准和全方位的用户画像，实现对人群进行精准把控，使得营销更加有的放矢。

六、人工智能：元宇宙营销的引擎

人工智能技术作为一门交叉学科融合了计算机、心理学、仿生学、语言学等多种学科，其在元宇宙中的应用贯穿各个方面、不同场景，基于人的思维方式对海量数据进行分析，实现高度的智能化。同时，人工智能超强的学习能力能够极大地降低营销难度，助力精准营销。从数据处理方面来看，人工智能技术可实现对用户数据的全方位智能化分析与关联，及时响应用户的需求，并进行深度的个性化营销，使不同空间场景下的“所见即所需”成为现实。[④]

从交互体验方面来看，首先是数字化身，人们进入元宇宙后的视觉、听觉、触觉

---

① 梁雪梅 . 元宇宙技术全景浅析［J］. 通信与信息技术，2022（6）：30-33.

② 方凌智，赵星 . 元宇宙和文化数字化：基于产权理论的分析［J］. 数字图书馆论坛，2022（9）：70-72.

③ 李荣洋，万月亮，宁焕生 . 元宇宙驱动的新技术及应用［J］. 重庆邮电大学学报（自然科学版），2023（4）：571-583.

④ 朱磊，梁诗敏 . 元宇宙视角下的广告运作［J］. 现代视听，2021（12）：9-14.

等全方位感知均依赖于人工智能技术，如人工智能驱动的计算机视觉、自然语言处理、数字触觉等已经有了切实可行的落地应用。① 其次是虚拟原生人（如虚拟偶像、虚拟主持人、虚拟记者等），此时，人工智能技术即驱动其与用户交互的引擎。总之，人工智能技术的应用将更好地作用于构建元宇宙虚实共生的体系，为元宇宙营销创造良好的环境。

七、技术融合：元宇宙营销的关键

在元宇宙中，“融合性”是关键。未来元宇宙的发展并不仅基于单独某一项技术的发展，而是对云计算、分布式存储、物联网、VR、AR、5G、区块链、人工智能等前沿数字技术进行集成创新与融合应用。从元宇宙的支撑技术看，元宇宙并不是某一项或某几项技术的简单叠加，而是结合了区块链技术、沉浸交互技术、电子游戏技术、人工智能技术、智能网络技术以及物联网技术等一系列“连点成线”的创新技术。

在网络及运算技术、沉浸交互技术和人工智能技术等的跨界联动下，数据工作者将通过可穿戴设备进入虚拟数据空间，以徒手触控、拖拽等交互方式来快速进行海量异构数据的转换与交叉分析。同时，虚拟数据处理中心还内置了丰富的图表展示组件，可轻松实现多维立体、酷炫生动的全息数据展示，立体直观地呈现出更多深度信息，从而帮助广告主全方位、深层次地了解行业市场背后的潜在规律、产品动向或用户偏好。即广告主与数据真正融为一体，他们可以直接对数据进行手动解构，以进一步释放数据价值，最终实现全方位、精细化洞察行业、市场、产品（竞品）和用户等目标。由于网络及运算技术、沉浸交互技术、区块链技术等多种技术赋能，用户的所有行为表现，如广告点击、商品下单、商品评论等行为数据均可通过其所穿戴的感应装置实时、安全地回传至数据监测平台，实现投放效果的即时监测。

第三节　元宇宙营销的生态应用

在元宇宙时代，现实世界的人通过虚拟形象进入虚拟世界，数字化的替身代表着人们的形象。当元宇宙的数字人不断增加，更多的虚拟空间就会出现，更多的场景也将进入人们的视野。人们在体验生活的过程中，还会产生购买数字化商品的需求，这些数字化商品背后存在着巨大的商机。

2022年，毕马威发布的《初探元宇宙》报告以零售行业为例，认为元宇宙重塑了人、货、场的核心元素。从人的角度看，元宇宙的虚拟形象不仅是现实用户的镜像，

---

① 方巍，伏宇翔.元宇宙：概念、技术及应用研究综述［J］.南京信息工程大学学报（自然科学版），2024（1）：30-45.

还可能是其增强版或者异化版的投射，品牌面向数字替身的营销模式 D2A（direct-to-avatar），已经引起了越来越多人的关注。从货的角度看，虚实结合的模式将会给品牌带来新的增长空间，例如提供虚拟商品，或利用数字替身在不同场景中进行消费。从场的角度看，线上的商城和线下的秀场也在加速演变，为用户提供新的购物场景，越来越多的品牌开始与元宇宙平台合作打造虚拟空间以面向用户。

一、人：数字替身与延伸的“具身”

数字营销及之前的营销都是面对现实世界的人，但元宇宙营销不仅需要面向真实的人，还需要面向数字替身。在虚拟世界中，用户通过数字替身进行社交和游戏，进行劳动来获取报酬。数字替身既有衣食住行等方面的虚拟物质需求，也有自我实现的精神需求。数字替身具有双重特性，它既是用户实际特点的虚拟映射，又是用户的理想化人格或者极端化人设的虚拟化表达。在元宇宙世界里，一个用户会有多个化身，用户变多了，市场容量变大了，真实的用户意识也会增加。由此，品牌方和用户交互的频次和密度大大增加，产生更多的消费升级机会。①

目前由于技术受限，数字替身尚无法实现，元宇宙营销对此应用较多的是数字人这个理念。企业和品牌借用虚拟偶像为自己的品牌加成，不少数字主播进入人们的视野。

虚拟数字人目前主要应用在品牌营销、广告传播、虚拟歌姬或主播等传媒或娱乐领域。虚拟数字人应用的核心在于精准传递品牌价值，扩大品牌销售市场。许多品牌陆续探索以虚拟 IP 为中心的元宇宙数智营销生态，营销目标为提升用户体验、带动品牌价值、实现商业变现。数字虚拟人由专业团队运营，内容生产模式主要依靠专业内容生产，个性化成为目前该模式下最大的痛点，没有灵魂支撑的数字虚拟人即便再真实，皮肤纹理达到 8K 呈现，也只是一个空洞躯壳。②

百度 App AI 探索官度晓晓在 2022 百度世界大会前夕举办的“歪脖山 AI 开放卖”里化身脱口秀带货主播，把带货变成脱口秀，顺利卖出了挖掘机和元宇宙虚拟地皮。度晓晓叠加了各种技能，写高考作文、AI 作画参加美院毕业展、作为记者参加“两会”报道等。随着度晓晓解锁更多 AI 场景，她“AI 全能少女”的人格化印象也随之丰满起来，全方位展现了超强的 AI 交互能力及开放式 AIGC 能力。度晓晓为品牌定制各种适配的 AI 场景，与荣耀手机的合作，她拍摄广告 MV，其中从作词作曲到演奏她一人揽活；在与广汽埃安召开的新车发布会上，她用有趣的语言讲述了埃安各项性能亮点；在天猫“6・18”活动中，她首次换装语音搜索，带用户沉浸式体验欢乐氛围……度晓晓帮助品牌触达 Z 世代年轻人群，与用户在沉浸式的交互中建立深度的

① 侯明哲 . 元宇宙时代，营销何去何从？［J］. 销售与市场（营销版），2022（5）：74-79.
② 杨名宜，喻国明 . 赋能与“赋魂”：数字虚拟人的个性化建构［J］. 编辑之友，2022（9）：44-50.

情感连接。

二、货：数智化 NFT 与数字藏品

元宇宙中的货具有虚拟的特征，在商品数智化、智能制造、协同生产、工业互联网等条件下，消费端和生产端打通了。商品不但可以数字化，还可以资产化。①

NFT 是基于区块链技术，映射特定资产的非同质化通证。NFT 的核心价值在于数字内容资产化，是虚拟世界产权确权和交易流通的机制。数字藏品是 NFT 的一种应用形式，两者都具有不可篡改、不可分割、唯一性等特征，而两者最大的差异性表现在数字藏品不具备 NFT 的金融属性及社交属性。② NFT 数字藏品就是一个正在不断进化的新型数字版权生态，具有艺术多样性、低流动性、市场格局快速改变等特点。

NFT 数字藏品重构了营销中"货"的环节，作为确权的基础科技有利于促进数字文化产业的发展。线下实体藏品可以通过数字化方式呈现在线上虚拟空间，也可将线上的数字藏品及相关信息通过 AR、MR 或裸眼 3D 等方式叠加到线下的会议或展览场所，提升线下展示的信息丰富度与体验感。③ NFT 数字藏品还可以降低交易成本，以更优的方式配置资源。由于 NFT 具有唯一性，不可篡改，真实性具有保障，也有效地解决了其他实物载体真实性难以确认的问题。NFT 实现数据上链从而优化资源配置，即可以实现去中介化，加快数字产品的流通，起到节约社会资源的作用。④

NFT 在文旅领域的应用最为广泛，其本身是一种区块链上应用层协议，用于标识数字世界中所有权记录。文化艺术是 NFT 最好的应用方向，因为 NFT 化的数字作品大大降低了版权确认、使用追踪和溯源的难度及成本，同时也让艺术创作者可持续在作品流转中获取收益，继而推动了艺术创作和数字加密艺术的发展。因此，有很多行业、媒体、品牌用 NFT 作为营销手段之一。2022 年 4 月，"中国航天日"主题海报"九天漫书"正式发布，限量 9 999 份；2022 年 4 月，敦煌艺术馆《敦煌月下飞天》系列数字藏品在 StarArk 数字文创平台进行发售，每款藏品全球限量 2 000 个；2021 年 12 月由中体数科携手国家体育总局冬季运动管理中心打造的 4 款"冰娃""雪娃"3D 运动形象数字藏品开售秒罄……从新华社推出首款"新闻数字藏品"开始，数字藏品的概念及收藏价值逐渐受到重视。从体育到文化到航天领域，数字藏品概念开始承载历史重要节点，艺术价值在不同行业与领域被充分体现。

① 刘玉柱，李广宇 . 数字藏品版权保护问题研究［J］. 出版广角，2022（11）：47-51.

② 2022 年中国数字藏品行业研究报告［EB/OL］.（2022-09-21）［2024-01-30］. https://report.iresearch.cn/report/202209/4556.shtml.

③ 陈永东 . 数字藏品的价值发掘及提升策略［J］. 青年记者，2022（17）：51-53.

④ 梁伟亮 . 论元宇宙价值单元：NFT 的功能、风险与监管［J］. 学习与探索，2022（10）：68-79，191.

三、场：多元场景与虚拟空间

元宇宙是多种高维场景的立体全面整合，元宇宙时代又称“深度场景化”时代，场景能够“连接一切”并构成元宇宙的空间入口。① 未来元宇宙可以应用到全社会的各类场景，包括智慧城市、远程办公、在线教育、在线医疗、电子商务、金融科技等领域。虚拟空间自身就具有价值。2021 年 6 月 21 日，一块虚拟土地在 Decentraland 上作为 NFT 以 130 万 MANA（平台原生加密货币）的价格出售，当时相当于 913 228.2 美元。② 与此同时，企业和品牌会在第三方打造的虚拟空间中进行营销活动。借助 VR、AR、MR 等交互技术和电子游戏技术，虚拟世界里的各类场景将会获得极大增强现实的效果，扩充更多基于现实世界的超逼真生活景观，元宇宙还能为广告投放提供更加广阔的空间，在这个虚拟世界里，所有的路牌、楼宇等虚拟装置都可以成为广告投放的理想场所。③

（一）元宇宙营销场景分类

（1）社交场景：提供虚拟化的交际场合，如虚拟的俱乐部社群。

（2）服务场景：在虚拟空间提供售前售后服务，如新品发布会、AI 导购提供咨询服务。

（3）购物场景：提供虚拟化的购物场景和体验，如在 3D 空间中试穿服装、虚拟品牌专卖店。

（4）娱乐场景：提供虚拟化的娱乐设施，如虚拟音乐会、游戏。

（二）元宇宙营销平台分化

办公商务向的代表平台包括百度希壤、网易瑶台等，其特点是都有定制的虚拟形象，聚焦办公和会议场景，为企业提供虚拟地产以用于展会和发布会等。

社交娱乐向代表平台包括腾讯 TMELAND、Roblox 等，其特点是定制虚拟形象，具备虚拟游戏、社交、互动等功能；鼓励玩家在平台构建的虚拟世界内进行探索，大部分虚拟世界有虚拟演唱会、派对、展览功能。

空间先驱快餐连锁店 Wendy’s，即温迪快餐，其虚拟空间为“地平线世界”，归 Meta 所有。该公司对该空间的第一次使用是在 2022 年 4 月，开设了一家看起来很普通的数字餐厅。如果虚拟现实用户完成一些简单的任务，便可以获得折扣。2022 年 6 月，温迪快餐全力以赴，在元宇宙建造了一座温迪城堡，告诉人们“登上温迪早餐城堡的顶端，那里有摇摇欲坠的培根桥和飞行饼干等着你”。

---

① 喻国明，赵秀丽，谭馨．具身方式、空间方式与社交方式：元宇宙的三大入口研究：基于传播学逻辑的近期、中期和远期发展分析［J］．新闻界，2022（9）：4-12.

② 元宇宙时代，营销何去何从？［EB/OL］．（2022-05-27）［2025-05-25］．https://baijiahao.baidu.com/s?id=1733943516456474683&wfr=spider&for=pc.

③ 朱磊，梁诗敏．元宇宙视角下的广告运作［J］．现代视听，2021（12）：9-14.

腾讯音乐旗下的首个虚拟社交平台 TMELAND，借助自身成熟的社交 + 文娱产品，打造全平台、可交互的虚拟空间。用户不但可以通过 TME 旗下如 QQ 音乐等产品进入虚拟音乐嘉年华 TMELAND，而且可以在 TMELAND 上创建个人专属的虚拟形象，以“音乐世界中另一个自己”的数字身份“身临其境”地体验虚拟演唱会和直播。该平台可容纳百万人同时在线，具备强社交性和互动性。TMELAND 提供了多款穿搭，供用户定制个性虚拟形象，从性感的音乐节辣妹风到休闲的海边度假风，都可以让用户随心所欲地进行挑选。用户可实时观看演唱会准备进程，来到后台观看节目彩排。演唱会歌手和用户采用同类型虚拟形象，可实现近距离互动。用户还可探索演唱会活动场地周围，进行游戏、自拍和参加红包雨等活动。

网易瑶台是基于元宇宙概念的一个虚拟活动平台，由网易伏羲打造，致力于用人工智能和科技创新打造全新的线上活动模式。通过复刻线下真实的会议、会展场地，增加智能捏脸、表情迁移等 AI 技术，为用户打造一个身临其境的、虚拟的、面对面的、有仪式感的在线体验活动。依托网易游戏专业的美术能力，网易瑶台打造多个精美活动场景，给用户一场身临其境的视觉盛会。网易瑶台选取最常见的、用户需求量最大的活动场景，在系统内置了十几种模板。每一种场景目前都提供小规模的自定义功能，用户可按照自己的需求进行布展，得到相对个性化的场景。另外，网易瑶台也正在研发一个纯 UGC 系统，未来将实现线上布展的完全自定义模式。届时用户可以用网易瑶台的场景编辑器，量身定制虚拟活动场景和会务功能，满足用户多样化的活动需求。

四、元宇宙营销策略

（一）社交营销

元宇宙具有社交属性，社交也被认为是元宇宙营销的切入口之一。元宇宙也可以依靠圈层让用户主动参与营销活动，充当社会化媒体，完成社交营销。用户能在元宇宙平台社区里实现交友、生活。

相较于传统社交，元宇宙社交具有“立体化”“沉浸式体验”的特点，每个人在元宇宙社交中可以拥有比现实世界更丰富的体验。元宇宙社交产业在演化发展中产生重塑效应，元宇宙社交产业被认为是社交网络产业发展的 3.0 时代。[①] 在元宇宙中，用户可以创建自己的数字身份来进行社交活动。例如，社交应用 Soul 构建“社交元宇宙”，依托虚拟化身等产品设计为用户带来沉浸式的社交体验。在社交过程中，数字身份给予用户更强的沉浸感，减少了物理距离、社会地位等因素引发的社交问题。因此，基于数字身份的元宇宙社交一定程度上丰富了网络社交的内涵。[②]

① 何诚颖，黄轲，张左敏暘，等．元宇宙产业发展：重塑效应、阶段特征及演进前景［J］．安徽师范大学学报（人文社会科学版），2022（5）：111-122.

② 蒋宇楼，朱毅诚．元宇宙的概念和应用场景：研究和市场［J］．中国传媒科技，2022（1）：19-23.

（二）内容营销

在内容营销中，点击对应用户，用户对应需求。这一营销策略认为，移动互联网内容的背后都暗含着某种潜在需求，要把人当作切入点，在元宇宙开启第二人生。人们在虚拟世界可以触碰到在现实生活中无法轻易获得的体验与经历，或弥补自己生理上的缺陷，或克服物理上的客观局限。总之，能改变自己“求而不得”的境遇，获得心灵上的慰藉和精神上的愉悦。对虚拟世界充满好奇心的追求与探寻，同样给企业带来无限商机。企业为迎合用户的改变，不断优化产品和服务，围绕满足用户越来越个性化的需求与欲望，动态调整与创新一系列与元宇宙相关的营销策略。虚拟社会形态的构建离不开现实社会的投影与映射。此外，衣、食、住、行等现实生活要素，在元宇宙中也将作为一种基本需求而存在，具体表现为虚拟服装、虚拟饰品、虚拟汽车、虚拟房产等众多数字化商品，之后会有更多现实生活场景逐步在元宇宙空间中进行虚拟化与数字化的迁移与复刻，这将会给企业营销带来更多的可能性。

（三）电商营销

在电子商务情境下，无论是电子商务平台还是商家，都致力于利用互联网与计算机技术构建虚拟购物环境。随着元宇宙对电商行业的赋能，物质世界将和虚拟世界相结合，未来线上购物可以突破部分物质世界屏障，用户的购买场景也将不局限于现实商场之中。

元宇宙可解决当前电商存在的内容吸引力不足、直播空间有限、用户忠诚度差等问题，由此可创建一种基于元宇宙的新电商平台，创新商业模式。从“人”要素来看，Z 世代、投射虚拟人、智能虚拟人是关键；从“货”要素来看，真实货物虚拟化、纯数字商品、供应链物流再造是关键；从“场”要素来看，在线即在场、物理场上场是关键。元宇宙不仅为跨境电子商务生态系统运行提供了可行的技术支撑，还有利于防范跨境电子商务生态系统的诸多风险。

（四）场景营销

随着元宇宙底层技术的发展、终端设备的普及以及应用场景的丰富，场景营销能够更精准地把握用户所处的情境与时间，并与用户之间形成更有效的互动。

1. 游戏领域

元宇宙游戏的价值系统和身份系统与通常意义上的游戏存在重大差异，即“去中心化”。玩家能够自己创造游戏、制定规则，这种自由创造的属性能够给玩家带来趣味性和成就感。以 Alt-Space 为例，用户可以创建自己的游戏身份，并以该虚拟形象和他人互动、上台发言，还可以与陌生人沟通交流、与好朋友聚会等。在元宇宙游戏场景中，营销应给予用户充分的自由度，让他们可以自主打造独特空间，进行内容和意义的共创。此外，平台应高度发挥自己作为游戏缔造者的优势，实时监测用户当下所处的元宇宙游戏情景，与用户展开双向交流，并根据用户需求调整营销内容，强化营销效果。

2. 医疗领域

2022 年 2 月，上海成立全球首个“元宇宙医学协会暨联盟”（IAMM）。患者在元宇宙中，以“数字孪生”替身，通过应用（光敏元件、气敏元件、力敏元件、声敏元件和放射线敏感元件等）多种传感器监测机体的生理和病理变化，以虚实联动来实践元宇宙医疗。现代医疗营销主要针对情感、文化、精神等方面，但医疗服务最重要的实效性难以在营销时展现出来。因此，元宇宙场景营销应注重给患者提供沉浸式的体验，实现与患者在触觉层面、情感层面、感知层面的互动，从而弥补医疗营销体验感不足的缺陷。

3. 文旅领域

元宇宙在文旅行业上的应用可以为一些现实存在的局限性问题提供解决方案。国内已经有不少旅游景区和公司入局元宇宙文旅。目前，线上演唱会支持通过 VR、AR 等“入口”进入元宇宙世界参加演唱会，人们足不出户也可以获得与现实世界相当的体验感和沉浸感。在互联网时代，文旅营销依靠在媒介平台投放内容，用故事与场景激发用户参与旅游与文娱的兴趣，但这种传播方式存在单一场景黏性较低、互动性不强、沉浸感不足等问题，元宇宙营销应充分利用突破时空束缚、提供沉浸感体验、用户共创、实时交互等特点，改变用户只能通过图文、短视频、直播等形式感知产品的现状，让品牌能够根据用户所处的时间与情境，构建能够满足用户需求、激发用户兴趣的元宇宙场景，强化场景营销效果。

近年来，国内外将场景营销与文旅相结合的优秀案例层出不穷：著名歌手贾斯汀·比伯于 2021 年 11 月在虚拟音乐平台 Wave 上举办了一场约 30 分钟的元宇宙演唱会；张家界搭建国内首个元宇宙景区；洪崖洞在“DT 宇宙”平台发布首批数字藏品系列盲盒；大唐不夜城与太一集团联合打造全球首个基于唐朝历史文化背景的元宇宙项目《大唐·开元》。

4. 教育领域

互联网的线上课堂存在诸多局限，如师生缺乏互动、难以调动学生积极性等，元宇宙课堂则可以不受这些局限困扰。在教育这一垂直分类领域，元宇宙通过场景赋能提升学习过程的互动性、沉浸感与获得感，对历史、地理、生物和医学等学科课程的学习帮助尤为显著，这也为高校创新创业教育提供了更富现实感的实践试错平台。教育营销将学生看作用户，营销目的是提升院校的外部形象，与目标市场形成有效互动，满足用户需求。元宇宙将开启人机协同完成教育教学活动，打造和发展理论教学和实践相结合的新模式，充分利用元宇宙群体创造功能，带来深度沉浸的体验式学习，将不受时空限制的沉浸式互动融入教育教学实践，增强教育效果，进一步强化教育营销。

本章小结

元宇宙营销是指融合“虚拟”与“现实”的营销场景，既包括虚拟技术作用于现实世界的改变，又包含现实世界营销元素向元宇宙虚拟空间的迁移，实施营销策略创造价值的过程。元宇宙的1.0阶段，是在有限的场景中进行体验的延伸，利用虚拟世界的元素做营销；元宇宙的2.0阶段，是在开放的场景中进行体验的升级，在元宇宙里做营销；元宇宙的3.0阶段，是在开放的世界中进行体验的颠覆，构建品牌自己的元宇宙。元宇宙营销具有沉浸式体验、虚实共生、去中心化、协同共创、超强价值满足这五个本质特点。元宇宙是众多新技术的集大成者，其六大支撑技术包括区块链、物联网、网络及运算技术、沉浸交互技术、电子游戏技术以及人工智能等。元宇宙营销的生态应用主要包括人、货、场。人是指数字替身与延伸的“具身”；货是指数智化NFT与数字藏品；场是指多元场景与虚拟空间。元宇宙营销可以从社交营销、内容营销、电商营销和场景营销几个方面进行拓展。

思考题

1. 元宇宙的技术基础有哪些？
2. 元宇宙营销有哪些特点？
3. 元宇宙营销有哪些常用策略？

第十五章　数字营销效果评估与监测

学习大纲

- 数字营销效果评估
- 数字营销传播监测
- 营销大数据的预测分析

学习目标

本章将解决下列问题：

1. 与企业利润提升直接相关的数字营销效果评估指标有哪些？
2. 与企业品牌传播和信息扩散相关的数字营销传播监测指标有哪些？
3. 与数字营销相关的预测分析有哪些？

学习讨论

如何证明广告投放是企业利润提升的直接原因？

开篇案例

百事水饮：数据赋能构建人群模型，提升市场渗透率

一、背景洞察

无糖饮料已经成为水饮消费新趋势，无糖品类在电商行业的销售份额也倍速上升。在此背景下，一直在积极加入全球无糖赛道的百事可乐面临着重重挑战。从京东平台数据来看，水饮类目细分无糖市场下用户增长出现瓶颈，且细分市场头部效应明

显，品类新客大量涌入头部竞品，导致百事品牌市场份额被竞品抢夺严重。此外，随着品牌广告费用投入的提升，媒介广告边际效益明显，传统大流量广告投放策略已经不能有效提升百事无糖可乐的销售增长。

二、策略执行

品牌排位分析发现，无糖饮料细分市场内可口可乐·零度市场占比极高，达到35%以上，远超后续品牌。为抢占无糖用户市场、提高用户渗透率，百事品牌提出构建用户分层模型，完成数据洞察＋差异化执行＋监控反馈全域闭环，提升用户增长策略，逐层渗透客群。根据现有人群表现进行差异化分层，针对不同人群制定监控指标体系，设立对应KPI。

类目新客的核心KPI为本品差异化核心人群的增长速度，以及对应潜在人群活跃类目人群的渗透比例。竞品新客的核心KPI为核心竞品拉力表现，以及非核心竞品广告覆盖度。品牌老客的核心KPI为老客召回率，同时延伸“广告覆盖”“老客浏览”等过程指标，实现过程中的监控与及时优化调整。在媒介投放阶段，精选站外微博＋抖音年轻场域流量曝光，扩充年轻客群流量池，站内人群差异化序列投放，提升媒介触达收割效能。

三、营销效果

通过数据赋能构建人群模型＋监控反馈闭环，百事水饮在京东店铺整体购买人数与2022年同比增长27%，用户市场渗透率提升7.6%，同时在店铺付费端费用增长的背景下，ROI提升17%。

案例思考：针对百事无糖的新老客群，监测他们购买行为的指标有何差异？

（案例来源：中国商务广告协会数字营销委员会虎啸奖组委会）

第一节　数字营销效果评估

要评估数字营销的有效性，需要根据营销活动目标制定合理的效果评估指标框架。数字营销有两个目标导向，一是业绩导向，关注利润增值和以商业价值为基础方向的KPI；二是客户导向，关注用户黏性、客户关系、品牌口碑、社会互动、市场影响力等企业资本。[①]

以业绩为导向的数字营销KPI指标主要包括客户获取成本、转化率、客户保留率、客户终身价值、客户满意度、毛利率、自然搜索排名、平均订单价值和购物车放弃率等。

① CHARLESWORTH, A. Digital marketing: a practical approach [M]. 2nd ed. London; New York: Routledge, 2014.

一、客户获取成本

客户获取成本指企业说服一位客户购买产品或服务所消耗的营销工作及其相关财产与设备的总成本。该指标能够帮助企业正确决策，增加以较低成本获取客户的活动并减少不能获取客户的活动，保持现金流朝正确的方向运作，并帮助建立、拓展业务。

二、转化率（convension rate）

转化率是衡量在一个特定时间段内，商品购买数量与可追踪到的数字广告互动次数之间的比率。需要注意的是，这一指标随时间变化而变化，计算时须限定一个时间范围。

三、客户保留率（customer retention rate）

客户保留率是衡量企业在给定时间段内保留的客户数量，表示在该时间范围内仍然对企业保持忠诚的现有客户百分比。企业已经拥有的客户无须花费任何成本即可获得，因此保持良好的客户关系至关重要。客户保留率是衡量企业客户关系质量的最佳指标，增强用户黏性对于企业提高利润有巨大影响。

四、客户终身价值（customer lifetime value）

客户终身价值是指衡量客户对企业的总价值。这是一个重要的指标，因为保留现有客户的成本远低于获得一位新客户的成本，所以，增加现有客户的价值是推动企业利润增长的好方法。

关系营销的核心管理活动是区别对待不同客户。企业根据用户黏性、消费能力以及潜在风险对每个客户进行评级、制定策略，最大化每位客户的利润贡献。根据客户评级，对于一些客户，企业应该降低服务成本，但在另一些客户身上则需要在现有服务的基础上增加投资。同时，企业应该在客户个体层面上积累面板数据，包括收入和成本数据，并建立长期的客户利润模型，以预测该客户未来可能给企业创造的收益。[①]

五、客户满意度（customer satisfaction）

数字营销时代，在线客户满意度调查唾手可得，企业能够及时了解客户对品牌、产品或服务的意见。客户满意度是衡量客户保留率的重要指标，它可以为企业提供客户保留率下降的预警，提示企业及时改善业务、维持客户关系。

需要注意的是，企业应避免在内部为粉饰数据而制造客户满意度虚荣指标。许多电子商务平台将商品评价作为自然搜索排名的重要参考，因此商家迫切地向客户讨要

① PEPPERS D, ROGERS M. Managing customer relationships: a strategic framework [M]. 2nd ed. Hoboken: John Wiley & sons., Inc., 2011.

“好评”。因此，企业应将与电子商务平台自然搜索排名相关联的商品评价与客户真实的满意度调查区分开来，获取客户对产品或服务真实的感受评价。虚荣指标尽管华丽，却不能反映真实情况，因此难以指导业务实践。

六、毛利率

毛利率是企业销售收入中用于支付商品成本后的净利润与总营业收入的百分比，是衡量企业财务状况和盈利能力的一个重要指标。毛利率越高说明企业盈利和控制成本的能力越强。

七、自然搜索排名

自然搜索排名指不受付费广告影响的自然状态下的搜索引擎排名。排名的主要依据是用户搜索关键词与网站内容的相关程度。

与自然搜索排名高度相关的一个名词是搜索引擎优化，指企业通过了解搜索引擎的运作规则来调整网站，以提高网站在相关搜索引擎内排名的做法。对于任何一个网站来说，要想在互联网推广中获得成功，优化搜索引擎是关键的一项任务，所以，随着搜索引擎不断变换各自的搜索排名算法规则，企业也要不断调整网站内容。因为每次算法上的改变都会让一些排名靠前的网站在一夜之间默默无闻，而失去排名的直接后果就是失去网站可观的访问流量。所以，每一家数字营销的企业都要持续不断地统计自然搜索排名相关数据并采取搜索引擎优化的相关措施。

八、平均订单价值

平均订单价值用于衡量平均每笔交易能够使企业获得的收入。这一指标的意义在于帮助企业探索其他方面的收入来源，以指导企业未来的成本分配。换句话说，如果平均订单价值大于商品单价，说明企业在其他方面存在比较可观的收入来源。

九、购物车放弃率

衡量线上消费的最后一个步骤——付款环节的成功率。从消极意义上看，购物车放弃率显示了未成功达成交易的比率；但在积极意义上，购物车放弃率也可以在一定程度上反映对商品感兴趣的潜在用户比率。

第二节　数字营销传播监测

一、电子商务网站传播监测

电子商务网站传播监测的主要指标包括网站流量、流量来源、新访客和老顾客、网络停留时间/跳出率和聊天对话等。

（一）网站流量

网站流量指的是访问网站的用户，通常以网站访问的用户数量计算，多被用于衡量在线业务吸引用户的程度。对于网站流量，可关注的维度包括：

- 网站访问的用户数量。
- 访问网站者使用的电子设备。
- 流量增加/减少的主要时段/月份/季度及其原因。

营销人员应该全年密切关注网站流量这一指标，尤其是在企业预计销售额会增加的时候。按渠道细分的网站流量是销售额增加或减少的预示性指标，其也能够显示哪些渠道为企业提供了更多收益。需要注意的是，如果仅仅关注网站访问的用户数量，网站流量很可能会沦为虚荣指标（庞大的访问量在很多情况下并不能说明问题），因此还需要关注网站流量背后的细分指标。比如营销团队发现早晨/晚上等特定的时间段流量较大，那么营销人员就可以针对这一时段的活跃用户，进一步推送社交媒体广告或特价商品。

（二）流量来源

企业可能有多种引流渠道，因而必须确定每种渠道的流量大小。有些渠道的引流效果可能更好，有些渠道引流效果可能不明显。对流量来源进行监测有助于企业识别不必要的广告支出，转向更有效的渠道，提高投资回报率。

（三）新访客与老顾客

新访客与老顾客指标直接与交易量和客户终身价值等下游指标相关，需要企业跟踪监测访问网站的新用户与重复访问的老顾客的数量，特别关注那些老顾客的个人属性信息。随着时间的推移，这种跟踪产生的数据可以帮助企业调整营销工作。顾客的回访次数越多，企业最终收入就会越高。营销人员甚至可以运用一些营销工具来为再次访问网站的老顾客定制营销信息，类似做法可能会使参与度和转化率成倍提升。

（四）网页停留时间与跳出率

网站内容的吸引力也可以促进客户购买。通常可以用网页停留时间来衡量网站内容的吸引力。网页停留时间指的是网站访客从搜索引擎或链接点击进入页面到离开网站的时间段。一般来说，网站停留时间越长，代表访客对网站相关信息进行了越深入的参与和研究，这些访客很可能是商品的潜在消费者。如果能够对这些用户加以追踪，那么他们很有可能成为企业的客户。跳出率指的是访客在网站内部未通过主页面点击进入其他页面的人数比率。跳出率降低意味着网站成功地吸引了访客从主网页点击进入其他页面浏览。

不过，许多人也将网页停留时间作为一个虚荣指标。这是因为单一的网页停留时间并不能反映用户对网站内容的喜好程度。要深入探究用户对网站内容的喜恶，须加入一些细分变量，如用户阅读速度、阅读完成度等。

（五）聊天对话

大多数电子商务平台都已经引入聊天机器人。聊天机器人是通过语音或文字进行交谈的计算机程序，能够模拟人类对话。通常，电子商务平台的聊天机器人可以根据常见问题的模板文本进行回答。对于这些基本问题，聊天机器人都能较好地为客户提供服务。在线聊天对提高客户网站参与度以及了解客户购物体验等重要问题非常有用。对聊天会话进行实时监测有助于改进模板文本并增强客户的网站体验。

二、社交媒体传播监测

将社交媒体作为营销工具，其引流能力受到越来越多的质疑。质疑最多的是社交媒体营销的投资回报问题。许多企业已经发现，在社交媒体上的投资并没有达到预期的效果。

投资回报率指利润与成本的百分比，用于衡量投入成本后的预期回报。根据 Simply Measured 公司 2017 年的报告，58% 的企业在评估社交媒体营销效果时仅关注社交媒体平台转发、点赞、评论等基本指标；仅有 21% 的企业评估过社交媒体营销的变现能力；3% 的企业甚至从未评估过社交媒体营销质量。导致这一现象的原因有很多，主要原因是许多企业并不了解监测社交媒体传播效果的指标，他们所掌握的社交媒体传播数据也极为有限。

营销学家马尔科姆·麦克唐纳（Malcolm McDonald）提出，测量社交媒体营销效果的指标可分为四个类别：①

（1）社交媒体内容类型与情感——文本、图像、视频以及情感极性。

（2）触达情况——用户浏览内容的次数。

（3）用户交互性——点赞、评论、转发、下载等。

（4）与内容产生交互的用户属性——用户地理位置、用户标签、用户偏好等。

目前，对于上述所有类型，用计算机编程的方式几乎都能爬取采集。即使是针对社交媒体内容进行情感分析，计算机自然语言处理也能够有很高的准确率。企业有必

① MCDONALD M，MOUNCEY P，MAKLAN S. Marketing value metrics: a new metrics model to measure marketing effectiveness［M］. London：Kogan Page，2014.

要定期获取以上数据。不过，仅从上述四个类别考虑，许多企业仍然对社交媒体传播监测感到无所适从。

社交媒体的低门槛为普通商家或小微企业提升品牌知名度提供了大量机会，但要知道，社交媒体是由庞大的用户群体驱动的。社交媒体的运行逻辑实际上是人际关系——人们在网上与志同道合的人互动和交流信息。他们很少会对企业的广告宣传、促销活动感兴趣，他们感兴趣的是知识丰富、生动有趣、稀奇古怪的信息和奇闻轶事。在社交媒体营销中，企业不但是在发送信息，而且也是在邀请和回应，积极地建立活跃的粉丝社群。事实上，这对企业的社交媒体营销能力提出了很高的要求。基于此，企业可以主要考察用户对社交媒体营销的卷入度，以此作为监测社交媒体营销效果的核心指标。

可以从以下几个维度追问用户对社交媒体营销的卷入度，并评估社交媒体营销效果的关联数据。

第一，点赞、评论、转发量。社交媒体内容获得了多少点赞、评论和转发？企业发布内容的点赞、评论、转发量比起上一次是否有增加？增加/减少的原因是什么？

第二，关注量。企业发布的社交媒体内容带来多少新增粉丝？

第三，粉丝社群。社群用户的个人属性信息有何特征？企业发布的社交媒体内容是否使粉丝社群更加活跃？对比以往发布内容，社群用户对哪类内容的更感兴趣？

第四，品牌认知。社交媒体内容是否在主要细分市场内提高了品牌知名度？社交媒体用户对品牌的认知是否符合企业预期？

第五，品牌口碑。社交媒体内容是否提高了品牌口碑？是否强化了用户对品牌的归属感？

第六，品牌市场份额。社交媒体内容是否促进了品牌的市场占有率或市场份额？

第七，竞品比较。社交媒体页面品牌曝光度与竞争品牌相比如何？社交媒体页面品牌口碑与竞品口碑相比如何？企业发起的社交媒体营销活动对竞品的销售情况是否产生影响？

第八，投资回报。通过社交媒体下单购买商品的销售额是多少？与以往企业发起的社交媒体营销活动相比，本期活动的投资回报率是否有变化？上升或下降的原因是什么？

社交媒体营销需要持之以恒的投资和付出。企业应把社交媒体营销作为常态化工作，在此期间不断跟踪监测社交媒体运营状况，重点关注企业预计销售额将会提升的时间段，并适时对社交媒体营销策略进行调整。

网站是电子商务营销人员的核心竞争力，社交媒体是引流促销的强大工具。要促进销售额提升，往往要在前期数字营销工作中下足功夫。不过，这一过程通常也意味着巨大投入。从数字营销的资金，到企业内部的人力资源，再到外部从第三方平台获取数据的合作资金以及聘请业务提升顾问，无一不需要企业投入大量资源。企业应量力而行，在提升社交媒体声量、改进网站服务质量的同时平衡好投资和回报之间的关系，避免得不偿失。

第三节　营销大数据的预测分析

营销效果评估的最终目的是做出预测。准确的销售预测能够帮助企业有效地分配资源、管理现金流。数字营销时代，大数据唾手可得，这些数据为企业的预测分析奠定了基础。

预测分析是大数据最核心的功能，指通过因果分析、相关分析等方法基于过去/当前的数据得出潜在模式、共性规律或未来趋势的过程。[①] 企业可根据个性化需求，聘用第三方计算机科学团队开发预测分析模型以实现特定功能。与数字营销高度相关的预测分析主要有用户行为预测、企业销售预测和市场物价预测三个方面。

一、用户行为预测

在过去十几年里，全球社交媒体的使用量不断创下历史新高，用户在使用社交媒体的过程中不断留下痕迹。基于用户搜索行为、浏览行为和个人资料等数据，互联网业务可以洞察用户的整体需求，从而指导企业进行有针对性的生产、优化和营销。用户行为预测可以帮助企业改善用户体验、识别潜在用户，同时减少用户流失。

营销学领域的用户行为预测与心理学、社会学领域的人类行为预测不同，用户行为预测只对企业业务范围相关的行为感兴趣。[②] 比如，一个 App 关注的用户行为就是用户打开这款 App 的动机、情境以及他想看到什么内容，并根据用户行为预测直接给出内容推荐。每当用户打开淘宝 App，它的主页总会为用户推荐近期有意无意在某个平台上提到的产品。

目前，得益于传感器技术和物联网的发展，线下用户行为洞察也日益受到关注。免费商用 Wi-Fi、iBeacon、摄像头影像监控、室内定位、近场通信传感器网络、排队叫号系统等技术可以提供大量用户线下移动、停留、出行规律等数据，从而便于企业进行商品定制或精准营销。

不过，近年来用户行为预测的伦理道德问题频遭质疑，用户数据隐私问题尤其严重。对此，各国相继出台法律法规，对互联网行业数据采集、使用、分析的权限加以规范。

---

① 洪杰文，归伟夏 . 大数据营销［M］. 北京：科学出版社，2020：143-144.

② CHABAN D. Why user behavior prediction is the next big thing in mobile and web?［EB/OL］.（2019-09-25）［2024-1-30］. https://becominghuman.ai/why-user-behavior-prediction-is-the-next-big-thing-in-mobile-and-web-a2e2537dc658.

二、企业销售预测

销售预测几乎能够影响企业业务管理的全流程。企业销售预测是指企业对未来特定时间段内全部商品或特定商品销售量和销售利润的估计。在销售预测前，企业需要对可能影响企业销售的内部、外部因素进行评估。纳入模型的可能影响企业销售的内部、外部因素越多，企业的销售预测就越容易准确。一般来说，需要考虑的内部因素主要包括营销策略、人力资源和生产状况；外部因素主要包括需求动向、社会经济动向、竞争对手动向以及政策环境动向。

除了直接预测销售利润，企业销售预测还能对可能影响销售状况的因素进行重要性排序，比如对影响动物饲料销售的因素进行排序。众所周知，动物饲料的生产和销售对粮食生产状况及动物成长周期都有很高的依赖性，随季节变化而变化。这给动物饲料的销售预测带来很大的不确定性。研究人员从一家动物饲料企业提供的数据中提取了各种特征信息，最终发现与营销相关的特征对动物饲料销售影响最大，与生产地相关的特征对动物饲料销售影响次之，而饲料类型对动物饲料销售影响最小。这意味着，只要动物饲料生产企业加大营销力度，往往就能取得更大的利润。

三、市场物价预测

居民消费价格指数（consumer price index，CPI）指已经发生的物价浮动状况。通过使用计量经济学模型和计算机科学算法，人们可以了解未来的物价走向，预知通货膨胀或经济危机。[①] 严重的通货膨胀会导致国家经济下滑。通常，政府会使用每月居民消费价格指数相关指标预测通货膨胀，但随着互联网技术的发展，各种与通货膨胀相关的数据很容易实时获取。这使得通货膨胀的每日预测也可以实现，并将更有益于政府及时出台相关宏观经济调控政策。

针对单个商品的价格预测更加容易（尤其是对于机票这样的标准化产品来说）。事实上，居民消费价格指数就是通过一系列特定类别商品的物价变动情况计算而来的。去哪儿网提供的“机票日历”就是单个商品价格预测的实例。它可以告知用户几个月后机票的大概价位。由于商品的生产、营销成本和预期利润在市场中相对稳定，即与价格相关的变量相对固定，所以电子商务平台可以实时监控商品的供需关系，由此预测价格。平台基于预测结果可以为用户提供购买时间建议，也可以指导商家进行动态的价格调整和营销活动安排，以使利润最大化。

---

① NUGROHO S M S，Budiastuti I A，HARIADIM. Predicting daily consumer price index using support vector regression method based cloud computing［C］//2017 international seminar on intelligent technology and its applications（ISITIA）. Surabaya：IEEE，2017：313-318.

本章小结

与企业利润提升直接相关的数字营销效果评估指标包括客户获取成本、转化率、客户保留率、客户终身价值、客户满意度、毛利率、自然搜索排名、平均订单价值和购物车放弃率。

与企业品牌传播和信息扩散相关的数字营销传播监测指标包括电子商务网站传播监测指标与社交媒体传播监测指标。其中，前者包括网站流量、流量来源、新访客与老顾客、网页停留时间与跳出率、聊天对话；后者包括点赞量、评论量、转发量、关注量、粉丝社群、品牌认知、品牌口碑、品牌市场份额、竞品比较和投资回报。

预测分析是基于营销大数据得出潜在模式、共性规律或未来趋势的分析过程。常见的数字营销预测分析包括用户行为预测、企业销售预测和市场物价预测。

思考题

1. 提供不同类型商品或服务的品牌，在数字营销效果评估指标的选择方面存在哪些差异？

2. 新访客与老顾客，哪一个更为重要？原因是什么？

3. 大数据预测分析对数字营销有何帮助？

第十六章　数字营销传播与消费者权益

学习大纲

- 消费者权益的定义和主要内容
- 数字营销传播与消费者知情权
- 数字营销传播与消费者的个人信息权益

学习目标

本章将解决下列问题：

1. 什么是消费者权益，它包括哪些内容？
2. 如何在数字营销传播活动中保护消费者知情权？
3. 如何在数字营销传播活动中保护消费者的个人信息权？

学习讨论

为什么在开展数字营销传播活动中要特别注意保护消费者权益？

开篇案例

著名旅行 App 涉嫌大数据“杀熟”

一、事件

2018 年 10 月 7 日，当时的微博名人王小山发布了一条消息，他吐槽一个著名的旅行 App，似乎有对他进行大数据“杀熟”的嫌疑。针对王小山提出的大数据“杀熟”问题，澎湃新闻即刻做出了一个报道。澎湃新闻记者采访了浙江大学的研究人员，询问大数据“杀熟”在技术操作上的可能性。

二、启示

面对舆论压力，该旅行 App 虽然快速做出了回应，强调平台绝对不会利用大数据做出损害消费者权益的行为，但是它的总体形象还是受到了损害。这一事件虽然最终不了了之，但企业可能利用大数据损害消费者利益的问题，却被明确提了出来。对于消费者来说，大数据已经不再是一个绚丽的加分项，更成为一个需要警惕的减分项。大数据“杀熟”，不仅是一种价格歧视，更是一种技术歧视和信息歧视。如果一家企业选择了大数据“杀熟”的算法，那就意味着企业认为消费者处于技术劣势，这是一种非常傲慢的行为。但是，在当下节点联通的世界中，技术的下沉是一种必然的趋势。人们可以通过各种渠道学习、理解甚至掌握新技术。因此，对于任何一个品牌来说，不能因为掌握了新技术就轻视消费者权益，时刻尊重和保护消费者权益是非常必要的。

第一节　理解消费者权益

人类社会对于消费者权益的认知，是一个逐步完善的过程。在社会分工不发达的农耕社会，人们并没有意识到消费者权益的存在。消费者权益的概念，兴起于二战之后，当时工业技术快速发展，人们需要通过频繁的分工和交换来维持社会的运转。大型企业由于掌握了资本、知识和技能，出现了损害消费者利益的行为。因此，有关消费者权益的诉求，开始大量出现。

一、消费者权益的内涵

权利和权益存在差异。相对来说，权益所涵盖的范围要比权利更广，既包括权利，又包括利益。一些民事利益即使不具有权利的外观和手段，也应该受到法律保护。《消费者权益保护法》就是一个对消费者权利和利益都进行保护的法律。

（一）消费者权益的定义和主要内容

2013 年修正的《消费者权益保护法》规定：“消费者为生活消费需要购买、使用商品或者接受服务，其权益受本法保护；本法未作规定的，受其他法律、法规保护。”所以，消费者权益不单指受到《消费者权益保护法》保护的权益，而是指消费者在消费活动中所应享有的一切法定权益。

在中国，消费者权益被认为主要是一种民事权利和民事法益。2013 年修正的《消费者权益保护法》，规定了消费者拥有九种基本权利，这包括：

（1）获得安全保障的权利。消费者在消费活动中，人身和财产安全都不应受到侵害。消费者有权利要求经营者提供的商品和服务，符合保障人身、财产安全的要求。

（2）知悉真实情况的权利。消费者需要全面了解企业、品牌、商品以及服务的相关信息，对价格、产地、用途、主要成分、有效期限等情况都做到心中有数。

（3）自主选择的权利。消费者消费或者不消费，在哪里消费，都是由消费者自己来决定的。消费者还有权利在不同的商品或者服务之间进行比较、鉴别和挑选。

（4）公平交易的权利。主要指的是消费者有拒绝强制交易行为的权利。

（5）获得赔偿的权利。如果消费者在消费活动中受到了人身和财产权益方面的损害，就依法享有获得赔偿的权利。

（5）成立维权组织的权利。消费者相互之间可以成立组织，维护自身的合法权益。

（7）获得法律知识的权利。消费者可以通过各种途径学习相关法律知识，以便更好地维护自身的权益。

（8）人格尊严和民族风俗习惯得到尊重的权利、个人信息依法得到保护的权利。个人信息保护，在大数据技术迅猛发展的背景下显得尤为重要。消费者对个人信息的保护意识，也在与日俱增。

（9）监督权利。消费者监督的对象，不仅是商品和服务的提供者，还包括国家机关及其工作人员。消费者有权利对消费者权益保护工作提出批评和建议。

（二）经营者的义务

在中国的法律框架下，为消费者提供商品和服务的企业，被称为经营者。经营者既包括制造者，也包括销售者和服务者。2013 年修正的《消费者权益保护法》中规定了经营者保护消费者权益的义务。和消费者权益相对应，经营者的义务主要包含以下几方面的内容：

（1）严格履行法定和约定义务。经营者要在法律框架和合同约定的框架下为消费者提供商品和服务。

（2）接受监督的义务。经营者应当听取消费者的批评、建议，接受消费者监督。

（3）提供安全商品和安全服务的义务。经营者为消费者提供的商品或者服务，不得侵害消费者的人身和财产安全。

（4）提供真实情况的义务。对于商品、服务、品牌信息等，经营者不得作虚假宣传。当消费者对经营者提出询问时，经营者也必须提供真实、明确的答复。

（5）表明真实名称和标记的义务。经营者在向消费者提供商品或者服务的时候，不能冒用他人的名称和标记。

（6）出具购货凭证和服务单据的义务。

（7）保障商品质量的义务。商品和服务的质量，是消费者最为关注的问题。保障消费者买到优质产品是经营者的义务。

（8）尊重消费者人格权益，包括个人信息权益的义务。在数字营销传播时代，经营者在处理消费者个人信息时应当在法律框架下进行。

（9）严格遵守公平交易的义务和承担“三包”责任的义务。

（三）广告经营者等数字营销传播主体的义务

经营者的营销活动是一个庞大的体系，为经营者提供营销服务的主体也需要承担维护消费者权益的义务。

1. 广告经营者和发布者的义务

从维护消费者权益的视角，广告经营和广告发布者承担的最主要义务，就是不得做出虚假宣传。2021 年修正的《广告法》规定“广告经营者、广告发布者、广告代言人，明知或者应知广告虚假仍设计、制作、代理、发布或者作推荐证明的”，要承担相应的法律责任，而“关系消费者生命健康的商品或者服务的虚假广告，造成消费者损害的，其广告经营者、广告发布者、广告代言人应当与广告主承担连带责任”。作为广告发布者的大众媒介，还应当确保广告信息具有可识别性。大众媒介不得以新闻报道的形式变相发布广告，不能让消费者误以为广告是新闻，从而产生混淆。

2. 其他数字营销主体的义务

随着数字技术的发展，介入数字营销的各类主体也越来越复杂，对此，我国出台了相应的法律法规，明确了哪些主体有义务来维护消费者权益。比如《网络直播营销行为规范》规定:“网络直播营销主体不得利用刷单、炒信等流量造假方式虚构或篡改交易数据和用户评价；不得进行虚假或者引人误解的商业宣传，欺骗、误导消费者。”同时，“网络直播营销主体应当依法履行网络安全与个人信息保护等方面的义务，收集、使用用户个人信息时应当遵守法律、行政法规等相关规定。”

二、消费者权利概念的提出和发展

消费者权益涉及一个权利体系，包含了多种多样的权益内容。它的内涵随着时代的发展而不断丰富，在数字时代，消费者权益保护工作也进入了新的阶段。

（一）消费者权利概念的提出和初步发展

1962 年 3 月 15 日，美国总统肯尼迪向国会提交了一份有关保护消费者利益的总统特别咨文。这一咨文提出，消费者拥有四项基本权利：第一，获得安全保障的权利（the right to be safety）；第二，了解商品真实情况的权利（the right to be informed）；第三，自由选择商品的权利（the right to choose）；第四，提出消费者意见的权利（the right to be heard）。3 月 15 日，也因此被国际消费者联盟组织确定为国际消费者权益日。后来，美国总统尼克松又补充了第五项消费者权利，即获得救济的权利（the right to get remedy）。这五种基本权利，已经被世界各国广泛采纳。中国的消费者权益保护法也确认了这五种基本权利。

1985 年，联合国大会通过了《保护消费者准则》，从人权的视角提出了消费者具有的八项基本权利：第一，得到必需的物质和服务借以生存的权利；第二，享有公平的价格待遇和选择的权利；第三，获得安全保障的权利；第四，获得足够信息的权利；第五，寻求咨询的权利；第六，获得公平赔偿和法律帮助的权利；第七，获得消费者教育的权利；第八，享有健康环境的权利。

（二）数字时代消费者权益内容的日渐丰富

随着数字经济、数字金融、数字营销以及数字传播等技术的发展，消费者权益保护也进入了数字时代。数字消费环境的变化，加剧了消费者相对弱势的地位，这要求消费者权利体系向前发展，以应对不断出现的数字消费侵权问题。诸多法学家也提出应当从强化个体信息权利、严格经营者信息披露义务以及严格信息收集者告知义务的角度[①]对数字时代的消费者权益进行保护。

个人信息保护是数字时代消费者权益保护的重要内容。个人信息是属于个人的，企业或者平台，都只是个人信息的处理者。在收集、使用个人信息之前，企业或者平台都需要获得个人的授权，并且要以明确的语言告知个人信息处理的目的、方法，同时还要提供便捷的方式让个人可以随时撤回个人信息。

在数字时代，消费者知情权也面临着新的挑战。数字平台中存在的数据造假，比如刷单等行为，都会对消费者的消费决策造成负面影响。有研究者认为“刷单行为的核心在于刷单人以买者身份对购买商品或服务进行虚假描述，形成未实际履行交货或提供服务的不真实交易，从而影响经营者的评价指标”[②]。

消费者的表达，在数字时代也出现了新的形式。消费者不仅可以对商品、服务或者品牌做出自己的判断，还可以通过各类电子商务或内容平台发表自己的评论。消费者可以通过自身的表达，对经营者提出批评建议，行使自身的批评建议权。

第二节　数字营销传播与消费者知情权

知情权是消费者购物过程中极为重要的一项权利。和企业相比，消费者在信息占有上一般都处于弱势地位，即所谓的“信息不对称”。在一般情况下，消费者所需要的商品或服务的信息，都由企业来提供。针对于此，《消费者权益保护法》的一条立法原则，就是对消费者给予特殊的保护。

一、“踩雷”、风险厌恶和消费者的知情权

“踩雷”是网购中最糟糕的体验。根据网红的推荐或广告的信息，消费者兴冲冲地购买了商品或者服务，却发现这个商品或者服务的品质很差，这就是“踩雷”。“踩雷”是一个在互联网时代出现的词语，它能够体现出数字营销最需要维护的一种消费者权益，就是知情权。

① 刘欣然．数字经济条件下消费者权益保护法律范式［J］．社会科学家，2021（11）：105-110.
② 卢以品．消费者权益保护：案与理［M］．北京：中国社会科学出版社，2021：228.

人们为什么要知情？因为人们厌恶风险。一个正常的成年人，一般情况下都能够做出理性决策，但如果接受了虚假信息，他的决策就会被误导，从而面临不必要的风险。

对于消费者而言，一般性的“踩雷”，有时无可厚非。如果是“种草”过后再“踩雷”，那么消费者的体验就会更负面。

所谓“种草”，指的是提前关注商品或者服务，过了一段时间再去购买。消费者能够被某个商品或者服务“种草”，说明这个商品或者服务的前期营销工作是非常充分的。但消费者一旦“踩雷”，那么前期的营销工作便都失去了意义。在数字时代，一个消费者“踩雷”，还意味着一群消费者会离品牌而去。为什么呢？因为这个“踩雷”的消费者，会通过数字技术产生比以往强大得多的传播影响力。在数字时代，明星、名人带货当然是有效的，但是以普通人为主的平行化的评价体系也在发生作用。像国内的大众点评、美团，以及国外的亚马逊、爱彼迎基本上也都是大众为大众提供信息帮助的模式。尽管只是一个普通消费者，但是他的传播能力较以往是大大提升了的，他拥有不同面向的社会圈层关系，也就意味着他能影响更多的人。如图 16-1 所示：

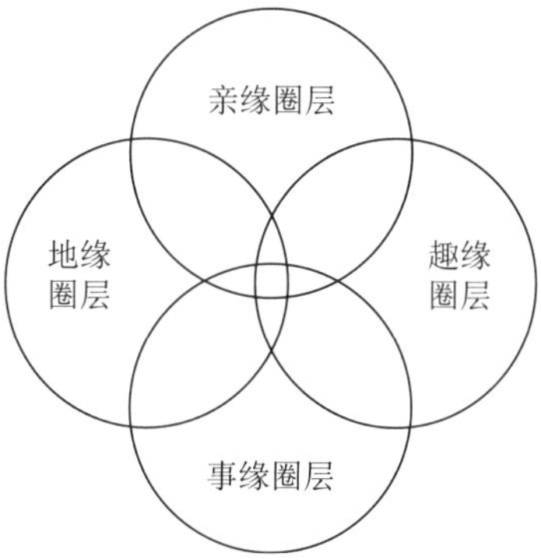

图 16-1　数字时代人们的社交圈层结构

在不少案例中，我们都能看到即便是在头部网红博主的评论区，普通消费者表达了和网红博主不一样的观点，同样能够影响到其他人。比如，对于网红博主推荐的商品，如果有消费者说出自己曾经不愉快的使用经历，很快就能影响到评论区中的其他人，使品牌的口碑急速下滑。

消费者最不愿意的就是在日常的购买消费行为中“踩雷”。一些特定的消费者，对“踩雷”会更加敏感，比如中产阶层。因为他们比较理性，一般来说都会货比三家，也更相信小范围内的信息传播。他们更相信社群（圈层）内部的质量认证，比如亲缘社群（圈层）、趣缘社群（圈层）、地缘社群（圈层）、事缘社群（圈层），具体一点地说就是家庭群、粉丝群、小区群、同事群等。只有当他们在消费过程中得到了正面反馈，获得了良好的消费体验，他们才会更加信赖和亲近社群内部，使企业品牌得到有效传播。反之，若他们“踩雷”，则会厌恶信息来源，这种负面情绪通过数字营销传播被不断放大和强化，最终导致品牌口碑下滑甚至业绩受损。

二、消费者知情权的定义和内容

知情权是第二次世界大战以后才发展起来的一个法律概念。知情权主要反映了国家应该最大限度地确认和保障公民知悉、获取信息，尤其是政务信息的自由和权利这一主张。

（一）知情权的内涵

知情权，从狭义上理解，专指对公共事务、政府信息的知悉权利；从广义上理解，则是泛指“公民知悉、获取信息的自由与权利”①。

从法理上看，知情权关联的是公众的决策利益。小到一个人，大到一个国家，都需要在信息充分的基础上，才能做出明智的、理性的决策。世界各国也都强调，政府的信息要“以公开为原则，限制为例外”。政务公开、司法公开的根本的目的也在于维护公众的知情权。为什么要保护公众对于政务信息的知情权？因为政务决策事关每一个人的切身利益，公众当然要去关心。对于消费者来说，每一个消费行为其实也是一种决策，其风险由消费者承担。如果消费者在一次次的接触中发现这个品牌没有任何风险，那么他就会形成对这个品牌的信任和喜爱。所以，对于品牌来说，理解、尊重消费者的知情权，就是着眼于长远，维护自身的发展权益。

（二）消费者知情权和企业提供真实信息的义务

和其他领域的知情权相比，消费者知情权的特殊性在于它针对的是影响消费决策的市场信息、品牌信息。20 世纪五六十年代，人们意识到了信息不对称的问题。信息不对称是指相对于品牌来说，消费者所拥有的市场信息、产品信息都是不充分的。在肯尼迪提出的消费者四项基本权利当中，就有一种权利是“了解商品真实情况的权利”，这就是消费者的知情权。1985 年，联合国大会通过《保护消费者准则》其中就规定品牌应该“使消费者获得足够的资讯，能依其希望及需要做出知情的选择”。我国的《消费者权益保护法》第 8 条，也规定“消费者享有知悉其购买、使用的商品或者接受的服务的真实情况的权利”。

和以往相比，品牌在数字营销传播中，对消费者知情权的维护显得更为重要。因为和现场购买相比，数字营销过程中消费者的产品购买和产品体验是分离的。消费者只能被动接收信息，不能主动试用产品。因此，消费者对信息质量的要求会更高。一旦认为自己“踩雷”了，消费者的不满情绪也会更为强烈。

维护消费者知情权，企业需要承担提供商品或者服务真实信息的义务。对于消费者提出的询问，也应当作出真实明确的回答。

---

① 宋小卫．略论我国公民的知情权［J］．法律科学（西北政法学院学报），1994（5）：14-18.

因此，企业在开展数字营销传播活动的过程中，要严格避免虚假宣传和引人误解的宣传。我国的《广告法》《消费者权益保护法》《电子商务法》《食品安全法》《产品质量法》《旅游法》等多部法律都明确禁止虚假宣传行为和引人误解的宣传行为。所谓虚假宣传，指的是宣传的内容与事实不符。而引人误解的宣传，则指的是使消费者产生误解的宣传。后者在内容上不一定是虚假的，却可能存在误导的嫌疑。

对消费者有问必答，是企业需要履行的法定义务。在回答消费者时，企业还需要做到知无不言、言无不尽，让消费者掌握全面和真实的商品或服务信息。

三、消费者知情权与数字营销传播中的信息规划

消费者的知情权紧紧联系着品牌所能获得的积极情感体验，因而在具体的数字营销活动中，企业应当从自己的法定义务出发做好数字营销传播中的信息规划。

（一）善用创意，杜绝虚假

杜绝虚假信息，是企业对消费者的义务，也是企业在数字营销传播活动中应当秉持的原则。

《广告法》第二章专门对广告内容作出了法律规定，其中包含的二十一条内容，从本质上来说都是对虚假宣传行为的规制。不过，数字营销传播是强调创意的活动，离开了瑰丽的想象，数字营销传播活动也会失去吸引人的灵魂。事实上，创意和真实并不相悖，夸张、联想等创意手法，只要不引起消费者的误解，在实践中都广受欢迎。比如“今年二十，明年十八”，就属于大家都不会产生误解的夸张表达。但是，品牌如果在事实层面上提供了虚假信息，比如“使用过后皱纹减少了20%”，就涉嫌违法了。

《广告法》第九条第三款规定：广告不得“使用‘国家级’‘最高级’‘最佳’等用语”。对于这一点，不少广告创意从业者感到较难把握，因为在实践操作中，“最如何”的表达很难完全避免。例如，农夫山泉有个广告语“上品饮茶，极品饮花”，这个就不属于绝对化的用语。因为这是一个有关茶文化的夸张表述，而不是对具体商品特征进行虚假陈述。在相关判决当中，法院认为这种表述只是表达了人们对美好生活的向往之情。再比如这句广告语：“荟萃了孩子最感兴趣的知识内容，用最前沿的知识开启智慧。”法院判决认为，前半句只涉及观点，“最感兴趣”指的是感受，而不涉及具体商品信息，因此是合法的。但后半句，“最前沿的知识”就涉及事实陈述，是不被允许的。[①]

在域外的司法实践中，虚假宣传与合理的创意手法之间的界限要宽泛一些。在美国，广告被认为是一种商业性的言论，是一种受到有限保护的言论。品牌在广告中的自我夸赞或自我吹嘘，被认为是一种可以被识别的商业言论。对于这种言论，企业拥

① 程远．广告法理论与实务［M］．北京：法律出版社，2018：35.

有“绝对特权”。哪怕出现了比较夸张的表达，只要这个表达是一般成年人都不会信以为真的，那就是被允许的。

（二）避免“不可识别”

数字营销有一个明显的发展趋势，即“带货”代替了“代言”。从情感体验的角度来说，带货更具有人格化的特征，同时也最大限度地避免了软性的、不可识别为广告的信息。

长期以来，直接的、硬性的广告投放被认为会催生“受众阻抗”。比如在页面上突然跳出一个弹窗，一般会招来消费者的厌恶。因此，企业开始寻求一种软性的营销策略。但是软性的营销策略，有赖于细致的前期规划和创意设计。

“可识别”，是《广告法》对广告内容的明确要求。《广告法》第十四条规定：“广告应当具有可识别性，能够使消费者辨明其为广告。”对于搜索引擎的排名算法，《互联网信息搜索服务管理规定》的第十一条也明确指出“互联网信息搜索服务提供者提供付费搜索信息服务，应当依法查验客户有关资质，应当明确付费搜索信息页面比例上限，醒目区分自然搜索结果与付费搜索信息，对付费搜索信息逐条加注显著标识”。搜索引擎中如果出现不可识别的广告信息，有可能造成较为严重的法律后果和社会后果，比如魏则西案。这位不幸罹患罕见恶性肿瘤的大学生，因为选择了搜索引擎排名第一的某武警医院，不仅损失了巨额的治疗费用，还耽误了最佳治疗时机。

原生广告很容易引起误解，被等同于一种不可识别的广告信息。事实上，原生广告的策略和创意，要比一般的硬性广告策略和创意的难度更高。从策略上来说，它的目的不是“劝服”（persuasive），而是“有价值”（informative），这个价值指的是引导消费者进行决策的价值。从创意上来说，原生广告需要和它的上下文高度一致。从本质上来说，它不是一种不可识别的广告，而是一种“不惊扰”的广告。目前我国一些自媒体的广告发布，都带有一定的原生广告性质。它们会结合自身内容的特点来确定广告创意，在推送文章的最后给出广告。这些广告的调性与自媒体的内容相对来说比较契合，符合消费者阅读过程中所产生的“心流”状态。当然，这样的原生广告创意的成本比较高，其本身也不能形成一种规模化的信息传播，所以必须结合其他形式的营销才能达成较好的效果。

综上，要想完全隐藏广告意图，不仅从逻辑上来说行不通，在实际操作中还会适得其反。

2013 年 1 月，美国著名的严肃媒体《大西洋月刊》未经审核就把一个赞助商的言论编辑成新闻在自己的网站上发布，结果引发了读者的抗议。目前在美国，原生广告也被要求使用醒目的广告标签。每个人都希望在信息充分的基础上做出决策，从长远而言，品牌要做的仍然是维护消费者的信任和积极的权益感受。

许多广告学的研究都表明，消费者对于自己需要的信息抱有非常积极的情感，也会因为在适当时候获取到有用的信息而对品牌本身产生好感。因此，与其隐藏广告意图，不如改善营销创意。

第三节　数字营销传播与消费者的个人信息权益

个人信息依法得到保护，可以说是数字时代给予的一种特殊权利。个人信息权不是一个自古就有的法律概念，而是一个随着大数据技术发展而形成的概念。在欧盟和美国，个人信息权一般被称为数据权。

一、个人信息与个人信息权益

个人信息权益的概念，是依托于个人信息这个概念产生的。个人信息是构成当前互联网大数据的重要部分，数字营销传播活动需要依托对个人信息的处理才能完成。

（一）个人信息的定义

《个人信息保护法》中规定，个人信息是以电子或者其他方式记录的与已识别或者可识别的自然人有关的各种信息，不包括匿名化处理后的信息。

从这个规定中可以看到，个人信息包含的内容是非常丰富的，只要是能够帮助识别出个人身份的信息都属于个人信息。比如姓名、出生日期、身份证号码、生物识别信息、电话号码、电子邮箱、健康信息、地址、行踪等。

个人信息中有一类特殊的信息，叫作敏感个人信息。根据《个人信息保护法》，“敏感个人信息是一旦泄露或者非法使用，容易导致自然人的人格尊严受到侵害或者人身、财产安全受到危害的个人信息，包括生物识别、宗教信仰、特定身份、医疗健康、金融账户、行踪轨迹等信息，以及不满十四周岁未成年人的个人信息”。

个人信息的所有者是个人。企业、行政机关等在内的主体，都只是信息的处理者，而不是所有者。这意味着围绕个人信息所产生的权益是归属于个人的。在数字营销传播的场景中，企业所获得的个人信息是归属于消费者的，个人信息权益也是消费者所拥有的权益。

二、数字营销传播活动中消费者的个人信息权益

数字营销的基石就是大数据。在数字营销的过程中，企业一定要知道自己并不是数据的所有者，而只是数据的控制者和处理者。在数字营销传播活动中，消费者的个人信息权益内容非常丰富。

（一）决定权

企业在数字营销传播活动中处理个人信息，首先应当取得个人的有效同意。《个人信息保护法》第十四条规定：“基于个人同意处理个人信息的，该同意应当由个人在充分知情的前提下自愿、明确作出。”

企业处理个人信息应当取得个人同意，这是对消费者个人信息决定权的保障。消费者可以自行决定是否向企业提供自己的个人信息，而企业只能向个人要求提供服务所必要的信息。《常见类型移动互联网应用程序必要个人信息范围规定》中第四条规定："App 不得因为用户不同意提供非必要个人信息，而拒绝用户使用其基本功能服务。"该规定还对地图导航类、网络约车类、即时通信类、网络社区类等 39 类移动互联网应用程序提供了必要信息的详细解释。

（二）知情权

个人信息处理是一项高度复杂的技术工作。在知识层面上，相对信息处理者，消费者处于弱势地位。因此，在取得个人同意的时候，企业需要以显著方式和清晰易懂的语言真实地、准确地、完整地向消费者告知各类事项，其中包括个人信息的处理目的、处理方式，处理的个人信息种类、保存期限等。这些在《个人信息保护法》中都有明确的规定。如果需要处理敏感信息，企业还需要取得个人的单独同意，并应当向个人告知处理敏感信息的必要性以及对个人权益的影响。

为保障消费者对个人信息的知情权，《个人信息保护法》还规定了个人享有对个人信息的查阅、复制权。一旦个人发现自己的信息不准确或者不完整，就可以要求信息处理者及时更正和补充。

（三）删除权

对于自己的个人信息，消费者可以要求信息处理者删除。比如，消费者认为不再需要使用信息处理者的服务，需要撤回同意，那么信息处理者就要相应删除已经存储下来的个人信息。

三、消费者个人信息权益与数字营销传播中的个人信息处理

"裸奔"是大数据时代人们的一种自嘲。对于那些冗长的隐私政策，消费者一般都没有兴趣看到底。消费者对于便捷生活的需求，会让他们接受个人信息作为一种商业资源在市场流通。但这并不意味着这种现象就是完全合理合法的。

（一）数字营销传播活动中企业保护个人信息的义务

在数字营销传播活动中，企业有保护消费者个人信息权益的义务。个人信息处理，包括个人信息的收集、存储、使用、加工、传输、公开、删除等。在处理消费者个人信息的过程中，企业应当秉持合法、正当、必要和诚信的原则，杜绝以误导、欺诈、胁迫等方式处理个人信息。

1. 安全保障的义务

当企业获得消费者同意，能够对个人信息进行处理之后，就需要担负起对个人信息的安全保障义务。《个人信息保护法》明确规定，个人信息处理者应当根据个人信息的处理目的、处理方式、个人信息的种类以及对个人权益的影响、可能存在的安全风险等，采取相应措施确保个人信息处理活动符合法律、行政法规的规定，并防止未

经授权的访问以及个人信息泄露、篡改和丢失。

一旦个人信息出现或可能出现泄露、篡改、丢失，企业应当立即采取补救措施，通知履行个人信息保护职责的部门和个人。

2. 个人信息保护影响评估的义务

如果企业需要处理敏感个人信息，或者使用个人信息用于自动化决策，应当在事前评估对个人信息的处理是否合法、正当、必要，评估处理方式对个人权益的影响及安全风险，还需要评估自身采取的保护措施是否合法有效、与风险程度是否相适应。

（二）精准投放的前提是消费者的知情同意

根据中国互联网协会的调查，80% 的受访者都表示切身感受过个人信息泄露所带来的不良影响。如果消费者认为自己的生活受到了打扰，其情感体验就会非常糟糕。在经济学中研究者们发现，在获得 1 元钱和避免损失 1 元钱之间，人们更愿意避免损失 1 元钱。因此，在面对一个不确定的决策收益时，人们肯定会首先选择避免损失自己的个人信息权益。

当下，数字营销传播涵盖了公域和私域两大领域。在私域营销时，要考虑到消费者对个人信息权益的偏好。企业进行精准投放的前提，是取得消费者个人信息的同意。有研究者指出，以微信为例，“养号”“群控”等灰黑产业已经严重影响了消费者的体验。从长远来看，私域营销仍然需要坚持消费者本位的思维方式，维护消费者积极的情感体验。同时，新近崛起的直播带货渠道，也并不能为品牌成长“打包票”。如何通过博主推荐，建立起自身与消费者更积极的情感连接，才是品牌下一步需要认真思考的议题。

消费者知情同意的背后，是消费者自由意志的体现。人们需要秉承自由意志去做事情，而不应该受到胁迫、强制以及欺骗。这里的自由意志包含两个层次：一是意思形成的自治，放在市场的情境中，即消费者想要做什么、交换什么、如何交换，都是消费者的自由；二是意思表达的自治，无论何人，只要意见形成了，就应该得到自由表达的权利，消费者可以根据自己的体验，对商品、服务或者品牌做出自己的评价。

本章小结

保护消费者权益，对于品牌来说具有重要的意义。消费者越是认为自己的权益得到了尊重，就越容易对品牌产生积极的情感体验。数字时代，消费者和品牌的互动渠道不断增多，品牌日常的消费者权益保护工作也面临着更多细节上的挑战。在数字营销传播活动中，品牌的一言一行都会受到关注，甚至被放大，因此在每一个环节中保持好消费者的品牌体验，就显得尤为重要。只有保护好了消费者的知情权、个人信息权等各项权益，品牌才能在数字营销传播活动中占得先机。

思考题

1. 消费者权益的内涵是什么？
2. 品牌如何通过信息规划避免侵害消费者知情权？
3. 企业在处理消费者个人信息时有哪些法定义务？

参考文献

伯杰．疯传［M］．乔迪，王晋，译．北京：电子工业出版社，2020.

程远．广告法理论与实务［M］．北京：法律出版社，2018.

冯英健．网络营销基础与实践［M］．4 版．北京：清华大学出版社，2013.

戈夫曼．日常生活中的自我呈现［M］．冯钢，译．北京：北京大学出版社，2008.

格拉德威尔．引爆点［M］．钱清，覃爱冬，译．北京：中信出版社，2020.

凯瑞．作为文化的传播［M］．丁未，译．北京：华夏出版社，2005.

科特勒，凯勒．营销管理：第 13 版［M］．上海：格致出版社：上海人民出版社，2009.

李明轩．运营有道：重新定义互联网运营［M］．北京：机械工业出版社，2017.

李永平，董彦峰，黄海平．数字营销［M］．北京：清华大学出版社，2021.

梅罗维茨．消失的地域：电子媒介对社会行为的影响［M］．肖志军，译．北京：清华大学出版社，2002.

莫兰，亨特．搜索引擎营销：网站流量大提速：第 3 版［M］．宫鑫，等译．北京：电子工业出版社，2016.

彭兰．新媒体用户研究［M］．北京：中国人民大学出版社，2020.

斯考伯，伊斯雷尔．即将到来的场景时代［M］．赵乾坤，周宝曜，译．北京：北京联合出版公司，2014.

粟建元．宇宙营销：认知、方法与实践［M］．北京：机械工业出版社，2022.

阳翼．数字营销［M］.2 版．北京：中国人民大学出版社，2019.

高雪．移动 App 营销模式对消费者购买意愿的影响研究［D］．北京：北京工商大学，2017.

姜海洋 .5G 环境下 LBS 商业模式优化研究［D］．北京：北京邮电大学，2021.

周煜辉．手机二维码营销传播模式与效果分析［D］．上海：上海外国语大学，2014.

崔亮，王天骄．影响程序化广告精准投放因素分析［J］．营销界，2022（6）.

邓志文．从身体感知到技术具身感知：元宇宙感官生态的技术现象学辨析［J］．华侨大学学报（哲学社会科学版），2022（5）.

段淳林．KOC：私域流量时代的营销新风口［J］．中国广告，2019（11）.

范秋杭．浅析程序化广告数据来源、模型及应用［J］．数字技术与应用，2022（2）.

方凌智，赵星．元宇宙和文化数字化：基于产权理论的分析［J］.数字图书馆论坛，2022（9）.

郜书锴．场景理论的内容框架与困境对策［J］．当代传播，2015（4）.

顾楚丹．社会网络视角下社交平台社群的互动仪式链研究：以粉丝社群为例［J］．中国青年研究，2022（2）.

侯君．元宇宙再走红：数字媒介技术演进与范式转移的思考［J］．传媒，2022（16）.

黄以卫，金永生，刘冰．移动营销及营销模式的发展研究［J］．信息系统工程，2016（5）.

冷亚军，陆青，梁昌勇．协同过滤推荐技术综述［J］．模式识别与人工智能，2014（8）.

李荣洋，万月亮，宁焕生．元宇宙驱动的新技术及应用［J］．重庆邮电大学学报（自然科学版），2023（4）.

梁旭艳．场景：一个传播学概念的界定：兼论与情境的比较［J］．新闻界，2018（9）.

梁雪梅．元宇宙技术全景浅析［J］．通信与信息技术，2022（6）.

马宁．移动互联网络的场景构建与传播模式变迁［J］．现代传播（中国传媒大学学报），2016（6）.

宁昌会，奚楠楠．国外游戏化营销研究综述与展望［J］．外国经济与管理，2017（10）.

彭兰．场景：移动时代媒体的新要素［J］．新闻记者，2015（3）.

田元．智识的协商：PUGC 视频社区知识类作者的内容生产［J］．新闻界，2021（2）.

王海林．基于大数据技术的智能广告监管平台设计［J］．软件，2021（6）.

王娇，唐守廉，杨桓．移动营销活动模式研究［J］．移动通信，2011（9）.

王静，邢饶佳，张猛．数字广告：概念、特征与未来［J］．中国广告，2022（10）.

王文喜，周芳，万月亮，等．元宇宙技术综述［J］．工程科学学报，2022（4）.

王秀丽．网络社区意见领袖影响机制研究：以社会化问答社区“知乎”为例［J］．国际新闻界，2014（9）.

魏东．品牌元宇宙赢得未来市场增长点［J］．中关村，2022（9）.

吴超，饶佳艺，乔晗，等．基于社群经济的自媒体商业模式创新：“罗辑思维”案例［J］．管理评论，2017（4）.

肖叶飞．元宇宙视域下传媒数字经济的发展［J］．传媒论坛，2022（15）.

谢玉进，胡树祥．网络自我的本质：数字自我［J］．自然辩证法研究，2018（5）.

许海玲，吴潇，李晓东，等．互联网推荐系统比较研究［J］．软件学报，2009（2）.

杨扬，刘圣，李宜威，等．大数据营销：综述与展望［J］．系统工程理论与实践，2020（8）.

姚曦，秦雪冰．技术与生存：数字营销的本质［J］．新闻大学，2013（6）.

喻国明，梁爽．移动互联时代：场景的凸显及其价值分析［J］．当代传播，2017（1）.

张兵．元宇宙视野下虚实共生空间对广告学研究和实践的影响［J］．青年记者，2022（16）.

张夏恒．元宇宙跨境电子商务生态系统：构建逻辑与应用场景［J］．当代经济管理，2023（3）.

赵玉欣，王艳萍，关蕾．大数据背景下电商企业精准营销模式研究［J］．现代商业，2018（15）.

郑世林，陈志辉，王祥树．从互联网到元宇宙：产业发展机遇、挑战与政策建议［J］．产业经济评论，2022（6）.

朱国玮，高文丽，刘佳惠，等．人工智能营销：研究述评与展望［J］．外国经济与管理，2021（7）.

朱逸，赵楠．数字营销的多重关键性面向［J］．商业经济研究，2021（15）.

CHARLESWORTH A. Digital marketing：A practical Approach［M］.London;New York：Routledge，2014.

GROSSBERG K A. The new marketing solutions that will drive strategy implementation [J]. Strategy and leadership. 2016，44（3）.

HUANG M H，RUST R T. Artificial intelligence in service [J] . Journal of service research. 2018，21（2）.

JARVINEN J，TAIMINEN H.Harnessing marketing automation for B2B content marketing [J] .Industrial marketing management，2016，54.

JEANNETTE P，KIETZMANN J，KIETZMANN T C . Artificial intelligence（AI）and its implications for market knowledge in B2B marketing [J] .Journal of business & industrial marketing. 2019，34（7）.

KAPLAN A，HAENLEIN M. Siri，Siri，in my hand：who's the fairest in the land? on the interpretations，illustrations，and implications of artificial intelligence [J] . Business horizons. 2019，62（1）.

WOOD C. Marketing automation：lessons learnt so far [J] . Journal of direct，data and digital marketing practice. 2015，16（4）.

图书在版编目（CIP）数据

数字营销传播 / 郑丽勇主编 ； 朱江丽， 王成军， 胡菡菡副主编. -- 北京 ： 中国传媒大学出版社， 2025. 8. (明经学堂 ： 新闻传播实务系列教材). -- ISBN 978-7-5657-3967-5

Ⅰ. F713.36

中国国家版本馆CIP数据核字第2025TQ0014号

数字营销传播

SHUZI YINGXIAO CHUANBO

主　　编	郑丽勇		
副 主 编	朱江丽　王成军　胡菡菡		
策划编辑	李水仙		
责任编辑	李水仙		
责任印制	李志鹏		
封面设计	卡古鸟设计		
出版发行	中国传媒大学出版社		
社　　址	北京市朝阳区定福庄东街 1 号	**邮　　编**	100024
电　　话	86-10-65450528　65450532	**传　　真**	65779405
网　　址	http://cucp.cuc.edu.cn		
经　　销	全国新华书店		
印　　刷	唐山玺诚印务有限公司		
开　　本	787mm×1092mm　1/16		
印　　张	16.5		
字　　数	361 千字		
版　　次	2025 年 8 月第 1 版		
印　　次	2025 年 8 月第 1 次印刷		
书　　号	ISBN 978-7-5657-3967-5	**定　　价**	59.00 元

本社法律顾问：北京嘉润律师事务所　郭建平